怀梦致业 少成致优

——高质量幼儿园创建与发展的探索

沈烨 著

文匯出版社

图书在版编目(CIP)数据

怀梦致业　少成致优 / 沈烨著. — 上海：文汇出版社，2025.6. — ISBN 978-7-5496-4514-5

Ⅰ. G61-53

中国国家版本馆CIP数据核字第20258Y09C6号

怀梦致业　少成致优
——高质量幼儿园创建与发展的探索

著　　者 / 沈　烨

责任编辑 / 熊　勇
封面装帧 / 薛　冰

出版发行 / 文匯出版社
　　　　　上海市威海路755号
　　　　　（邮政编码200041）
经　　销 / 全国新华书店
排　　版 / 南京展望文化发展有限公司
印刷装订 / 浙江天地海印刷有限公司
版　　次 / 2025年6月第1版
印　　次 / 2025年6月第1次印刷
开　　本 / 720×1000　1/16
字　　数 / 230千字
印　　张 / 16

ISBN 978-7-5496-4514-5
定　　价 / 58.00元

序言一

"办好老百姓家门口的幼儿园",是嘉定区怀少幼儿园沈烨园长的办园追求。她曾经对我说:"优质的幼儿园一定是幼儿喜欢的幼儿园,办优质幼儿园需要园长心里始终装着孩子,真正从孩子的立场思考办园行为,专注于学前启蒙教育的本质和育人过程。"早有所闻沈园长素有"实干园长"称号,凡是到怀少幼儿园参观过的幼儿园园长和老师们,踏进园所都被宽敞门厅中直径为7米的"小当家游戏棋"所吸引,会不由自主地和孩子一起跳跃在有意义的棋格中游戏,整个幼儿园环境处处都能感受到"为孩子而设计,为孩子着想而提供",令人赞叹。仅仅六年时间,已把一所新建幼儿园创办成获得嘉定区老百姓好口碑的"家门口"优质园。

由沈园长撰写的《怀梦致业,少成致优》一书,阐述了怀少幼儿园从新建园到创建优质幼儿园的办园经历。全书彰显了园长和全体教工的"心怀百姓所期待,情系孩子之快乐"的办园追求。尽管我先阅的是初稿,但阅后甚为欣喜,有感而发:

第一,此书开卷便展现了园长与园名"怀少"相关联的办园责任,即"尊重、关怀,促进幼儿健康成长",并从上海嘉定区"教化嘉定"办好教育的地域教育文化积淀中,凝练设计了"怀少"办园理念。办园价值观定位是办园首要的顶层设计,明确的价值观是办好一所幼儿园的根基。"怀少"办园理念,既符合学前教育的主流价值,又体现了办园个性。更重要的是园长带领全园教工以办园理念为核心,设计幼儿园发展定位、培养目标定位和办园特色定位,从而构建基于"育人向德"的优质幼儿园的发展蓝图。全书分篇章总结了幼儿园创办与发展的实践研究,虽然面面俱到,但阅后感到了真情与朴实。

第二，初阅书稿便感受到怀少幼儿园在创建优质园进程中的实干行动：一是坚定地落实党和政府《关于学前教育深化改革规范发展的若干意见》的政策精神，站稳以"育人为本、育德为先"的国家立场；二是坚守基于幼儿立场，尊重幼儿发展规律，以游戏为基本活动，确立幼儿是幼儿园"小当家"的主体地位。

第三，此书每个篇章的内容展现了园长办园的实务工作，是切切实实地解决办园过程中"是什么、为什么、怎么做、做到怎样"的实际想法和实践行动。此书各篇章都以问题为引子，很有必要，让读者能从办园实务的角度聚焦关键点，从问题引发对作者价值观的认识，以及有针对地了解在怎样的理念支配下思考办园行动。

全书的撰写很平实，但在平实的内容中读出了办园实务的精细之处：

其一，党支部全体党员发挥核心引导作用，将"规范、有序"转化为服务幼儿、服务家长的具体实务和职业准则，编制了以"人本化、专业化、规范化、信息化、精细化"为特征的幼儿园管理手册，将新园新制度落实分解到"基础性""发展性"和"警戒性"的行为提示，引导每名教工自觉遵守、自主追求和自我调控。如建立园长深入班级倾听的一事一表记录制度、由党员工作室组织的"相约星期四"服务家长制度等，体现了制度规范于实务工作的细节之中。

其二，落实育德启蒙的任务，从幼儿园创办起，有序研究与阶段推进以幼儿"德礼融合活动"为契机到以幼儿亲身学习为载体的德劳融合的一日活动整体构建，创新德劳融合教育的实施途径。此书第三、第四章中提供了从培养目标、主题活动系列到组织实施研究的实践样例，以及教师研究幼儿、支持幼儿发展的个案，体现了尊重幼儿学习特点的活动开放性和学习情境的整合性，并建立教师和家长"一起来记录"的共育机制，实实在在地为幼儿的品德养成打下了坚实的启蒙基础。

其三，此书第五章的内容主要呈现了怀少幼儿园从创办以来，始终将"保护幼儿生命和促进幼儿健康"定位于幼儿一日生活保育教育服务的根本品质，并作为首要的实务管理，融入到幼儿园环境。幼儿一日生活等全面质量管理过程，做到了全面、细节、长效。此书第五章第一话"安全保障，科学识别危险源"中总结的实践创新，如"四维度"梳理危险源的识别、建立安全防护的立体式防范、对幼儿的生活照料，都显示了面向全体幼儿"科学、规范、适宜"的工作流程。也展现了满足幼儿不同需求的个性化照料服务：为发育迟缓幼儿研制家长陪伴计划，为有特殊需求的幼儿定制专属午餐菜单和一对一照护方案等，详实地表述教师和保育员如何为帮助幼儿建立合理生活情境、引导幼儿养成良好的生活卫生习惯而精心设计，向读者显示了全园教工将自身的"师爱"转化为深度理解幼儿、悉心于保教过程细节、创新适宜方法的专业行为。

此书展现了园长带领全园教工提升幼儿园保教质量的心路历程，以及所付出的努力和艰辛。全书内容反映了真实办园场景，相信能引发幼儿园园长和教师的同感，尤其是对于承担从零开始办新园的园所或初任园长思考如何办好一所优质幼儿园，可以从六个篇章所描述的具体实务中获得可对照、可借鉴的启迪。

最后，向此书的作者表示诚挚的敬意！

上海市教育功臣、特级园长、上海市教育研究所所长　郭宗利
2025年2月

序言二
——为沈烨园长《怀梦致业，少成致优》点赞

沈烨，现为上海市嘉定区怀少幼儿园园长、党支部书记，是绽放在上海幼教百花园中的一朵娇艳的梅花。梅花香自苦寒来，她从事幼儿园教学与管理工作三十多年，坚韧不拔，傲霜斗雪，迎寒而开，美丽绝俗，硕果累累。她主持了多项上海市嘉定区教育科学研究重点项目，发表了多篇研究报告和论文，交流了多项教研、科研成果，荣获了"上海市青年教师教学评优一等奖""上海市我最喜爱的好老师""上海市园丁奖""上海市优秀教育工作者"等称号。2024年11月8日，第十四届全国人民代表大会常务委员会第十二次会议通过《中华人民共和国学前教育法》。在中国学前教育界大喜的日子里，适逢沈烨园长的佳作《怀梦致业，少成致优——高质量幼儿园创建与发展的探索》即将出版，真是喜上加喜，喜鹊登梅，喜上"梅"梢。

拜读沈园长的书稿《怀梦致业，少成致优——高质量幼儿园创建与发展的探索》，犹如看到了梅花的淡雅，闻到了梅花的幽香，令人心旷神怡，赞美之情油然而生。

第一，我要为沈园长规划园所发展的能力点赞。沈园长非常重视制订和实施幼儿园的发展规划，凝聚全园教职员工和幼儿家长的聪明才智，共同建立高质量幼儿园的发展愿景，共同绘制高质量幼儿园课程的发展图景；坚持以德为先、幼儿为本的办园理念，确保每个幼儿都能享受高质量的学前教育，促进全体幼儿富有个性地全面发展。

第二，我要为沈园长营造育人文化的能力点赞。沈园长极其重视发挥幼儿园文化具有的潜移默化的教育功能的独特作用，形成积极向上、充满爱心、

宽容友善、健康活泼的园风园貌，将中华优秀传统文化植入幼儿园的文化建设之中；注重积聚幼儿园的文化建设力量，发挥教师的主导作用和幼儿的主体作用，邀请家长和社区人士参与幼儿园的文化建设，共同促进幼儿德智体美劳的全面发展。

第三，我要为沈园长领导保育教育的能力点赞。沈园长恪守儿童发展优先的理念，尊重幼儿的年龄特点、性别特征和个体差异，保护幼儿的好奇心和求知欲，培养幼儿良好的学习品质；坚持保教结合的原则，引导教师立足本园、本班的实际情况，积极创设儿童友好的环境氛围，合理安排幼儿的一日生活，科学组织幼儿的游戏活动；指导教师根据每个幼儿的发展水平，制订个性化的教育方案，开展灵活多样的保教活动；增强教师的保教能力，提升师幼互动的质量。

第四，我要为沈园长引领教师成长的能力点赞。沈园长格外重视发挥园长在教师专业成长过程中的引领作用，深入了解每位教师专业发展的特点，尊重每位教师专业发展的需求，积极为每位教师创设专业发展的条件和环境；精心打造教师专业发展的学习共同体，构建培训—教研—科研一体化的激励机制，引导教师相互学习、主动发展；健全教师专业发展的评价制度，培养优良的师德师风，提升教师的职业素养，促进每位教师不断成长。

第五，我要为沈园长优化内部管理的能力点赞。沈园长始终坚持依法办园，崇尚以德治园，重视发挥园长的人格魅力、榜样示范、专业引领在幼儿园内部管理中的积极作用，增强幼儿园管理的科学性和民主性；不仅重视幼儿园的园舍规划、财务资产、教职员工的管理，而且还特别注重幼儿园的安全保卫、卫生保健等方面的管理；健全幼儿园管理的各项规章制度，落实教师、保育员、保健医、保安、厨师等岗位职责，增强幼儿园管理的规范性和全面性；完善幼儿园的应急机制，制订多种应对预案，实施各项安全演练，提高教职员工妥善处理突发事件的能力。

第六，我要为沈园长调适外部环境的能力点赞。沈园长坚信幼儿园与家庭、社区合作共育，对幼儿健康快乐地成长至关重要；重视指导教师了解幼儿家庭教育的现状，利用多种形式进行家庭教育指导，提高家长科学育儿的能力；引导教师掌握与家长协同育人的策略，争取家长理解、支持和参与幼儿园的教育，共同促进幼儿的和谐发展；重视引导教师了解社区的各种资源，合理利用附近的教育资源,推进幼儿的社会化;开展多项公益性科学育儿的宣传活动,根据社区家长的特点和需要,给予针对性的家庭教育指导;强化幼儿园与社会的各种联系,利用多种社会教育资源,丰富幼儿园的教育活动。

祝愿沈园长这朵清香的"梅花",不但盛开在上海市嘉定区,而且能香飘全中国。梅开五福,花漫九州。让我们携起手来,踏雪寻梅,勇往直前,共促高质量幼教百花齐放。

华东师范大学学前教育系教授、博士生导师　李生兰博士
2024 年 12 月 8 日

前　　言

从0到1创办怀少幼儿园的过程,正是我园学前教育不断迈向高质量的高速发展期。要办成怎样的一所幼儿园,要打造一支怎样的教师队伍,始终是我作为园长的"大课题"。边实践边思考,再用思考优化实践,渐成此书。

"怀少"一词出自《论语》:"老者安之,朋友信之,少者怀之。"少,指孩子。新时代背景下,我将"怀少"其定义为"关怀儿童",正如上海要创建"儿童友好"城市,也呼应上海学前教育提出"儿童发展优先"。

孔子曰:"少成若天性,习惯若自然。"少成,孩子的成长受天性的影响,重要的习惯是在日常中形成的。我们努力"成就每一个",让孩子长成他们自己的样子。为了将立德树人的要求落到实处,我带领团队系统性地梳理"怀少小当家"课程,体现儿童立场,注重"五育"融合,积极开展体验式活动的实践,用评价促进幼儿多元发展,携手家园社实现共育力。

怀梦致业,共赴办园理想。我们向着美好肩负起"幼有善育"的使命,从规范有序走向增值高效,从夯实基础走向品质发展。共绘课程地图,迎接变革挑战。构建互惠共创的师幼文化、互惠合作的家社文化、互联融合的教师文化,成就每一个小小的进步。

怀志建章,队伍向能求进。我们意识到教师培训须深化转型,促进自主发展势在必行。回应教师"工作胜任、关系和谐、自我进步"的多层次发展需求,支持他们从合格到胜任,感染他们从认同到归属,激励他们从"要我"到"我要"。

怀爱育人,和鸣德礼之乐。教师和幼儿是双重奏的主体,园所和家庭共展生活乐章。德礼相融,礼行日常。教师优化自身的教育理念,寓教于体验;孩子们成长为自理小能手、友善小可爱、诚信小榜样。

怀信思创,探索德劳之径。借助具身学习理论,审思新时代德育和劳动。

孩子们人小心不小,感受"劳动我可以",体会"小手有力量"。在生活场景中鼓励劳动探索,在节庆主题中增进劳动情感,创新融通"智、体、美"的融合活动路径。

怀责研行,追求品质服务。我们依托课题解决新办幼儿园"危险源"的防范与长效管理的问题,实行动态化风险排查、差异化预案设计、专题化保教研讨、游戏化自护培养,让每一名教工都能熟练辨识潜在隐患,点线面通力协作,牢固安全网。

怀诚共育,携手家园社同行。我们架构高效运作的管理网络,激励教师和家长双向提升,实现共育有"章"。开展系统的教师培训、家长课程,实现共育有"能"。用高质量的陪伴给予幼儿成长的坚实支撑,用通达的协作凝聚起家园共育的温暖力量。

目　　录

第一章　怀梦致业,共赴办园理想……………………………………1

　第一话　从规范有序走向优质高效 ………………………………3
　　一、凝心聚力,形成共同愿景 …………………………………3
　　　（一）向着美好肩负起教育使命 ……………………………3
　　　（二）我们眼中的高质量幼儿园 ……………………………5
　　二、民主依法,探索共同治理 …………………………………7
　　　（一）创建"心·尚"党员工作室 ……………………………7
　　　（二）系统编制园本化管理手册 ……………………………8

　第二话　从踟蹰起步走向坚定前行 ………………………………13
　　一、新时代育人,幼儿发展优先 ………………………………13
　　　（一）儿童立场下,主体与平衡 ……………………………13
　　　（二）人小心不小,乐做小当家 ……………………………14
　　二、"五育"融"五心",共绘课程图景 …………………………16
　　　（一）关注幼儿终身发展的必备品格 ………………………16
　　　（二）关注幼儿当下充分的必要经历 ………………………17
　　三、课程领导力,迎接变革挑战 ………………………………23
　　　（一）协商性设计,构建课程文化 …………………………23
　　　（二）倾听与对话,记录成长轨迹 …………………………29

　第三话　从夯实基础走向品质发展 ………………………………34
　　一、对"家长式"管理的反思 …………………………………34
　　　（一）应驱动教师的自主学习 ………………………………34

（二）需关注教师的个性发展 ……………………………………… 35
　　（三）要启发教师的主体能动 ……………………………………… 35
二、对"同伴式"引领的实践 …………………………………………… 35
　　（一）党员教师引领师德讲堂 ……………………………………… 36
　　（二）"合伙人"引领园本教研 …………………………………… 37
　　（三）专项导师引领个性成长 ……………………………………… 37
三、对"互助式"评价的优化 …………………………………………… 38
　　（一）过程性互助的规划评价 ……………………………………… 38
　　（二）全面性互助的自我评价 ……………………………………… 39

第二章　怀志建章，队伍向能求进 …………………………………… 41

第一话　促自主发展，势在必行 ……………………………………… 43

一、教师发展聚焦专业自觉 ……………………………………………… 43
二、教师培训迈向深化转型 ……………………………………………… 44
　　（一）研前交流"黄金十分钟" …………………………………… 44
　　（二）实证记录"信息可视化" …………………………………… 46
　　（三）优化表单"环扣式梳理" …………………………………… 49
　　（四）大小教研"衔接式推进" …………………………………… 53

第二话　多层次需求，回应激励 ……………………………………… 55

一、工作胜任，从合格到胜任的专业支持 …………………………… 55
　　（一）平等参与，"授人以余" …………………………………… 56
　　（二）能力提升，"授人以渔" …………………………………… 56
二、关系和谐，从融入到归属的文化浸润 …………………………… 57
　　（一）爱和归属，"授人以誉" …………………………………… 58
　　（二）说书说事，"授人以语" …………………………………… 58
三、自我进步，从"要我"到"我要"的发展激励 ………………… 65
　　（一）职业发展，"授人以遇" …………………………………… 65

　　　　（二）成长内驱，"授人以欲" ································ 66
第三话　个人与团队，协作共济 ································ 67
　　一、聚是一团火，散是满天星 ································ 68
　　二、从"局外人"到"局内人" ································ 69
　　三、身边的"四有"好老师 ································ 72

第三章　怀爱育人，和鸣德礼之乐 ································ 77
第一话　品德润生活，礼意萌芽 ································ 79
　　一、播种礼仪：开启幼儿心灵的旅程 ································ 79
　　二、现状探讨：德育与礼仪交织共融 ································ 79
　　　　（一）理念认同：德育与礼仪同样重要 ································ 80
　　　　（二）活动设计：在体验中启蒙好品德 ································ 82
　　　　（三）组织实施：德思礼行融入每日生活 ································ 82
　　　　（四）资源支持：多方合力赋能德礼教育 ································ 83
第二话　寓教于体验，礼仪蕴美 ································ 84
　　一、体验式学习的内涵与特点 ································ 85
　　　　（一）循环学习圈的应用与实践 ································ 85
　　　　（二）让幼儿在情境体验中互动 ································ 85
　　二、不同年龄段幼儿的体验式学习特征 ································ 87
　　　　（一）小班幼儿：礼仪小玩家 ································ 87
　　　　（二）中班幼儿：合作小榜样 ································ 89
　　　　（三）大班幼儿：美德小使者 ································ 90
第三话　德与礼融合，礼行日常 ································ 92
　　一、时代新风尚：探索德礼融合之道 ································ 92
　　二、童蒙以养正：幼儿行为表现之析 ································ 95
　　　　（一）勤劳小能手，自理我能行 ································ 95
　　　　（二）友善小可爱，温暖你我他 ································ 99

　　　　（三）诚信小榜样，总有责任心 ………………………………… 103
　　三、德礼双重奏：融合架构课程培育模式 ……………………………… 107
　　　　（一）和声共鸣：环节相互衔接 ………………………………… 107
　　　　（二）乐章演绎：路径进阶推进 ………………………………… 109
　　四、成效与展望 ……………………………………………………… 114
　　　　（一）幼儿表现：在一日生活中展现德礼 ……………………… 114
　　　　（二）教师转变：优化教育理念和行为 ………………………… 115
　　　　（三）多彩活动：丰富幼儿的真实体验 ………………………… 117
　　　　（四）资源宝库：支持常态化教育活动 ………………………… 124

第四章　怀信思创，探索德劳之径 ……………………………………… 125

第一话　具身学习，审思德育和劳动 …………………………………… 127
　　一、身体心验：转变对劳动的固有认识 ……………………………… 127
　　　　（一）具身参与：感受"劳动我可以" …………………………… 127
　　　　（二）激发情感：体会"小手有力量" …………………………… 129
　　二、德劳融合：新时代育人的整体思考 ……………………………… 130
　　　　（一）直面现状：联结园所与家庭 ……………………………… 130
　　　　（二）品德启蒙：融通"智、体、美" …………………………… 143

第二话　每日知行，探索融合活动路径 ………………………………… 147
　　一、渗透一日，感受"劳动无处不在" ………………………………… 149
　　　　（一）在生活情景中鼓励劳动探索 ……………………………… 149
　　　　（二）在游戏情景中培养劳动习惯 ……………………………… 152
　　二、场景体验，感悟"劳动成果不易" ………………………………… 153
　　三、节庆主题，感为"劳动联结你我" ………………………………… 158
　　四、共享经验，感恩"劳动让生活更美好" …………………………… 162
　　　　（一）基于真实体验分享劳动经验 ……………………………… 162
　　　　（二）可视化成果增加劳动成就感 ……………………………… 164

第三话　共同成长，"德劳融合"活动成效 …………………………… 165

一、积极参与，幼儿劳动品质显发展 ·················· 165
　（一）自主分工，同伴间协作合作 ·················· 165
　（二）讨论问题，验证自己的想法 ·················· 167
　（三）听取意见，反思自己的行为 ·················· 169
二、关注幼儿，教师专业能力获提升 ·················· 170
　（一）灵活地延展幼儿户外经历 ···················· 171
　（二）敏锐地捕捉幼儿行为特点 ···················· 172
　（三）依据年龄特点创设劳动角色 ·················· 173
三、合理期待，多方协同资源聚合力 ·················· 174
　（一）教师和家长一起来记录 ······················ 174
　（二）采访我们身边的劳动者 ······················ 175

第五章　怀责研行，追求品质服务 ·················· 177
第一话　安全保障，科学识别危险源 ·················· 179
一、啄木鸟行动，发现危险源 ························ 179
二、四维度梳理，识别危险源 ························ 183
　（一）全天环节梳理法 ···························· 183
　（二）工作岗位梳理法 ···························· 184
　（三）类别管理梳理法 ···························· 186
　（四）事故案例迁移法 ···························· 186
三、立体式阻击，防范危险源 ························ 188
　（一）动态化风险排查 ···························· 188
　（二）差异化预案设计 ···························· 191
　（三）专题化保教研讨 ···························· 195
　（四）游戏化自护培养 ···························· 196
四、长效化管理，应对危险源 ························ 197
　（一）加强组织领导 ······························ 197
　（二）加强制度建设 ······························ 198

　　　　（三）完善岗位职责 …………………………………………… 199
　　　　（四）落实考核评价 …………………………………………… 201
　第二话　卫生保健，健康未来有准备 …………………………………… 203
　　一、科学研制，彰显营养膳食特色 …………………………………… 203
　　二、爱心呵护，关怀特殊幼儿照料 …………………………………… 205
　　　　（一）一对一进行家长约谈 …………………………………… 205
　　　　（二）体弱儿干预指导 ………………………………………… 205
　　　　（三）保研活动来助力 ………………………………………… 206
　　三、心尚有约，线上直播保健宣教 …………………………………… 217
　　　　（一）"当面"讲解和支招 …………………………………… 217
　　　　（二）亲子参与一对一活动 …………………………………… 218

第六章　怀诚共育，携手家社同行 ……………………………………… 221
　第一话　管理与激励，实现共育有"章" ……………………………… 223
　　一、构建管理网络，促进高效运作 …………………………………… 223
　　二、健全工作机制，激励双向提升 …………………………………… 223
　第二话　指导与课程，实现共育有"能" ……………………………… 224
　　一、多元培训，提升教师家教指导水平 ……………………………… 224
　　二、真诚合作，构建家校协同共育课程 ……………………………… 225
　第三话　竞聘与赋权，实现共育有"途" ……………………………… 229
　　一、家委组建竞聘制，夯实共育力量 ………………………………… 229
　　二、家委运作开放制，赋予共建权利 ………………………………… 230

后记 ……………………………………………………………………… 237

第一章 怀梦致业,共赴办园理想

如何从起点出发,迈向理想的办园愿景?

○ 第一话　从规范有序走向优质高效

○ 第二话　从蹒跚起步走向坚定前行

○ 第三话　从夯实基础走向品质发展

我园园名出自《论语》:"老者安之,朋友信之,少者怀之。""怀少"意为我们要尊重儿童,关怀儿童,创造最好的条件,促进儿童健康成长。在办园理念"少者怀之,心向往之"的引领下,我园追求"育人向德,文化向上,队伍向能,保教向优,共育向品"的"五向"办园目标。

仅用6年时间,我带领团队成功争创上海市一级优质幼儿园,先后荣获上海市文明单位、上海市依法治校示范校、上海市安全文明校园、上海市优秀教师专业发展学校暨见习教师规范化培训基地、嘉定区教育系统办学优秀单位、嘉定区教育综合改革示范校、嘉定区学校文化建设品牌项目、嘉定区第一届师训工作先进集体、上海市教育系统巾帼文明岗等荣誉称号。

第一话　从规范有序走向优质高效

怀少幼儿园从一所园所环境新、管理班子新、保教队伍新的"三新园"起步,在优质教育林立的嘉定区南翔镇,狠抓基础工作,勇逐教改浪潮。通过"人本化、专业化、规范化、信息化、精细化"的五化管理,努力以共同的愿景、一致的理念、积极的行动和真诚的合作实现与幼儿园共同成长。

一、凝心聚力,形成共同愿景

"愿景"在汉语词典里解释为"希望看到的情景"。组织成员为之奋斗希望达到的图景,蕴含着我们共同的目标、使命及核心价值。"如果没有好的愿景,即使战略再英明,计划再完善,也不会促使人们采取明确的行动来推进重大变革。"

学前教育高质量发展,正向着"普惠与优质"融汇迈进。要促进幼儿园健康、优质、可持续、高质量发展,亟须一个美好而令人向往的愿景来牵引,实施愿景领导势在必行。

根据学习型组织理论,组织愿景在组织发展中能够产生强大的凝聚力、激发巨大的驱动力、孕育无限的创造力。作为园所管理者,须思考并提出令人振奋、具有广阔发展前景、能够为追随者所认同、能够持续引领组织或团队向前发展的共同愿景。

(一)向着美好肩负起教育使命

所谓使命,就是幼儿园作为个体接受正规教育的第一个社会组织,在国家国民教育体系建设中、在儿童成长与发展中应该承担的任务,它是幼儿园作为社会组织存在的根本理由和意义。我们以办好家门口的幼儿园为己任,为社会与家庭提供优质的"善育"服务,确保每个孩子都能得到适当的关注和培养。

幼儿园的愿景领导核心包含三要素：其一是要确立幼儿园未来成功的目标、任务和使命，形成全体成员向往的发展愿景，构建幼儿园发展的核心价值；其二是要让目标、使命、价值观为全体成员共同接受、共同遵循，成为共同的追求；其三是将全体成员的个人奋斗目标有机融入幼儿园发展的组织目标中，组织发展的过程也是个人价值实现的过程。[1]

《上海市学前教育三年行动计划（2015—2017年）》加大各区县幼儿园新建和扩建力度，为切实保障本市户籍适龄儿童入园做好充分的规划和准备。在此背景下，嘉定区怀少幼儿园于2016年9月创办，选址南翔镇德华路123号，紧邻地铁11号线及中冶祥腾商圈。

为了让老百姓切实感受到"优质就是这么近"，我园在园所环境上精心设计，打造适合幼儿年龄特点和发展需求的各种环境。为15个班级配备了完整的校园网络控制系统、班级互动式一体机，为保教实施提供资源保障。布局6个专用活动室、1个多功能厅、户外沙水池、大型运动器械。同时着力于内涵，为刚起步的幼儿园注入新的教育思想，发扬只争朝夕的精神，以扬鞭催马的干劲奋斗在追梦路上。

2021年9月，我园结束托管，独立发展。"十四五"伊始，开启争创上海市一级幼儿园之路。力求使幼儿园成为有热爱（与心有想法呼应）、有行动（与手有力量呼应）、有质量、获得社会好评的上海市品质幼儿园。向着这样的目标，我们确立办园理念"少者怀之，心向往之"。

少者怀之：真心地尊重儿童，毫无保留地关怀儿童，以儿童的需要为教育衷心。

心向往之：主动地思考专业，尽自己一切努力提升，以儿童的学习与发展为课程核心。

幼儿园要关心每一名教工，关切青年教师的成长，组建一支具有职业理想和敬业精神的团队，引领教工向往美好的未来。教工要关爱幼儿，保护幼儿生命安全，重视幼儿身心健康；要以儿童发展为本，尊重幼儿发展规律，创设最好的条件，让每一个幼儿的成长都得到关注。

---

[1] 胡小萍. 幼儿园园长愿景领导的意蕴与实施要义[J]. 南昌师范学院学报, 2021, 42 (05): 109–113.

同时，我们满怀着"关怀幼儿"的初心，解析"以幼儿发展为本"的教育理念，将尊重幼儿发展规律落实到保育教育实践。我们认为，怀少幼儿园就是孩子的家园，孩子就是主人。全员教工开展了"小当家"主题定位的讨论。由此，生成了与办园理念一致的"人小心不小，乐做小当家"课程观，我们提出了怀少幼儿园的育人方向，即有阳光、健康的心理状态，对人、事、物都充满爱心和尊重；心怀大志，敢于探索、乐于表达；把幼儿培养成心有想法、手有力量，具有健美心、自立心、友善心、好奇心、创艺心的"五心小当家"。

在"少者怀之、心向往之"的理念下，坚持立德树人和文化建园，建立完善规章制度、推进规范化管理；注重师德与专业并重，园所发展和个人规划相互融合，打造"心心相映"的教工团队；夯实课程的内涵和外延，促进幼儿全面发展，培育"怀少小当家"，构建家园"合伙人"模式。

（二）我们眼中的高质量幼儿园

1. 与国家学前教育普及普惠政策相应

2018年《学前教育深化改革规范发展的若干意见》明确"提高幼儿园保教质量"。幼儿园应充分利用当地自然和文化资源，合理布局空间、设施，为幼儿提供有利于激发学习探索、安全、丰富、适宜的游戏材料和玩教具；注重保教结合，要遵循幼儿身心发展规律，树立科学保教理念，建立良好师幼关系。

把我园建成高质量幼儿园，应严格落实国家和上海有关法律法规要求，严格依法依规办园，筑牢关键领域防线，强化底线意识，杜绝重大安全责任事故和有重大社会影响的事件，保障幼儿健康安全。进而，主动开展创新性保教实践和研究，树立正确的质量观和儿童观，在规范中求创新，在创新中求突破。

2. 看见并充分尊重"每一个"的需要

在高质量建设的道路上，园所要看见每一位教师在专业发展领域里的努力成长突破，教师要看见每一个孩子在幼儿园里全面均衡的发展。我们采取主动，倾听教师的声音，释放其情绪并增进理解和信任；坦诚沟通，缩短管理者与教师之间的距离，激发教师主动分享想法和感受。

具有独特的"心怀"文化：这里会注重培养人的品德修养和审美情趣，让教师和幼儿浸润在感恩、尊重、诚实、善良的环境中。不仅鼓励孩子勇于尝试、敢于创新，而且鼓励教师不断追求自己的梦想。在这样一个充满爱和智慧的土壤中，教师和孩子一起茁壮成长，成为有爱心、有责任感、有创造力的优秀人才。

充分尊重个体个性发展：学校精心安排了各个班级的活动时间，但在活动流线安排上却完全没有限制，充分尊重每个孩子的个体意愿，真正做到了自由和自主。每个孩子都可以根据自己的兴趣和喜好，自由选择要参加的活动。

在我园大多数教师眼中，一所高质量的幼儿园是幼儿健康的神采、自信的笑容、天真的好奇，是师幼之间丰富的情感、默契的互信、平等的对话；在这里能收获每一天工作的满足感、教师职业发展的幸福感。

3. 积极回应孩子与家长们的期待

近年来，教育焦虑已成为学前幼儿家长中普遍存在的群体性情绪。诸多家长认为，幼儿园教育质量不高会导致子女在下一阶段教育竞争中落后，甚至影响子女未来的社会经济地位及家庭阶层的跃升。当前，家长对学前教育的需求已从"有园上"提高到"上好园"，越发关注幼儿园的教育内涵与服务品质。

推动学前教育高质量发展，不仅能促进幼儿可持续发展，也可缓解家长教育焦虑。我们向家长宣讲共育的价值，激励其作为主体协同育人，共享幼儿园的发展愿景。

充满爱、温暖和智慧的氛围："我心中的高质量幼儿园是一个充满爱、温暖和智慧的地方。它拥有科学的教育理念、优秀的师资队伍、温馨舒适的环境以及家园共育的良好机制。在这里，孩子们可以快乐成长、健康发展，为未来的生活奠定坚实的基础。孩子的内心是幸福且充满光亮的，孩子们的感受也会反馈到老师身上，给予老师温暖和力量，这样爱在流动的氛围中，会带给一个家庭；一个家庭的美好，也会带给社会。"

给予踏踏实实的关照和支持："给不同孩子饮食需求，提供实际支持的幼儿园。光从这一点，就能感受到园长对孩子踏踏实实的关照，还有开放的心态，包容性极强。有机会去参观过幼儿园的厨房，明亮、干净、安全的厨房，营养搭配科学，让我非常放心。难怪孩子说：妈妈，今天我光盘了。和大厨交流也是非常开心，当我向他的工作表达感谢时，大厨说：这是我的本职工作,学校领导交代过的特殊饮食,我都会记得,认真去做。"

在我园大多数家长心中,一所高质量的幼儿园是孩子们快乐成长的摇篮,是他们探索世界、发展能力、塑造个性的起点。在这里,孩子们手拉手、肩并肩,一起玩游戏、做手工、表演节目,共同分享快乐,也一起面对挑战。每个孩子都能得到适宜的教育和关爱,健康、快乐、全面地成长。同时,这也是一所不断追求创新和卓越的幼儿园,它将与时代同步,为孩子们的未来不断探索和努力。

二、民主依法,探索共同治理

正确把握党的建设和中心工作的辩证关系,确保二者的"目标同向,相互补充",实现过程相融,始终保持"工作同步,相辅相成"。充分发挥党建工作的政治优势、组织优势,引领学校高质量发展。

(一)创建"心·尚"党员工作室

"心"是指怀少人对教育的赤诚衷心,"尚"是一种美好期待。"心·尚"既是对自我的认同,也是对他人努力成果的欣赏,但更是一种对新目标的向往和追求。代表怀少党员教师践行党的方针政策,发挥党员示范引领作用的决心,体现党员教师坚定执行幼儿园文化建设、课程建设、制度建设的态度,实现全心全意为人民服务,办人民满意的教育。

党员工作室由怀少幼儿园联合支部中的4名党员教师组成,占全体党员人数的40%,分别在幼儿园担任行政或中层岗位的管理工作,涉及教育教学、工会、后勤保育、人事等条线,基本涵盖了幼儿园主要工作层面。

1. 梳理问题,采纳多方建议

利用每月一次的行政会议,大家共同商议问题清单,分析问题存在的缘由,根据诉求合理分类。为具有困难的、需要帮助的教职员工和幼儿家长,在条件允许下提供服务和帮助,有效落实责任人、明确问题解决的时间节点。切实做到"声声有回音、事事有落实"。树立健康向上的党员工作室精神,倡导良好的校园风气。

2. 解决民忧,落实多项举措

针对问题,各位责任人开展形式多样、分层分次的"解忧"系列活动,明确责任意识,以项目活动的形式推进落实,真正解决问题,凸显党员的示范引领作用。

针对教工方面：重在倾听，对教职员工关心的工作环境、成长发展、职业幸福感等反映的问题、建议，一一记录在册，做到一事一表。不能马上解决的问题，工作室党员上报党支部讨论后再择日给予约谈答复。

针对家长方面：相约星期四，每周四下午开设"家长接待日"。由负责家长群体的党员工作室成员牵头安排，制订家长接待方案、落实接待人员，认真倾听来自家长对幼儿园各方面的意见和建议，了解幼儿的学习情况、生活活动情况等，共同商讨教育方法和措施。不能现场解决的问题，记录在案，及时反馈给幼儿园相关条线，并约定时间给予回复解决。

3. 志愿服务，办实事办好事

党建引领团建，组建"隐形的翅膀"志愿者服务队，坚持开展各类志愿者服务，以"文明有我""环保有我""平安有我""陪伴有我"等为主题，在疫情防控、环境保护、双创工作、法治社会、和谐家庭等志愿活动中，明确服务对象、服务内容、服务效果和服务时限，形成党员志愿服务项目策划方案，增强党员意识、责任意识、大局意识，争当"五个表率"共产党员，努力成为良好社会风尚的倡导者、社会主义精神文明的传播者、社会和谐稳定和科学发展的促进者。

（二）系统编制园本化管理手册

全面贯彻执行党的教育方针，依法治校、规范管理。在实施愿景领导过程中，高度重视组织文化的塑造，尤其是体现人本与科学相统一的规章制度、道德规范和行为准则。为提升管理效率，保证教育质量，维护幼儿园稳定发展，设计幼儿园管理的基础框架和操作指南，逐步建构了一套完整的《怀少幼儿园管理手册》，主要有以下几方面。

第一，规范管理：明确幼儿园的组织结构、职能分工、工作流程和规章制度，确保各项管理活动有章可循，提升管理的规范化水平。

第二，权利与义务界定：清晰界定教职员工、幼儿及家长的权利与义务，促进幼儿园内部和谐，保障各方权益。

第三，提升教育教学质量：通过教育教学管理章节的规定，指导教育教学活动的开展，确保教育目标和教学质量。

第四，增强透明度与监督：组织监督章节的设置，促进了幼儿园工作的公开透明,加强了内外部监督机制,提升了管理水平和公信力。

第五,促进家园合作:强调幼儿园与家庭、社区的互动,建立良好的合作关系,为幼儿成长创造更佳环境。

第六,保障财务后勤:财务、后勤服务章节确保资源的有效配置与合理使用,维护幼儿园运营的经济基础和物质条件。

第七,党建工作强化:详细规定党支部的工作职责和管理制度,体现了对党建工作的重视,确保党的方针政策在幼儿园得到贯彻执行。

明晰的责任要求有助于个体成员各司其职,避免人力资源的浪费。与此同时,明确的分工能够帮助幼儿园教师个体之间的相互协作,实现"1+1>2"的群体效应,达到合作学习的最优效果。

我园尊重个体成员的意愿、意见与需求,进行人性化分工,同步营造和谐融洽、关怀信任的人际关系氛围,塑造积极健康的园风园貌。通过系统化学习、严格执行、持续改进和有效沟通,明晰各岗位职责和操作流程、细则。在每个成员都能够欣然工作的基础上,最大化地发挥《怀少幼儿园管理手册》的作用。

第一,培训与学习:定期组织教职工学习手册内容,确保每位教职工熟悉自身职责及幼儿园的各项规定。

第二,执行与监督:依据手册指导日常管理工作,管理层需监督执行情况,及时纠正偏差。

第三,修订与完善:根据实际情况和反馈,定期对管理手册进行评估与修订,保持其时效性和适用性。

第四,沟通与反馈:通过手册作为沟通工具,增强家园之间的理解和协作,同时收集意见以持续优化管理实践。

第五,应急处理:手册中包含的应急预案等内容为应对突发事件提供了行动指南,应确保相关人员熟知并能迅速响应。

由此,建立了一整套完善细致、落实到位的安全管理长效机制,围绕日常管理、应急反应、信息传递、安全保卫、责任追究等工作重点,分别建立了二十多项规章制度和安全应急预案,做到安全工作有章可循、有章必行。

通过基础性、发展性和警戒性三类考核指标组成的教职工每月工作指引列表,保障了基础性指标切实落实到位、发展性指标促进自主发展、警戒性指标一票否决,促进教职员工的自省、自觉和自主发展。

表1-1 怀少幼儿园每月工作指引

类别1		评 价 内 容
基础性指标 100 分	规章制度 20分	按时到岗,不迟到、早退
		有安全、节能意识(及时关闭车库门、保育房门等)
		9点以后带班不接听与工作无关的电话或消息,不阅览网页、聊天
		注重仪表、着装得体,便于组织幼儿开展各项活动
		带班时间不用餐(早点),工作时间段不叫外卖
		准时出席各类培训、会议,会议期间,认真听讲、遵守会场礼仪、不闲谈
		各类通知按时落实,配合各条线完成相关工作
		按要求垃圾分类
		在公共区域、活动室、户外活动中及时整理和收纳好材料、器械、玩具等
		办公时不看小说、不玩电脑游戏、不网聊、不浏览与教育教学无关的网站
	保教实施 35分	按照作息时间组织半日活动,视线不离开幼儿,做好幼儿全日观察
		认真投入带班,不闲聊,不做与带班无关的事,不脱岗
		按备课计划开展各类活动,计划与实施相匹配
		按计划开展教学活动、分组教学,课前准备充分
		各类计划、案头资料按时完成、制定有质量(理论联系实际、有衔接、有措施、体现班本特色)
		活动室环境创设(主题墙、走廊环境、生活环境、自然角等):① 布置美观、有艺术性② 师生共同参与③ 体现活动动态性的发展过程
		区域活动环境、材料投放:① 丰富性② 层次性③ 挑战性④ 凸显主题核心经验

续 表

类别1		评 价 内 容
基础性指标 100分	保教实施 35分	积极参与大教研活动,及时完成研前学习、实践观摩、研后跟进
		积极参与各类小教研活动,及时完成研前学习、实践观摩、研后跟进
		积极参与大、小教研活动,教研过程有互动、发言
	幼儿发展 30分	幼儿有较好的习惯,能主动打招呼、勤洗手、自主喝水等
		饮食习惯良好,能安静用餐、不挑食、不吃汤泡饭,剩余饭菜少
		与保育员做好餐点准备工作,操作有序、规范
		午睡室通风、盖被情况好;(12:45)幼儿入睡率达90%以上
		第一时间了解幼儿传染病情况,控制传染源,做好隔离工作
		关注幼儿安全,本月非责任事故率≤0.05
		幼儿健康管理有成效,矫治率达100%
		特殊幼儿个案记录及时完成,有具体分析、策略和反思跟进,在实践中能体现个体指导
		保健记录及时、准确
		出勤率达标:小班82%;中班85%;大班88%
	家长工作 15分	做好日常家园沟通、交流并有记录,体现本班特色,有个体的沟通
		本月各类收费、退费工作及时、清晰
		以多元的方式开展家园互动,内容丰富,更新及时,有针对性
		做好家园协作、家委会沟通协调工作(家长志愿者等工作)
		能及时更新班级网页,让家长及时了解学校各类活动信息
		及时配合完成安全平台工作,确保100%完成
总分:		

续表

类别2		评 价 内 容
发展性指标 20分	保教研究	积极主动承担大、小教研实践,提供教研研究案例(大教研2分、小教研1分,满分3分)具体活动:
		积极主持区、园级课题研究,开展科研研究,并定期开展课题研究活动(主持区级2分、参与区级1分、主持园级1分、参与园级0.5分) 课题具体开展情况:
		"小当家"伙伴时光开展情况(能根据场域特质有效开展、活动有创新1分;本月有伙伴时光高低结构转化的活动1分;伙伴时光活动中有其他方面的有创新举措1分;)课题具体开展情况:
	专业发展	积极参加教师、幼儿园级及以上评比活动(每项1分,满分3分)具体活动:
		本月专项调研中情况良好,在教学实践中能体现有效性、实效性、适宜性
		积极参与和承担各类展示活动(公开课、经验分享、成果展示等),有组内或以上层面的展示、分享活动(每项1分,满分3分)具体活动:
		"小当家"幼儿互动手册及时记录,体现幼儿活动过程

总分:

类别3	评 价 内 容	
警戒性指标	遵守学校规章制度,维护学校声誉	一票否决
	无违纪违法行为	
	无重大校园安全责任事故,无消防责任事故	
	无重大传染病防控失误,无校园食品安全事故	
	无师德失范行为,未出现严重师德师风问题	
	不收家长、他人赠送的购物卡、现金等有价物品礼物,不接受宴请	

第二话　从蹒跚起步走向坚定前行

"怀少"即"关怀儿童",儿童发展优先。我园的办园理念是"少者怀之、心向往之",寓意向往高山大海,憧憬美好的未来。我园教工真心地尊重儿童,毫无保留地关怀儿童,以儿童的需要为教育衷心;主动地思考专业,尽自己一切努力提升,以儿童的经验为课程核心。

2016年,《中国学生发展核心素养》提出了以培养"全面发展的人"为核心。2018年,《关于学前教育深化改革规范发展的若干意见》强调,学前教育是终身教育的开端;为培养德智体美劳全面发展的社会主义建设者和接班人奠定坚实基础。2019年发布的《中国教育现代化2035》,明确提出"五育"融合的教育发展目标。一系列重大发布引发了我们对课程活动的思考:"如何培育幼儿终身发展的必备品格?幼儿当下充分的必要经历有哪些?"

"十四五"期间,上海学前教育提出"儿童发展优先"。为了将立德树人的要求落到实处,我园系统性地思考课程。基于儿童立场,我们首先提出了"人小心不小乐做小当家"的课程理念。随之将"五育"融合落实到幼儿培养,关注幼儿终身发展的必备品格,把"培养全面的人"的精神转化为育人目标,即具有健美心、自立心、友善心、好奇心、创艺心的"五心小当家"。进而,关注幼儿当下充分的必要经历,从零散的活动感知发展为关联的生活体验,梳理出6个主题18件成长事。又以成长事为载体,实施体验式活动、开展多元评价,支持每一个孩子用自己的方式参与、互动、表征、表达。"五育"融"五心",人小心不小,事事促成长!

一、新时代育人,幼儿发展优先

（一）儿童立场下,主体与平衡

教育应立足对幼儿自身发展的内在价值追求,因为"实现了儿童的发展价值,也就实现了社会的其他价值,如社会文化传递、社会意识的渗透等。相反,儿童个体发展的价值得不到实现,社会价值也不可能真正实现,所以我们不应该把学前教育价值简单放在相反、对立的两极,为了儿童个体发展与为了成人或社会发展应是统一的"。[1]

课程是关系性的,是由幼儿、教师、课程内容及学习环境构成的生态系统,这些要素密切联系、相互作用。正如联合国教科文组织在《一起重新构想我们的未来》一文中提出,学前教育大都隐含着合作和相互依存的教学取向,所以学前教育应该强调密切的人际关系、探索和游戏。

在生态视野中,幼儿园课程的主体是作为学习者的幼儿,他们的现实生活和可能生活是课程的依据,而他们本身又能动地参与课程的设计与实施中。幼儿通过探索、游戏、体验、交往、思考和创造的方式,与教师、课程内容、学习环境发生作用,进行学习。那些来自幼儿生活世界的、在具体的教育情境中被调整或改造后的资源成为幼儿的学习内容,教师的重要作用是协调幼儿与学习内容之间的关系,通过观察、陪伴、回应等支持幼儿建构意义,促进幼儿发展。[2]

课程创生具有以儿童为本位、动态性以及差异共存的特点。教师须结合幼儿的兴趣、需求、发展规律和幼儿园的现实状况,设计出富有创意的课程,帮助幼儿不断地建构新的知识,从而达到促进幼儿身心和谐发展的目的。

"坚守一种平衡主义的儿童立场"[3],既要以儿童为起点,尊重儿童发展的自然性和内在潜能,又毫不顾虑教师在儿童自然发展中应有的启蒙塑造和顺势而为的引领,把握教育契机对儿童自然状态下的原始自发行为施以教育引领行为,促进儿童发展的可能性转变为现实性,将儿童的自然、自由发展纳入有目的、有计划的育人轨道。

教师要从观念到行为,处理好四对平衡关系:第一,坚信儿童基质,又不过分高估儿童潜能;第二,注重儿童多元表达,又不忽视解读童声;第三,尊重儿童发展的自然性,又不顾虑应有的引领;第四,以儿童为中心角色,又不缺失必要的陪伴。

(二)人小心不小,乐做小当家

我园依据陶行知的儿童观:"小孩子具有创造力"、学前教育观"六大解

---

[1] 虞永平. 学前课程价值论[M]. 南京: 江苏教育出版社, 2002: 115.
[2] 联合国教科文组织. 一起重新构想我们的未来: 为教育打造新的社会契约[M]. 北京: 教育科学出版社, 2022: 59, 120.
[3] 高敬. 学前教育实践应坚守怎样的儿童立场[J]. 教育发展研究, 2020, 40 (12): 38-45. DOI: 10.14121/j.cnki.1008-3855.2020.12.008.

放",即解放儿童的头脑、双手、眼睛、嘴巴、空间、时间以培养儿童的创造力和自主性;并将"解放儿童的创造力"这一教育思想融入实践理解,提出了"人小心不小,乐做小当家"的课程理念。

首先,正确认识儿童。陶行知说:"人人都说小孩小,谁知人小心不小,您若小看小孩子,便比小孩还要小。"小孩之大,在于他们是民族未来的希望,在于他们有丰富的心灵世界,还在于他们有巨大的创造潜能。

其次,尊重、信任儿童。要相信"他能做许多您不能做的事,也能做许多您以为他不能做的事"。对儿童来说,只有运用自己的感官和双手,才能获得丰富的直接经验,才能在活动中激发探索未知世界奥秘的兴趣,也有利于培养自主研究的精神品质。

再次,儿童教育要回归简单和追求简单。简单并不是肤浅,也不是简单化。而是针对儿童的认知特点,采用易于儿童理解和接受的方式,把各种内容呈现给儿童,其前提是准确地认识和把握儿童的身心发展的规律和学习方式。

最后,教师要向小孩学习。陶行知说:"跟小孩儿学习——这听来是很奇怪的。其实先生必须跟小孩子学,他才能了解小孩子的需要。"在师幼互动中,教师只有作为活动的引导者、支持者和"同伴"时,才能激发孩子们更多的"真、善、美",才能走近孩子的世界。

"人小心不小"呼应办园理念,具体来看:

第一层含义是"以幼儿发展为本,尊重幼儿"。课程实施应基于幼儿立场,把孩子当作独立的人,让儿童认识到自己是"有能力、有自信的学习者和沟通者"。

第二层含义是"幼儿可持续发展优先"。掌握和顺应幼儿身心发展规律和阶段特点,培养幼儿良好习惯好奇好问、实践创新、乐于学习、善于合作、红色基因……明确不同发展阶段的典型需求和个体需求,尊重幼儿的个体差异。

"乐做小当家"彰显育人思考,具体来看:

第一层含义在狭义上指幼儿手有力量,做力所能及的事;热爱劳动,树立正确的劳动态度,养成良好的劳动习惯。

第二层含义在广义上指幼儿心有想法,成为主动思考的人;独立自主,成为自己的主人,全面发展。

基于新的社会情境来重新审视幼儿教育的内涵,提出了"人小心不小,乐做小当家"的课程理念,蕴含了我们对"向未来育人,从当下育德"的思考,也关系着园本培养目标和活动体系的设定。

二、"五育"融"五心",共绘课程图景

(一)关注幼儿终身发展的必备品格

当今世界,科技发展日新月异、全球文化交融不断深入,时代发展正在急剧地重塑着我们的价值观念和行为方式。随着社会生活与交往方式的变化,幼儿教育亟须贴切新时代幼儿发展的需要。

现代化的课程改革要求我们从幼儿的已有经验和未来精神成长的角度讨论课程。正如《中国学生发展核心素养》框架所勾画的"全面发展的人"的新图景一样,个体的发展不仅意味着知识的扩展、能力的提升,还包含思维方式、情感态度、人格品质的发展。

《中国儿童发展纲要(2021—2030年)》提出,培养儿童良好思想道德素质、法治意识和行为习惯。2022年《幼儿园保育教育质量评估指南》提出,为培养德智体美劳全面发展的社会主义建设者和接班人奠定坚实的基础,将"品德启蒙"作为引领性指标。2023年《上海市儿童友好学校建设实施方案》提出,注重幼儿良好品德和行为习惯养成。

依据《3～6岁儿童学习与发展指南》,参照《中国学生发展核心素养》框架,呼应《上海市学前教育课程指南》的总目标,确立我园的育人目标,使幼儿成为具有**友善心、好奇心、健美心、创艺心、自立心**的"五心小当家"。

在"五心"中渗透"五育",关注幼儿终身发展的必备品格,且在学前阶段为幼儿树立良好的人生价值观念,见图1-1。

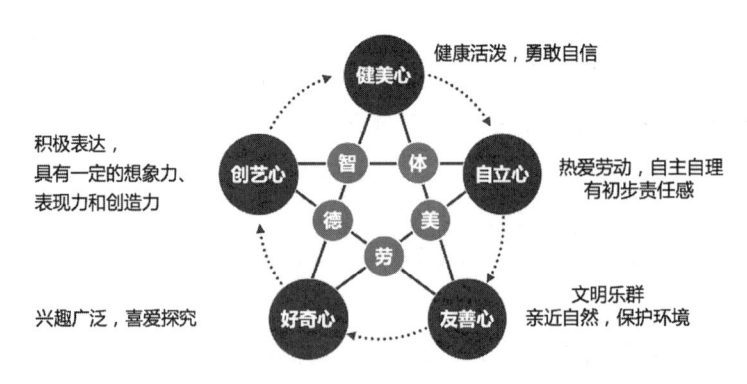

图1-1 "五育融合"背景下我园"五心小当家"育人目标

呼应《上海市学前教育课程指南》的总目标,进行园本化阐释。

第一,健美心:健康活泼,勇敢自信;积极活动,增强体质,提高运动能力和行动的安全性。情绪稳定、愉快,具有一定适应能力。

第二,自立心:热爱劳动,自主自理;初步形成文明卫生的生活态度和习惯,独立自信地做力所能及的事,有初步的责任感。

第三,友善心:文明乐群,初步了解并遵守共同生活所必需的规则,体验并认识人与人相互关爱与协作的重要和快乐;亲近自然,接触社会,初步了解人与环境的依存关系,爱护环境。

第四,好奇心:兴趣广泛,初步接触多元文化;喜爱探究,能发现和感受生活中的美,萌发审美情趣。

第五,创艺心:积极表达,尝试运用语言及其他非语言方式表达和表现生活,具有一定的想象力、表现力和创造力。

(二)关注幼儿当下充分的必要经历

课程"最根本的意义在于为儿童的现实生活与可能生活之间建立起一座桥梁,课程向生活的回归并不意味着课程对生活的简单复制、刻写"。[1]

在国家政策和市区项目的指引下,我们以科研为引领,主动转变理念,采用行动研究、案例研究、观察记录、经验总结等方法,改进师幼互动方法;将零散的教育行为转化为幼儿园"五心小当家"育人新样态,提升课程品质,见图1-2。

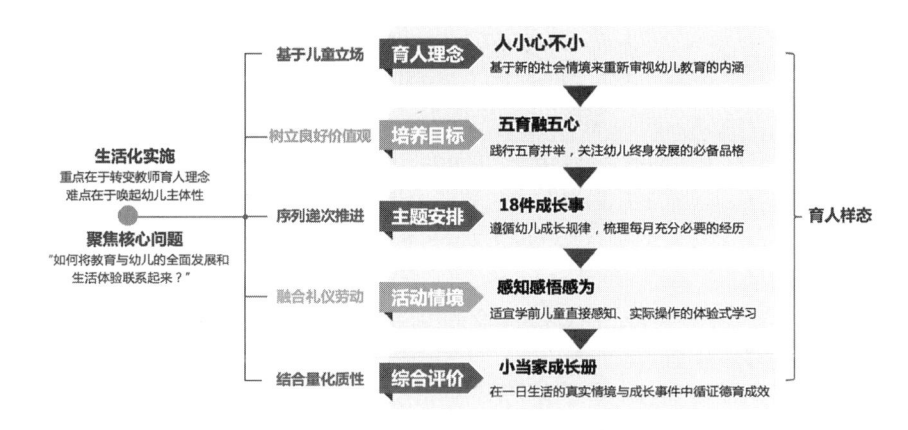

图1-2 "五心小当家"育人样态的系统架构

---

[1] 郭元祥.课程观的转向[J].课程·教材·教法,2001(06):11-16.

我们重视从幼儿的真实生活中发掘课程内容。同时也意识到,当生活中常见的事物进入课程行动体系时,需要借助课程设计使其超越对日常生活的复制,成为能够促进幼儿建构新经验、实现课程目标的条件。

社会价值日益多元,社会交往边界日益模糊和虚化,重塑了家庭、学校和社会的幼儿德育角色及其行动边界。幼儿在日常生活中会亲历各种事件,但幼儿当下充分的必要经历有哪些呢?

"充分的必要经历"体现为一种包含着多种学习方式和生活实践的综合性的参与过程,有助于他们在过程中积累知识经验,习得多种技能,发展多方面能力,体验各种情感。

我园坚持课题引领、教科研并进,在一系列研究中开发了"小当家"特色活动作为主要内容,以"爱""志""敬""信""勤"五个关键字为主的班本特色活动以及综合实践活动为内容,体现尊重幼儿园和幼儿的个性化发展的课程,见表1-2。

表1-2 五个关键字为主的班本特色活动

关 键 字	基 本 经 验
"爱" 热爱祖国,关爱心	1. 关爱身边人,爱父母长辈、老师和同伴。 2. 产生归属感,爱集体、爱家乡、爱祖国。
"志" 自信进取,健美心	1. 身体健康,在集体生活中情绪安定、愉快;具有一定的适应能力。 2. 能主动地参与各项活动,愿意动手操作、反复尝试。 3. 爱护动植物,关心周围环境,亲近大自然,具有初步的环保意识和行动(劳动)。
"敬" 尊敬他人,友善心	1. 注意倾听对方讲话,具有文明的言行举止。 2. 乐与人交往,能与同伴友好相处、合作分享。 3. 爱护他人的劳动成果,在接受他人服务时会表示感谢。
"信" 诚实守信,责任心	1. 理解并遵守日常生活中基本的行为规则。 2. 形成时间观念,做到来园不迟到。 3. 能努力做好力所能及的事,喜欢接受和承担一些劳动小任务,并愿意完成。
"勤" 勤劳自理,自立心	1. 生活、卫生习惯良好,有基本的生活自理劳动能力。 2. 知道必要的安全保健常识,学习保护自己。 3. 知道基本的劳动工具和使用方法,亲身体验。

幼儿在当下的经历中学习、在必要的经历中成长,充分的经历让幼儿体验丰富多彩的生活可能性。遵循幼儿成长规律,梳理各年段发展的必要经历,设定生活主题。围绕主题,教师与幼儿共建活动、共商流程、共划资源,完成一件件小事,在主题中每个幼儿都可以找到自己力所能及的事。

说到"主题",教师们首先会想到"目标"。孩子们对目标并不执着,他们更愿意沉浸在浓浓的氛围中,每一件小事都和主题有着关联,在这些事件情境中都存在着主题的意义。成人看来寻常的时刻、普通的小事,在孩子们眼中变得特别而要紧,每一次经历都是成长的大事件。

在学前阶段以感知、体验为主导践行"五育融合",幼儿园的课程活动更为注重身体、认知与情境之间的多重互动。由此,我们捕捉、辨识成长事件中的教育契机,为幼儿创设具有适宜性的发展环境和生动情境;梳理成长事件与"五星小当家"培养目标之间的逻辑性,凸显生活化教育实施的发展性,拓展体验式活动的多样性,从而形成了6个主题18件成长事,见图1-3。

图1-3 基于儿童立场的6个主题18件成长事

从入园时无经验到有经验,从浅层次经验到深层次经验,幼儿的经验逐渐增加与丰富;从零散的活动感知发展为关联的生活经历,再提升为"五心小当家"关键经验。

从真实问题出发的主题设计:

第一阶段,以提出问题到互动研讨再到方案设计与讨论为路径,进行"小当家活动"的创设。第二阶段,基于实践与探索不断优化活动方案为主要核心,分别从幼儿、教师、家长三个主体出发进行思考。第三阶段,基于活动实施开展相关教研活动,从回顾活动历程到新问题的提出,再通过互动研讨寻找解决方式,循环往复至新的活动创设,见图1-4。

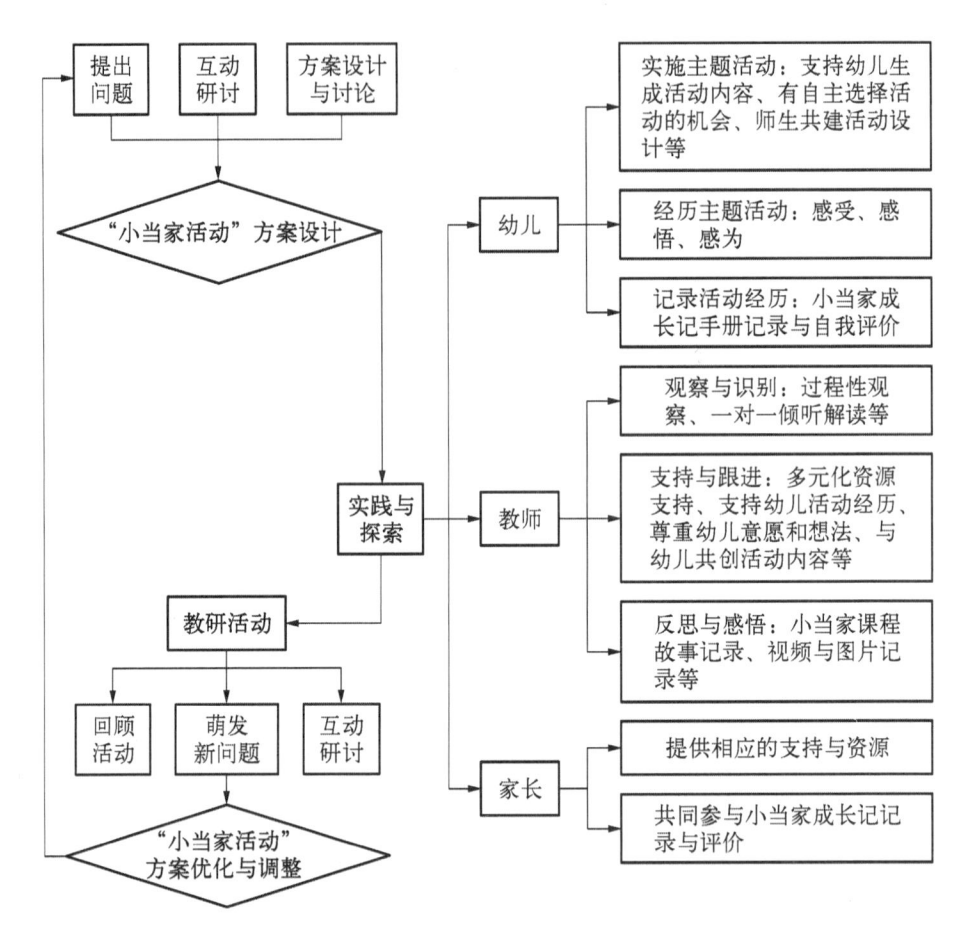

图 1-4 "小当家活动"的主题设计路径

"感受、感悟、感为"的情境体验：

"融合"即是在幼儿身体与生活环境的不断互动中激发幼儿的情感，进而形成"以身体之，以心验之"的价值观。基于"内在情境、外在情境、物理情境、社会情境"的四重要素[1]，我园以具有"感受、感悟、感为"特征的情境，通过浸入体验增加幼儿"感受"，动静结合促进幼儿"感悟"，知行合一实现幼儿"感为"，见图 1-5。

---

1 王会亭. 从"离身"到"具身"：课堂有效教学的"身体"转向[J]. 课程. 教材. 教法，2015，35(12): 57-63.

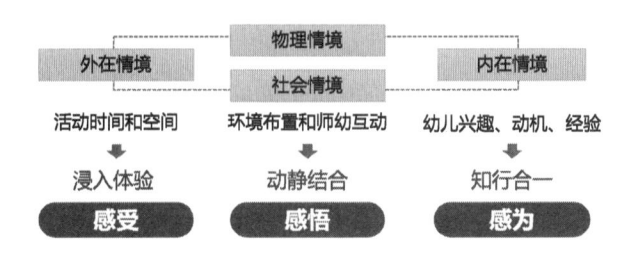

图 1-5 课程活动中实践"融合"的情境特点

内在情境与活动主体的兴趣、动机、已有认知经验等密切相关,激发幼儿参与活动的主动性、唤起他们的情感。外在情境则指向的是活动顺利开展所需要的时间、空间、材料、工具等,统筹有益于幼儿实践的各类活动资源。物理情境与活动所需要的设备、环境布置等相关,创设趣味和挑战,确保幼儿活动的积极性和持续性;社会情境则主要体现在活动主体间的人际交流与沟通、活动氛围、人际关系等方面,注重师幼共建,倾听幼儿的想法、给予适时回应。

在"感受"阶段观察幼儿对真实生活场景的兴趣和参与度,捕捉幼儿在探索和感官体验中的表现;在"感悟"阶段关注幼儿的思维反应和反思过程,通过参与实践等方式观察幼儿如何内化经验并提升理解;在"感为"阶段观察幼儿在实践中的行动表现,评估其在解决问题、合作与实践应用方面的发展,见图1-6。

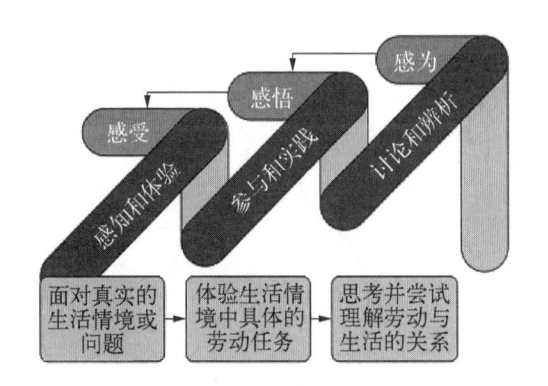

图 1-6 课程活动中"感受—感悟—感为"发展三阶段

让幼儿在经历每一件成长小事后都有"感受"、促"感悟"、行"感为"。以幼儿自己发现的问题为切入,在引导幼儿解决问题的过程中有机融合各"育"。孩子们积极地行动,同伴间齐心协力蕴"德育";每个人说出自己的想法、协调不同意见显"智育";动手力行中有"体育";布置场地、保持校园整洁有"美育";热情负责、做事有始有终是"劳育"。

我们以18件成长事为载体,注重幼儿学习的生活性,让幼儿在生活情景中真实地经历;注重幼儿学习的主动性,让幼儿在满足中自主地经历;注重幼儿学习的整体性,让幼儿在过程中完整地经历。

将"小当家"园本活动融合着眼于幼儿经验的扩展、提升,满足幼儿的兴趣、特殊需要,尊重幼儿的自主性以及幼儿的选择权。在实施过程中将幼儿"小当家"园本活动与"生活、运动、学习、游戏"四大板块紧密结合。

与幼儿一日活动相融合,我园开展生活化、趣味性的"小当家"活动,包含了自己的事情自己做、集体的事情大家做、样样事情学着做三个维度。每个维度都有更为具体的活动内容,其最终目的是为了促幼儿情感、认知、习惯的全面发展。

以渗透性活动和主题性活动为实施路径,确保幼儿在日常活动中的多样化体验;不断开发基于幼儿差异化需求和适合儿童学习方式的实践样态,涵盖小当家主题活动、小当家社团活动、小当家场域活动、小当家节庆活动、家园社区圈延伸活动。

以"多样的活动方式、弹性的作息安排、自主的活动计划、灵活的活动场域、重构的活动内容"作为主题活动支架,推动幼儿个性化成长和全面发展,见图1-7。

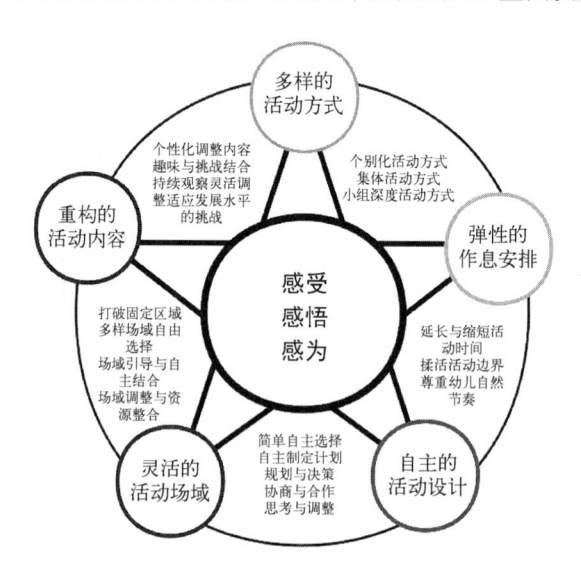

图1-7 课程活动的支持五要素

三、课程领导力,迎接变革挑战

(一)协商性设计,构建课程文化

课程改革在本质上是人们基于儿童观、知识观和教育观等所做的课程价值再选择。幼儿园是教师与幼儿共在并共建的"生活世界",课程则是这一世界中教师和幼儿的探索与体验、思考与理解、交往与实践,以及因此所产生的意义与价值。教师与幼儿作为交互主体的关系赋予了课程源源不断的生命力,课程因而生动且深刻。

文化共生视角下,课程改革上的重点之一即是关注课程"协商性",体现对话精神。课程不是专家或他人预设出来的、固定封闭的工具性方案,而是教师、幼儿及相关利益者共同协商的过程与产物,是带有创生、动态和发展特性的。[1]

幼儿园课程领导力不是园长的个人行为,而是取决于园长和教师共同的素质与行为,与幼儿园的整体发展息息相关,是主动思考,开展课程实践,发现和解决课程问题,推动课程不断优化的力量。

1. 互动共创的师幼文化

幼儿园教师所代表的成人文化与幼儿所代表的儿童文化享有平等的、独立的主体地位,并且,这两种文化之间所产生的冲突与矛盾能够得到文化共生主体的包容与理解,促使幼儿园教师所代表的成人文化与幼儿所代表的儿童文化通过互动、融合,以产生新的文化共生型师幼关系。[2]

我们以沟通的眼光看待儿童文化与园所文化,将幼儿生活与幼儿园课程相融通,走向一种"我们一起创造新生活"的文化状态。尊重个体生命价值,发展自由的个性,教师与孩子们平等对话。以期建立"一种双向、平等的信息、情感、心灵的生命互动沟通关系,是真正的主体际关系"。

2~6岁是儿童社会情感发展的关键期,个体在社会交往和情感体验过程中展现的心理和行为不仅关系到孩子当前的学习与生活适应性、社会与情感能力,也与他们未来的人际交往、情绪调节及解决问题的能力密切相关。

---

[1] 张斌,虞永平. 守正与创新:指向中国式学前教育现代化的幼儿园课程改革[J]. 学前教育研究,2023, (06): 11-19. DOI: 10.13861/j.cnki.sece.2023.06.007.

[2] 黎琦. 文化共生视角下幼儿园师幼关系的构建[J]. 成都师范学院学报, 2021, 37 (06): 51-57.

通过生活体验、游戏互动和社会实践,帮助幼儿积累社会适应(适应群体生活,理解社会生活基本行为规范)、情绪管理(理解、表达和调节自己的情绪,建立自我价值感)、人际交往(建立同伴之间的友谊和互动,关心他人的需要)、问题解决(管理自己的学习,在丰富多样的机会中自主学习)方面的关键经验。

活动一 从"我"到"我们"

"升班"的初认知从孩子们感受到自我和身边的变化开始。在小班升中班的那段时间内,孩子们熟悉环境之后,我们欣喜发现他们的晨间谈话方式也从拘谨到热情,主题则是眼睛所观察到的各种事物,感知周围的事物与小班时期所发生的变化。

由孩子们引发而起的话题,成了我们倾听孩子想法、记录成长手册的契机。基于孩子们当前的经验,我们设立了"我升中班"和"升班大调查"的记录活动,以调查表的形式,在小当家成长手册内进行直观感受和自我体验的调查,让幼儿从自身和身边的环境入手,发现、探索并进行表达表现。

宁宁:中班的教室好特别啊,桌子椅子都变高了。

乐乐:中班教室就没有我们小班的娃娃家了。

雷雷:睡觉的床上都换成了我们的学号,以前贴的是我的照片,我现在已经记住自己的学号了,我是6号。

逸博:我们班来了一个新的朋友,他是一个男生,我想和他成为好朋友。

灵妤:我在家里的测量表上看到我比以前长高了,但是我的姐姐长得更高。

恩予:我发现小班的后面就是户外活动的地方,但中班我们在三楼,有了一个围栏,我们可以看到楼下。

通过初期的谈话,孩子们深入感受到了各种变化,在分享活动中,轩轩突然说了句,"李老师,其实我现在都能帮妈妈做家务了",其他的孩子们突然打开了话匣子,你一句我一句地说起来,"我也可以帮忙做家务了""我现在都会做俯卧撑了"。

在幼儿表征活动中,孩子们一起绘制出自己与小班时会的不同本领,或者在中班学到的新技能。我们发现孩子们画出了安全上下楼梯的方法,户外安全等技能、新本领,他们也在无形中,把"升班"变化的意识转变成为了"自我"成长的收获。

师幼交往从传统的"师教生学观"转变为现代的"共生互学观",教师们主动向孩子们学习。

活动二　和跳跳一起留住春天

跳跳的日常就是与规则"捉迷藏"。每当集体活动开始后,其他小朋友都坐好时,他却像刚被放出笼的小鸟,四处探索,有时真的让老师头疼。

一天早上,跳跳正在美工区的桌子前来回走动,探索各种美术材料。他一会儿看看小树枝、塑料片、玉米粒、小松果等自然装饰材料,一会儿拿画笔在纸上随意涂抹几笔,一会儿他又拿了一瓶绿色颜料跑到阳台上的植物角,对着绿植胡乱地上色。

"跳跳,你要做什么?"教师紧随其后,问道。

"我要给树叶涂颜色!"他一本正经地回答。

"树叶本来就是绿色的,为什么还要给它涂颜色?"教师不解。

"有些树叶到了冬天就黄了,枯萎了,我要做一个实验,我要给它涂好颜色,这样就不会枯萎了。"跳跳分析得头头是道,虽然我被他的创想打动了,但依然有些生气。

"跳跳,虽然你的想法很好,但以后在实验前可以先和老师商量一下吗?"教师严肃地说。看到教师真诚且严肃的表情,他的表情也认真起来,对着教师点点头。

"既然是实验,就是不知道结果是怎样的,叶子有可能因为实验成功保存下来,也有可能腐烂,我们可以挑选少量的叶子做实验。"我采纳了跳跳的实验创想,并进一步与他在实验的操作方法上达成了共识。

于是,我们一起挑选了一盆叶子比较肥大的虎皮兰入手,选择其中的2片作为实验对象,跳跳明白了实验的要求以后,开始认真地对其中的2片树叶刷起颜料。

仅仅1天后,虎皮兰传来了坏消息,2片涂过颜料的叶子耷拉着脑袋,全身黏糊糊的,冒出腐烂的气味,反观旁边的叶片还是直挺挺地摇曳着身姿。我将这个情况在班级里和所有孩子共同分享。

"孩子们,跳跳有一个特别的想法,他想让树叶一直都是绿油油的,于是给树叶涂上了绿色的颜料,看看实验的结果吧!"我呈现了虎皮兰的图片,孩子们惊叹并好奇为什么会发生这样的结果,并提出了很多猜想。

"是不是颜料有毒?我爸爸说装修时候的颜料里都有甲醛的。"文文说。

"可是颜料涂在纸上,纸没有烂呀,应该没有毒啊!"斐斐提出反对意见。

"我觉得是颜料把虎皮兰的毛孔堵住了,它没有办法呼吸了,所以才枯萎的。"凡凡说。

"大家说的都很有道理,真正的原因等你们慢慢探索。可是跳跳想把春天留住的梦想怎么才能实现呢?"我引出一个新的问题。

"我知道,我们可以把春天画下来,或者拍照拍下来呀。"宁宁说。

"我们可以用彩泥做一朵美丽的花,一直都不会枯萎。"灵灵说。

跳跳的实验成功地激发了幼儿关注一年四季植物的生长变化,引发了幼儿如何留住春天的好奇心。我们随即开展了项目化探究活动。

把春天留住		
项目分工	工作内容	幼 儿 的 发 现
养护组	浇水、松土	1. 叶子大的植物需要多喝水,叶子小的植物需要少喝水。 2. 播种前需要松土,发芽后不要铲土,建议用筷子在泥土里戳几个透气孔,便于植物根部透气和吸收水分。
营养酵素组	果皮、枯叶、红糖、食盐等制作营养水	1. 比起普通的水,酵素的水更有营养。 2. 红糖和食盐不能放太多,否则不利于植物生长。 3. 酵素要发酵1周左右最合适。
装饰组	用彩泥、扭扭棒、蛋托、杯托制作装饰	1. 各种废旧材料都可以用于制作花盆,如:奶茶杯、泡面桶、套鞋。 2. 固体胶的粘附力＜双面胶的粘附力＜乳胶的粘附力。 3. 扭扭棒的两头比较尖锐,制作时需要注意安全。
环境整治组	清扫、整理	1. 扫地时,簸箕和扫帚要配合好,簸箕的边缘要紧紧贴合地面。 2. 拖地时要顺着一个方向拖,将垃圾往一个方向聚拢。 3. 拧干湿抹布时,要双手握紧抹布两头,往相反的方向用力拧。
记录组	绘画、记录植物生长	1. 记录时要写明日期,学会看日历很重要。 2. 要耐心、仔细地观察植物的特征。 3. 尝试用尺子或自然物,对植物进行简单的测量,并记录。

2. 互惠合作的家社文化

我园秉持开放、民主、多元、建设和批判的态度,为幼儿园全体教职员工创造一个良好的发展环境。在园内建立一种互惠合作的文化,建立与幼儿家长和社区的联系。推动幼儿园课程愿景的产生,促进目标的形成,明确发展方向。

中班《你眼中的我》

我们也时常会遇到这一类幼儿,他们不愿意将自己的所见所想进行完整地表达,抑或是生性害羞腼腆,不敢与老师进行一对一的交谈分享,这种不愿意表达的情况,可能会对他们的社交互动、情感发展产生一定的影响。

我们班中的雷雷便是一位这样的孩子,他生性腼腆,在语言表达到激动之时会有一些结巴,孩子们会起哄地说到听不懂他的话,这让雷雷在表达方面越加羞涩,在刚升入中班让孩子们比较与小班不同之处时,雷雷一直不愿意绘画,常常会说自己画画不好,不愿与老师分享自己的记录内容。

遇到害羞不愿进行表征行为的幼儿,其实是非常正常的,因为每个孩子的性格和成长环境都是不同的。对雷雷这样的孩子,我们需要更多的耐心和理解,帮助他逐步建立起自信和表达能力。我们与雷雷的妈妈进行了交谈,和她详细说明了手册的内容与重要性,邀请雷雷的妈妈与我们老师一起来记录小当家成长手册。

在孩子的成长道路上,家长的陪伴与记录是无比珍贵的。我们鼓励妈妈在和雷雷交流时,主动询问他今天在学校做了哪些有趣的事情,学到了哪些新知识,并积极倾听他的分享,给予雷雷足够的耐心与信心。同时,将自己的观察与感受记录在成长手册内,作为孩子特色主题活动中的宝贵资料。

此外,我们鼓励雷雷妈妈与其他家长分享孩子的成长记录,与其他家长一起交流成长手册的内容,以及家长需要做的配合。通过记录孩子的相关语言、行为表现,更深入地了解孩子,发现他们的优点与不足,为他们及时提供针对性的教育。同时,这些记录也将成为孩子成长路上的宝贵财富,让他们在未来的日子里回忆起这段美好的时光。

3. 互联融合的教师文化

幼儿园课程领导力,是一个达成理念共识、价值认同、不断坚定教育信念和教育追求的过程,也是一个聚焦实践、反思问题、持续改善一日生活课程质量和幼儿生命质量的过程。

我们增强组织中每个成员的创造力与内驱力,加强课程理论研究与实践行动的对话,主张以教师为主、多方参与的课程建设者们对各种实践问题进行规范、科学的集体反思和研讨。

《成长手册》也成长

初次接触《小当家成长记》这本手册,发现内容基本全是空白,只有零星的几个标题,这些标题正是我们每次实践课程的主要内容。

教师1: 在幼儿成长手册记录的以往工作经验中,我们的常规操作是按照《3~6岁儿童学习与发展指南》中的各项指标对幼儿发展逐一进行评分。然而在小当家成长记中没有评价指标,只有几个简单的标题和大篇幅的留白区。在这样篇幅的手册内容记录中,我初次使用了文字记录梳理了幼儿在当前活动中的感受与感想并添加了自己的主观评价。手册画面中文字呈现较多,幼儿主体体现弱。此时,我的想法依然停留在传统的成长手册评价机制,较多关注于幼儿在活动中的各项技能发展。然而,解读整本手册的框架以及标题与留白,我发现整个手册的建构是由教师、幼儿、家长共同参与,手册画面的内容呈现需要辅助阅读者了解当前特色活动的进展情况以及幼儿在活动中的发展与变化,不仅仅是技能的提升,更有情感的升华。

教师2: 一次妈妈进园的集体实践活动,我们和孩子对话,以一问一答的形式,记录了孩子在活动当天和妈妈一起制作团扇的经历,帮助幼儿梳理和妈妈一起参加劳动的心情以及感受。

实时观察记录法,更有时效性,以一问一答的白描形式将孩子在实践活动当天的感受,以文字方式记录下。这种记录方法可以为阅读者提供更客观全面的资料,便于家长共同参与与分析。然而这种方法的工作量较大,基于一个班级25名孩子的情况下,能够达成实时观察记录的孩子仅占五分之一。且在与幼儿的一对一倾听中,效率较高的幼儿集中于语言表达能力较强的部分,对部分语言能力较弱的幼儿,其回应的内容空洞、重复性情况较多。

教师3: 在"自己的事情自己做"活动中,孩子们需要完成一周打卡记录的任务。在留白空格中,出现了各种记录方式,有的孩子用打勾表示,有的孩子用表情贴纸表示,也有的用不同色块来表示。家长对这个打卡记录也表达了困惑:这个一周打卡的记录,是需要幼儿自己完成还是家长操作?

既然是"小当家成长记",那么在留白空格中需要填写些什么来表示,也应该由孩子自身来决定。然而小班孩子的各项能力局限了多元的表征,需要父母协助完成。作为教师,我需要把要求落实到具体操作中,采用关键引导语"请和孩子共同商量,用孩子喜欢的方式进行每日记录"。

达成共识:幼儿阶段的学习是直观的,需要的是大量有价值的经验。成长手册的使用正是把大量的有价经验具象化,并能够直观分析与评价。小当家成长记的呈现具有系统性,手册内容的呈现过程,便于对比与分析;具有兼容性,多元方式记录便于多方评价。如此呈现的小当家成长手册更符合个性化教育的目标与方向。

无论是园长还是教师,都将通过课程实施过程中不间断的问题思考和学习,来提升自己的专业水平,用高度的责任感,展现自己的教育追求,引导幼儿园课程发展迈向新高度,让自己真正成为幼儿园课程的领导者。

(二)倾听与对话,记录成长轨迹

《中国教育现代化2035》将"完善学前教育保教质量标准"作为推进学前教育现代化的重要策略。课程评价的现代化改革主要有两点:一是要丰富评价主体,优化评价主体结构,建立以教师为核心,园长、幼儿、家长、社会人士等其他利益相关者共同参与的多元化、民主化评价主体群,尤其关注幼儿的参与;二是要改进评价方式,加强对课程实施过程与幼儿学习过程的整体性、跟进性评价,从而强化评价的发展性作用。

在"五育融合"背景下,尊重幼儿差异,注重幼儿发展的过程。倡导"过程意识"不是无视结果,而是为了取得适宜和更有效的结果。施瓦布、斯腾豪斯等学者都认为课程过程与结果是连续的、同一的,结果内在于过程之中。回归过程,让幼儿通过探究、操作、体验、交往、表达去感受和表现世界及自己的内心,获得新经验,是幼儿最重要、最有质量的学习。

为进一步支持每个孩子经验生长,指向幼儿的个性化发展,从结果性评价转变为过程性评价,我们设计了《小当家课程活动手册》。评价主体由单一的教师观察,拓展为幼儿表征、家长评分,多主体共同参与;评价内容从幼儿发展目标达成度,细化为幼儿的活动感受、个性想法等,量化评价与质性评价相结合;评价反馈从对着指标打分,调整为过程性记录,呈现师幼共同的成长轨迹。

1. 记录我们自己的故事

主题:我是小当家(9月)记录情况

班级:大四班 幼儿数:29人   回收手册数:29本

班级整体情况		
幼儿参与手册记录	记录了几个板块	家庭收集照片数量
28	80	2
家长参与手册记录	参与记录板块	教师收集照片数量
6	12	2
家长参与评价	参与评价记录板块	幼儿参与评价
22	70	27

对照这一主题的目标,达成情况:

我班大部分幼儿能在老师的引导下,对于开展的活动进行图画的记录,少部分幼儿会出现单个字词简单表达的情况。对于图画的记录,幼儿能根据活动的实际情况和自己的想法进行表达,但是会体现出个体之间的绘画能力的差异性。在下发手册回家后,大部分家长能根据幼儿的记录,在下面的打三星处进行简单的评价,有个别家长会为孩子的画面进行文字的记录与解说。

有两名幼儿从不参与记录,但是在拿回家后,家长会用绘画或者文字的方式进行表达。

活动一:志愿者在身边

<u>27</u>个幼儿完成了表征,幼儿实录记录:

续　表

活动二：交个新朋友
25个幼儿完成了表征，幼儿实录记录：  
活动三：为弟弟妹妹做件事
27个幼儿完成了表征，幼儿实录记录：  

2. 成就每一个小小进步

让"有意思的小事"促成"有意义的成长"，帮助幼儿建立起积极向上、自主探索和合作共享的学习态度，为幼儿的未来学习和发展奠定良好的基础。

依然特别的跳跳

"留住春天"项目开展的过程中，相较于专注在一个活动，跳跳更愿意参与多种项目内容的活动，和不同的小组成员进行互动。这可能和他的学习特点和学习习惯有关,他喜欢探索新奇的事物,却没有养成整理物品和对任务的计划性。

教师引导跳跳将每天的发现记录下来,我帮他装订成册,并开展一对一倾听,倾听时基于跳跳的发现,师幼一起制定下一步的小目标或小任务。

- **跳跳的发现**:跳跳今天发现拖把拖地很有趣,像一支大画笔在地上画画。
- **小任务**:请跳跳想想,画笔怎么变成橡皮,可以擦掉地上的灰尘?
- **跳跳的发现**:今天跳跳在打扫卫生时,把小树枝从三楼的阳台往一楼扔,看到小树枝迅速掉下去还在空中转了两圈,感到非常有趣。
- **小任务**:请跳跳想一想,楼下如果有人经过,会发生什么?可以问问你熟悉的人。
- **跳跳的发现**:妈妈给我看了一个高空抛物的视频,一根小小的钉子,掉下来砸到楼下的车子,车窗的玻璃一下子碎了。旁边经过的人也差点受伤,真的很危险。可是我还是很喜欢玩,怎么办?
- **小任务**:我们一起讨论怎样安全又有趣地开展高空抛物的游戏,要仔细听,认真想办法,不离开座位,好吗?

关于如何安全地开展高空抛物的交流分享会,跳跳竟然全程都聚精会神地仔细倾听着同伴们的建议,我们一共分了三个小组进行讨论。

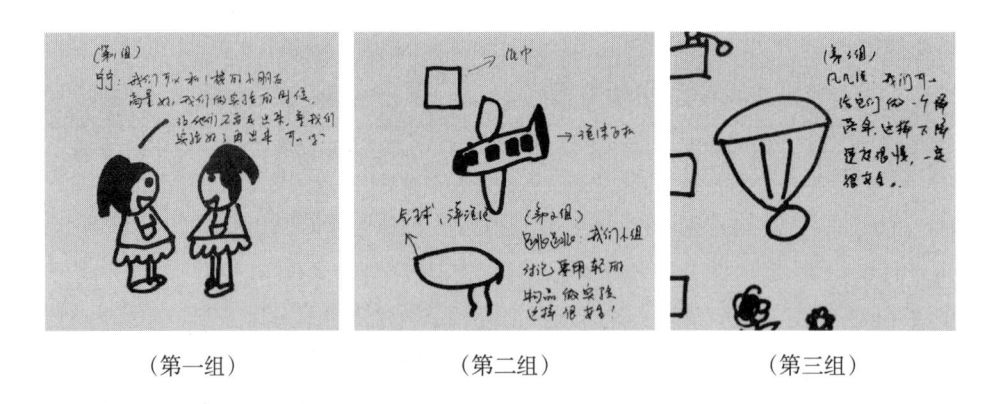

(第一组)　　　　　　(第二组)　　　　　　(第三组)

跳跳代表第二组表达了他们的观点,他们觉得可以选择一些质量轻的物品做这个有趣的游戏,因为这些物品本身就很轻,不会对人造成危险。瞧!跳跳也可以很专注地倾听他人的意见,并在行动前,三思而后行了。

教师的感悟： 面对调皮的孩子，发火和生气显然是最鲁莽和短效的手段，自我提升与专业成长才是永无止境的旅程。通过不断学习教育理念和教学方法，我成了跳跳最特别的"玩伴"。一日活动中，我不再只是一名老师，而是俯身倾听他每一个奇思妙想的朋友。

教师一对一倾听并真实记录幼儿的想法和体验。倾听能够帮助教师和孩子之间建立真实的关系，是教师支持幼儿的有效方式。幼儿真实的想法对于他们的成长、实现自我起着关键的作用。幼儿通过多种方式进行表达表征，教师倾听后给予及时回应，对幼儿来说，有一个能够倾听的环境是非常幸福的，他们的作品被重视、他们的游戏有充分的自主权、他们的需求能得到老师的积极回应，有了教师的回应，能增强孩子的兴趣和行为。在师幼互动的过程中让儿童发现世界，让教师发现儿童。

在教育的广阔天地里，一对一倾听并不仅仅局限于教师与幼儿之间。幼儿与幼儿之间的倾听，则更多地展现了孩子们之间纯真的友谊和互助精神。在幼儿园的集体生活中，孩子们会经常聚在一起聊天、分享玩具、合作完成任务等。在这个过程中，他们需要相互倾听对方的想法和意见，才能更好地进行交流和合作。

镭雷的妈妈在国庆期间带镭雷参观了南湖红船博物馆，在成长手册中写道："镭雷，爸爸妈妈要告诉你，我们能有今天幸福的生活都是无数革命先烈用鲜血和生命换来的，我们能幸福地生活也是因为有祖国在保护我们。你现在还小，还不太明白，爸爸妈妈会和你一起成长，让你知道要热爱祖国。"

幼儿和家长之间的倾听，往往发生在日常生活中的点滴细节里。当幼儿兴致勃勃地讲述自己在幼儿园的一天，家长若能放下手中的事情，全神贯注地倾听，那么孩子会感受到被重视和被理解的快乐。这种亲子间的倾听，不仅有助于增进亲子关系，还能帮助家长更好地了解孩子的内心世界，为孩子的成长提供更有针对性的支持。

在一次"护蛋行动"活动中，灵灵的妈妈在计划书上为孩子代劳了很多，老师在成长手册上和家长交流道："我看见了宝妈的用心，认真地记录着孩子的成长手册。不过，宝妈还可以再放手一些哦，让宝宝多参与记录，可能更有意义。"

家长和教师之间的倾听，则更多地关注于孩子的教育问题。当家长向教师反馈孩子在家中的表现，或者向教师咨询教育问题时，教师若能以开放的心态去倾听，那么双方就能建立起良好的沟通桥梁。教师能够从中了解到孩子在家中的真实状态，为孩子的教育提供更全面的信息支持；而家长也能从教师的专业建议中，获得更多关于如何陪伴孩子成长的启示。

第三话　从夯实基础走向品质发展

教育的发展对现代教育管理提出了新的要求。在管理目的上，要追求最大程度地发挥人的价值、发掘人的潜能、发展人的个性，真正提高教育的实效性。在管理方法上，则需要改变传统的外压式的强制管理，让教师积极主动地参与学校管理工作，尽可能将学校管理的要求与实现自身价值相结合，助力每一位教师的可持续发展。

一、对"家长式"管理的反思

传统的"家长式"管理，由学校来确定工作目标方向、规范操作规程、提供实施方法和监督工作结果，没有自行管理的权力。家长式管理层级多、路线长，执行效率损耗较大。管理权力主要集中在领导者手中，教师的一切行动要听从于领导管理者，教师当然没有主动意识，也谈不上主动承担责任。

"家长式"管理渗透于教师工作的方方面面，上到具体工作安排，下到教案的编撰，都有严格的规范与体制，不允许修改与质疑。虽然保证了教学内容的统一，但却剥夺了其他可能性，也扼杀了教师的成长。尤其对教师来说，它是固化的、不可变更的，其并不是教师本人的主观诉求，作为机械上的一个个小小零件，教师也因此缺乏相应的积极性。

随着社会的进步，教师的主体意识在不断提高，作为现代的知识型员工，他们有自己的追求、思考。以往传统的、自上而下的家长式管理，对自主意识觉醒的当代教师来说，存在着诸多的不适应与弊端。

（一）应驱动教师的自主学习

美国教育学家巴斯（Barth）曾经指出，如今大学生在大学毕业后从事某项职业所需要的知识技能，有98%都需要从社会这个大课堂中获取。由此，我们可以推断出，幼儿园教师如果不能通过自主学习获得工作所必需的知识与技能，突破自身瓶颈，实现自我的职业目标，那么对整个幼儿教育来说，这样的教学环境是十分危险的。

当代的幼师虽然具备幼师必备的能力和素质，但在受教育的程度以及广度上来说，还是明显落后于其他教师。许多幼师缺乏自主学习能力，寄希望于"前辈的经验"以及"工作培训"，使得整个幼儿教育如死水一潭，内容单一，形式重复，所使用的教学方法也趋于机械化，在新的时代中，根本无法适应家长与孩子的需求。

（二）需关注教师的个性发展

反思师德教育过程，我园每月都会按上级要求进行一次修身讲堂活动，但幼师的态度多趋于敷衍了事，积极性不高。经过多方询问，得知许多教师都认为这种活动过于固化，流于表面，每次都需按上级要求"做规定动作"，看短片、听歌曲、诵经典、做分享、讲故事。作为教师只要按此执行即可，缺乏相应的代入感与自主性，因此活动效果差强人意，不仅脱离原本目的，也对教师造成不必要的心理负担。

（三）要启发教师的主体能动

近几年，许多非专业人士放弃原本从事的职业，投身幼教事业。但是这些从业人员在自我专业定位上都存在一定的偏差，而且也面临着职业心理准备不足等诸多问题，在面对幼儿时，往往呈现出一种手足无措的状态。

我园有一位从广告公司工作两年跳槽而来的新教师，在试教第一天，只拿着一张备课纸进行照本宣科地讲读，没有将幼儿教育进行区分对待。而这样的教育者并不在少数，这些从业者缺乏相应的代入感、共情感，对幼儿的理解、认知能力存在极大的偏差和误解。

二、对"同伴式"引领的实践

自主管理是一种以员工为自觉主体、通过员工自我规划、自我控制、自我发现问题、分析问题、解决问题，变被动服从为主动要求的组织管理模式；旨在促进员工自我提高、自我创新、自我超越，进而推动组织不断发展，实现组织的共同愿景。

教师自主管理是为适应社会发展的需要，学校和教育管理者把教师作为管理主体，创设一个良好的工作环境，充分发挥教师的主体性、能动性；同时，教师本人也要为自身发展和实现自我价值自觉、主动、积极地开发自己的潜能，规范自己的言行，调控与完善自己的心理活动。

辩证地看待"自主"，促进教师自主管理的实践要略不是园长放弃管理，而是"退居二线"，站到教师背后，在教师自主管理的前提下，管理者创造条件，提供各种支持，搭建好平台，让教师唱好戏。

系统地保障"自主"，实行教师自主管理并不否定学校的制度建设。适宜的规章制度是科学化、规范化、高效化的重要保证。除了有外部的保障机制、和谐民主的学校环境外，还需要教师自身的良好素质和自律精神。

为了实现学校与教师相互结合、相互促进，我园开展"同伴式"引领的实践。使管理结构扁平化，由全校教职员工共同参与制定学校发展的目标和管理目标。在实施过程中，按照人的心理和行为活动规律，充分调动其积极主动性。

（一）党员教师引领师德讲堂

全体党员牢固树立"干在当下、成在实处"的工作理念，争当服务学校发展的"突击队"和"战斗队"，成为带动教师发展的第一引擎。

改变传统的师德讲堂"五部曲"方式，设置"心·尚"系列项目。"心·尚"既是对自我及他人努力成果的欣赏，更是一种对新目标的追求、对自我价值的发展及自我潜能的发掘和奉献。项目由党员教师领衔，商定活动目标之后成立相应的活动项目组，开展成员的自主招募，让自主参与的组员能够自主地进行方案的制订和活动组织，充分发挥教师潜能、展现教师风采，弘扬师德师风。

"心·尚"修身讲堂，每期由党支部直接领导，提出活动目标。主题来源于社会热点及教职员工群体，主题鲜明、生活化、聚焦共性问题，直面教师困惑、瓶颈、难题，每次围绕不同的主题内容，充分发挥教师自己教育自己、引导自己、发展自己的功能，真正体现"从群众中来，回群众中去"。

"心·尚"演播室，形式多样、风格不一，通过游戏、情景剧表演、互动讨论、即兴采访等方式，迎合了不同层次教师的口味和需求，在教师自主性得到极大激发和引导的基础上，直击教师心灵，引发共鸣，促使团队欣欣向上。

基于"教师立场"，我们的活动不再局限于之前单一的形式，显得极为多样化,青年教师充分发挥创新智慧,开展教育价值观大讨论、说"尚美"故事、"这里星光灿烂"点赞活动,结合现实工作自编小品表演、现场采访以及自由辩论等,大幅提升活动的广度与深度,也加深了活动的趣味性。而在活动的组织以及信息采集的过程中,教师也能通过收集资料、充分交流、团队协作等方式获得一个自我教育的过程,大幅度提升了教师的师德师风、创意意识、组织管理能力与自主学习能力。

(二)"合伙人"引领园本教研

正如怀特海所说的,青年人天生渴望着发展和活动,如果用一种枯燥的方式将受纪律束缚的知识强加给他们,会使他们感到厌恶。

由原来的被动安排转变为"项目合伙人",可以主动将团队实践积累的经验或外出学习的思考感悟,通过自主申报的方式向全体教师展示,收获教师的认同和建议;在园级教学评优中,我们还鼓励青年教师勇于"踢馆",以得到更多展示自我的机会;我们向全园教师公开推出竞聘各课改项目组长的平台,同时,通过专家带教、领导鼓励、同伴助力等方式推动教师个人专业成长。

引入大量智能化设施设备和APP,调整后的园本教研变得更新颖活泼,更受年轻教师欢迎。在教研过程中,我们鼓励每位教师大胆表达自己的想法,先给予肯定,再由同伴补充完善的做法极大地增强了教师的专业自信,变得敢说敢想敢尝试。

(三)专项导师引领个性成长

从20世纪60年代开始,"赋能"一词广泛地出现在组织管理和心理学研究中,众多领域的学者们对其展开了多维度的研究。Rodwell认为,赋能作为一种结果,可以指个体被赋予能量的一种结局。Kieffer认为,赋能后的个体拥有更强大的力量,表现为自我效能的增强,自尊心、自主性及责任心的提高。

在"同伴式"关系的情境中,相互赋能指的是同伴之间通过知识和经验的分享、情感和观念的交流,形成的一种相互成就的发展局面。在此基础上,导师与被带教者能够清晰定位各自的角色,正视对方的位置,规范各自的行为,使同伴关系朝着积极向上的方向发展。"同伴式"关系的形成基于双方的理解和关爱,意味着在多方面同行,而不只是教学技能的传授和学习。

前文提到，本园有一位从广告公司工作两年跳槽而来的新教师，在面对崭新的工作环境，这个男教师显得极为手足无措，完全不知道如何成为一名合格的幼儿园教师。我们商讨后，决定通过个性化培养方式，在保护男教师特色的同时，充分发挥男教师的特长。在幼儿保育工作方面，我们克服教师人员紧张的困难，为他配备了一位助手，根据男教师的特长与兴趣让其自主选择外出培训内容，搭建学习平台，同时，幼儿园也会定期邀请专家对这位教师进行一对一的针对性指导。如今，这位男教师已不再满足于上名师模仿课，开始积极地进行原创课的准备，并多次在区级层面进行展示，得到了同行的一致好评。

三、对"互助式"评价的优化

知识型员工是指以知识为载体、具有较强的职业个性、不断为自我价值的增值和实现而追求的个人。包含了专业人员、管理层和技术人员等。他们一般都有较高的学历，掌握丰富的专业知识，并且以这种专业知识进行实践活动的工作者。当今的教师学历都比较高，拥有专业的知识与技能，属于知识型员工的一部分。

知识型员工追求自己专长的发挥和成就事业，并更在意自身价值的实现以及希望得到别人及社会的认可。他们比普通员工更追求工作的自主性，希望减少被指挥、操纵和控制，往往追求较强的独立性，希望自己的能力能得到别人的尊重与认可，这也正是当今教师的共同特征。

《幼儿园园长专业标准》提出，"建立健全教师专业发展激励和评价制度"。我园实行教师自主管理，采用多元评价方式：教师自评、同行互评、领导评价等。教师通过自我检查和总结，评估自己的表现，并对照评价指标激活下一个自主管理循环，不断提升专业水平。教师既是活动主体，也是评价主体，故能够客观地对自己的行为及活动的结果承担相应的责任。

（一）过程性互助的规划评价

教师的职业生涯规划能够通过教师本人制定的职业目标，从长远指导和激励自我得到不断发展。教师按照规划发展自己、调节状态，安排好自己的时间；在琐碎、日复一日的一线工作中逐步实现自己的目标，切实提高自主管理能力。

我们非常重视教师自我职业规划的制订,研究教师的实际需要,从专家宏观指导到行政落实包干负责制,再到阶段性的小结、思考、调整,采取相对应的激励方式。在此过程中,尽可能地创造条件来满足教师不同层次的需要,在每个环节给予支持。

(二) 全面性互助的自我评价

教师的自我评价能力也是提高自我管理能力的重要方面。教师通过自我反思和总结检查,真实地评估自己,并利用所得的自评材料主动参与工作和自主管理中,循环反复,不断增强教师自主管理和自我发展的能力。

为了让教师有机会对自己进行全面分析比较,我们为教师创设自我评价的条件,构筑了全园、全过程、全方位的质量评价体系,做到"三全",即:全园——行政、课程小组成员、教师代表、保健全体参与;全程——生活、运动、游戏、学习四大板块内容全部覆盖,每月按重点项目进行;时间点贯穿幼儿一日活动全过程,从幼儿进园到幼儿离园;全方位:个人各类计划,从计划制订—中期执行—反思总结—后续改进调整,形成一个完整的案头资料质量评价体系,教师从横向和纵向客观认识、测评自己,从而提高自我教育和自我管理的能力。

第二章 怀志建章，队伍向能求进

建设「活力型」教师队伍，怎样驱动教师从实践的「新手」成为专业的「能者」？

○ 第一话　促自主发展，势在必行

○ 第二话　多层次需求，回应激励

○ 第三话　个人与团队，协作共济

基于办园理念"少者怀之、心向往之",打造一支"有爱互助、担当务实、善学善行、快乐共赢"的教师团队。发自内心地爱孩子,对幼教工作保持忠实的热情;脚踏实地落实想法,对课程实施进行循证改进。

有爱互助:心怀师德仁爱,与团队伙伴优势互补。

担当务实:心怀教育理想,遵循规律并不断实践。

善学善行:心怀学习热情,行动中提升专业素养。

快乐共赢:心怀真诚感恩,开放地与多方面合作。

为解决青年教师专业发展不均衡、提升骨干比例的现实问题,我园探索由"教师"到"需求"再到"培训"的实践路径。借鉴"生存—关系—成长"需求ERG理论,分析和解释教师发展多层次需求。架构"六授以"体系性方案并落实相关举措,平等参与"授人以余"、能力提升"授人以渔"、爱和归属"授人以誉"、职业发展"授人以遇"、成长内驱"授人以欲",回应教师"工作胜任、关系和谐、自我进步"的多层次发展需求,并激励教师"自主发展能力"。在协作文化与共同体中,团队高效协作,青年快速成长,骨干担责引领,队伍共同向能。

第一话　促自主发展，势在必行

专业自觉是指个体对自己所从事的工作专业性有清晰的体认。专业自觉是个体基于现实的需要，对照专业发展的要求而形成的自己未来发展目标的系统化、理论化的认识，是社会发展的客观要求在个体心理的反映。

教师专业自觉是个体积极主动的职业规划意识，根据社会赋予教师的特定要求，不断习得与教师相关的角色期望和规范的精神追求；对照教师专业发展标准，努力实现预期目标的理想状态，是形成教师独特生活方式的基础，也是教师专业发展的基石。

一、教师发展聚焦专业自觉

队伍向能，指向"自主发展能力"，自主性是教师专业自觉的核心。研究表明，具有较强的自主发展能力的教师会通过提升专业能力、调节情绪、拓展专业支持的途径等方式坚守自己的专业理想，获得可持续的职业发展。[1]

幼儿园教师应重视个人个性品质的自我培养，包括交往风格、学习习惯、学习风格、性格特征等。具有优良个性品质的幼儿园教师更善于与人交往，更易产生价值认同和情感共鸣，并形成积极的合作学习关系。另外，幼儿园教师还需重视对自我专业素养的塑造。拥有系统全面、一定深度的专业理论功底和专业技能，有益于幼儿园教师合作学习活动的顺利开展。

我园青年教师占比教师总人数的55%。由于教龄短、资历浅，对幼儿年龄段特点的理解不够充分，对学习活动设计及游戏指导策略的内涵领会不够深入，导致专业性发展的不均衡，因此，教学活动实施的专业发展方面有一定的成长空间。

骨干教师教学经验丰富，能保证课程实施质量，且在团队中有引领和辐

---

[1] 段青如. 课程改革背景下幼儿园教师身份研究[D]. 华东师范大学, 2021.

射作用，起到了榜样示范。但在专业发展方面个人特色还不够彰显，有待进一步放大和提高。

二、教师培训迈向深化转型

在一系列政策的推动下，教师培训迈入一个深化转型的新发展阶段，更加注重教师培训的专业化、标准化、精准化、人本化价值取向。幼儿园队伍培养应转变由"培训"到"需求"再到"教师"的思路，而从实践出发，"以教师为本"，遵循由"教师"到"需求"再到"培训"的实践路径。

从宏观来看，教师发展需求层面包括"社会层面、组织层面、岗位层面、教师个体层面"，在时间维度上可分为"短期、中期和长期"。[1] 从微观来看，教师发展需求来源于教师个体的历史和当下状态，体现着教师自主发展的意向与追求，是"教师个体'内生'的"，不是通过外在的普遍化标准来规定的。[2]

教师作为普遍受教育时间较长、学历层次较高的知识分子，最重要的需求莫过于尊重的需要和自我实现的需要，特别对其人格尊重和对业务能力的肯定。自主管理就是要从教师的需要出发，通过管理手段的实施，以达到发挥教师主动性、积极性，满足教师的个性化、特长化发展，促进教师自身不断完善的目的。

由此，深度融合"主体间性"、终身学习、情境学习等现代理念，从教师发展需求出发，探寻现实问题的解决之道，不断促进教师个体与园所（社会群体）的共同成长。[3]

我们力求缩短教师工作的理想状态和实际状态之间的差距，一方面，要注重教师本身的主观感受所产生的个体培训需求；另一方面，要注重为适应社会发展、高质量学前教育而产生的教师培训客观需求。

（一）研前交流"黄金十分钟"

为改变教师在教研中的传统参与路径，将"自上而下"培训式路径转向

---

[1] 赵德成,梁永正.培训需求分析：内涵、模式与推进[J].教师教育研究,2010(6): 9-14.
[2] 孙自强,周金山.基于"成长需要"的教师培训需求分析：理论、现实与变革[J].职业技术教育,2019(22): 35-39.
[3] 牛旭峰.高质量教育背景下教师培训课程的现实困境及破解[J].教师发展研究,2023(2): 54-59.

"自下而上"和"自上而下"相结合的参与式路径,我们关注教研前教师对活动经验的总结和简单成果的共享。

通过研前"黄金十分钟"经验共享,加强教师在不同主题中的活动经验交流。这不仅能反馈和升华前一次的教研成果,也能促进教研共同体的建设。

例如关于具身学习理论在学前教育中的实践方法,教师大胆分享自己的实践妙招:在感受中,实地参观、标示提示、进课堂活动、调查问卷(信息收集)、同伴分享、视频、照片(经验丰富)游戏体验是教师们普遍运用的方式;在感悟中则更多选择仿体验、游戏体验、实践体验、情境再现等;在感为中,教师选择项目化学习、介绍分享、二次实践(多次实践)、创意制作(实践)等开展后续活动。

又如大班"感谢有你"活动中教师的困惑收集与分析,"基于主题目标,如何设计前期调查表内容""爱妈妈的具体表达方式还有哪些方法",并"有理有据"地聚焦共性问题,见表2-1。

表2-1 教师的困惑收集与分析

主题	思考点	建 议	依 据
我的好妈妈(小班)	➢ 主题活动中幼儿情感体验的方法,除了班本活动之外,还有吗? ➢ 关乎爱妈妈情感的输入与激发只有集体活动吗? ➢ 主题活动中的对象仅限于"妈妈"吗?	1. 为妈妈做件事与中班雷同,开展的程度到哪里?小班可以更落实在情感提升,表达表现作为支持。通过绘本、歌曲、亲子活动、谈话活动、角色游戏等不同形式做多元化的输入。 2. 结合妇女节,班本活动可以聚焦妈妈,结束后家园延伸,拓展到奶奶、外婆、家人。 3. 日常带班过程中的引导,关注到身边的老师等他人,可以从身边的人逐渐聚焦到妈妈。 4. 妈妈对孩子的爱这一块需要加强,可以抱一抱等回馈。 5. 从孩子身边熟悉的家人为切入点,进行情感的激发。	1. 由点到面,从幼儿最熟悉的妈妈开始,激发幼儿的情感感受。 2. 解读小班幼儿的行为与特点。

续 表

主题	思 考 点	建 议	依 据
		6. 幼儿介绍自己的妈妈，从具体的实际感受引出话题，说说自己最喜欢的人，再拓展开来。	
为你做件事（中班）	➢ 如何设计"妈妈调查表"的内容，并符合中班幼儿年龄特点与记录方式？ ➢ "为您做件事"站点幼儿经验输入的途径与方法？ ➢ 如何凸显中班年龄特点？（与小班的主题活动有哪些经验的提升？）	1. 聚焦妈妈的工作，通过照片，与家人互动等形式来进行调查表的记录。 2. 调查的方式提供给幼儿真实可操作材料来具身体验和探究。 3. 分析孩子当前的经验和水平，设计相应的活动和提供一定的支持。	1. 评价指南，了解爸爸妈妈的工作等。 2. 解读每一位幼儿的年龄特点。
感谢有你（大班）	➢ 基于主题目标，如何设计前期调查表内容？ ➢ 爱妈妈、家人的情感表达方式除了送礼物活动，还可以有哪些方法与途径？	1. 调查表可以因节日，从小点出发，对象不仅针对妈妈，还可以是身边关心自己的女性。 2. 从对象的需要出发，制定活动内容。	1. 由节日引发，关注身边的人。 2. 评价指南，关心他人的需要与情绪。

（二）实证记录"信息可视化"

基于实证的教研，对幼儿的语言、数据、行为的收集有了更高的要求。信息技术与专题教研的融合不仅能提高我们的研讨质量，也有助于组织者灵活呈现教研内容的结果，实现活动数据的可视化。

我们会用视频记录幼儿的活动过程，借助网络技术汇总教师的观摩后内心想法的关键词，使用量表呈现教师开展活动的已知经验。例如抓住"感受、感悟、感为""具身学习理论""幼儿发展优先"关键词，设计了实践活动观察量表，如表2-2。

表2-2 实践活动观察量表

	具身学习视域 理论运用策略	具 体 方 法	幼儿发展优先
感受 （认知、 思想、 情感）	多感官的运用 提问互动	学习、倾听革命歌曲 提问、了解革命歌曲 观看革命题材童话剧、电影、阅读革命故事；欣赏革命歌曲 革命歌曲有什么特别？	激发情感 自主性凸显 基于幼儿兴趣 积极思维、学习态度
感悟 （情感 上的醒 悟与道 理上的 领悟）	艺术制作 信息收集 家长资源 讨论互动，经验分享	制作国旗 搜集革命故事，询问的方式、搜集信息 红军爷爷讲故事 理解革命歌曲歌词，讲讲革命歌曲故事	实践验证 积极亲身参与 尊重幼儿学习方式 自主性凸显、积极思维
感为 （亲身 体验、 实践操 作）	歌唱表现 参观实践 经验分享 体验交互、多元表达 经验延展、延伸 社会实践	表演革命歌曲、传唱革命歌曲 打卡革命景点 在班级中分享革命故事 革命歌曲的表演、歌舞表演、拓展舞台表演形式	注重体验 亲子积极参与 多元表达、尊重幼儿兴趣

以中班"爱—唱革命歌曲"活动为例，考虑到幼儿仍处于具体形象思维，红歌对学前儿童有一定的陌生性，因此在设计活动时，教师运用具身学习理论时，更多关注与多种感官的参与，以视觉—欣赏革命电影、听觉—倾听革命歌曲、学习革命故事等。同时利用家校社资源，通过家长进课堂、社区红色景点参观，幼儿园哥哥姐姐唱红歌等各类活动，打造多元的社会实践体验活动。在活动中激发幼儿对中国历史的兴趣，初步萌发对祖国的热爱之情，培养幼儿对祖国的归属感。

随着教研的深入开展，不同情景下的"感受、感悟、感为"的内涵不断拓展，需要多角度进行诠释；为了更好地体现幼儿行为表现与"五心"培养目标之间的关系，我们将观察量表进行了二次优化，如表2-3。

表 2-3　实践活动观察量表优化

感受、感悟、感为	幼儿具体表现	五心指向
感受：同伴的经验共享、相互学习	学习同伴互动的语言，拿被子的方法	好奇心
感悟：助人为乐的快乐	过程中的快乐、愉悦、积极参与的态度	友善心
感悟：主动、乐意为别人服务的表现	安慰弟弟妹妹，主动帮他们洗手、整理毛巾	自立心、友善心
感为：发自内心的参与志愿者活动，并为此感到快乐	整个过程的积极投入	自立心、友善心
感悟：服务过程中的自信心、成长的自豪感	完成任务的喜悦，愿意为弟弟妹妹服务，感受到自己是哥哥姐姐	自立心、友善心
感为：遇到问题时自主协商、共同合作完成任务	两个孩子共同拿一条被子商量教师的位置、路线，商量两个人怎么分工送不同的物品给不同的教师	好奇心
感为：在发现问题时，能主动想办法、解决问题	过程中所有问题都得到了很好的解决，完成志愿者任务	好奇心
感悟：知道为别人着想	送进班级的被子，会考虑放在边上，不影响走路	友善心
感为：积极的语言互动、安慰别人、询问是否需要帮助	主动与老师沟通，与弟弟妹妹沟通、询问班级	好奇心

以大班"我是志愿者"活动为例，通过早上入园对弟弟妹妹指引，我们能充分感受到幼儿在"感受、感悟、感为"三者循环的学习中所达成的五心目标。通过对大班幼儿年龄特点的分析，教师选择了早上入园的时机开展德劳融合活动，通过大带小的活动培养幼儿的"五心"。在实践体验活动中，幼儿的兴趣更浓厚，学习动机更深刻。

为了梳理教研中达成的共识，我们又将活动分为三段式；指向"五心"幼儿培养目标，设计了三段式策略量表，以便梳理出条理清晰的有效策略，如表 2-4。

表2-4 三段式策略量表

时　段	五心的具体指向	基于幼儿发展优先理念,幼儿具体行为("感受、感悟、感为")
活动前		
活动中		
活动后		

（三）优化表单"环扣式梳理"

首先回顾上轮活动的教研成果,迁移运用教研总结;继而解读幼儿在本次活动中的体会和收获,让不可视的内心感悟跃然纸上,提升教师观察解读的能力。

为了更好地让教师观察解读幼儿在活动中的行为表现,我们设计了相应的表单(如表2-5)。在表单的最后,教师还需对本次教研进行评价建议,让组织者能够更好优化教研方式和内容,让每一次教研既能兼顾上一轮成果的运用,又能对教研活动的质量提供评估和建议,提升教师的专业能力的同时,保证每一轮教研活动的质量。

表2-5 幼儿活动表现表单

前　期　回　顾
话题:在本月开展的"小当家成长市集"活动中,你看到了哪些"感知、感悟、感为"的高质量体现?
话题:结合"小当家成长市集"活动中你看到的幼儿的活动反馈等经历,分析还有哪些不足可以进一步调整优化的?通过"感知、感悟、感为"的学习方式可以具体怎么实施?

续表

案 例 分 析
话题:解读本年级组"小当家"特色活动方案,分析德劳融合(志☆☆☆爱☆☆勤☆)在方案中凸显吗?对活动方案做"优势"与"不足"两方面的分析。 优势: 不足:

实 践 思 考
话题:针对"不足",运用具身学习理论,以"感受、感悟、感为"的学习方式能怎样进一步优化?具体怎么做?

研 后 评 价
话题:针对本次教研活动你最大的收获是什么? 话题:对本次专题大教研你还有什么建议?

对教研过程进行归纳,梳理每一次活动的组织实施方式,总结其背后蕴藏的"关键策略"与"发展目标",形成了凸显年龄特点并极具参考意义的策略清单,见表2-6。

表2-6 凸显年龄特点的策略清单

年龄段	具 身	方案优化具体方法	原 因 分 析	主 题
小班	多感官	增加幼儿照片对比	直觉形象思维阶段,认知目标需要感性的、具体的、形象的(PCK)	你好,幼儿园
	多感官	不同打招呼的方式(照片)		

续 表

年龄段	具 身	方案优化具体方法	原 因 分 析	主 题
小班	操作体验	熟悉教室环境（照片）	建立小班幼儿班级归属感（PCK）	你好,幼儿园
	操作体验	大带小做国旗活动（年级组联动）	直觉形象思维阶段,认知目标需要感性的、具体的、形象的（PCK）	我是中国人
	操作体验	观摩大班升旗仪式		
	多感官	放具有"年味的"的视频和音乐	直觉形象思维阶段,帮助幼儿感受新年的氛围	过新年
	操作体验	装饰教室,逛逛校园	通过实践、游览,初步感知"春节"这一节庆活动,也能初步了解节庆活动中的一些社会规则	
中班	情境性	垃圾分类的名字较为局限,调整为垃圾不乱扔。（垃圾分类更倾向于知识技能,垃圾不乱扔更关注于社会责任感的培养——基于中班幼儿的年龄特点和兴趣）	知道垃圾分类的社会规则,对垃圾分类要求还不清晰（PCK）	我是小帮手
	游戏性	实践活动更改为：打卡——今天我家分类了吗？记录：幼儿以"小帮手"（监督员、提醒者）的身份,共同参与家庭、社区、学校垃圾分类活动的情况	知道垃圾分类的社会规则,了解职业及特征。以"小帮手"参与垃圾分类活动（PCK）	
	操作体验	在个别化中增加垃圾分类与画一画垃圾不乱扔的标识,在社区、校园内进行宣传	中班规则意识开始萌发,孩子与成人和同伴交往的过程中,会不断发展适应社会生活能力（指南）	

续表

年龄段	具身	方案优化具体方法	原因分析	主题
中班	动感交互	调整活动顺序（国旗我知道→国旗在哪里）	先感知再实践、深化对国旗的认识	祖国我爱你
	情境性	大带小做国旗活动（年级组联动）	国旗内化认知实践体验	
	游戏性	拓展"家"的涵义，增加各种开放性交往菜单	中班幼儿开始尝试主动交往，因此可以创造机会，给孩子互相交往的机会	长大一岁
大班	多元评价	评价：教师评价，弟弟妹妹评价（拥抱、肢体互动）	开始自我内在品质的评价（PCK）	我是小当家
	多元评价	评价中的互动：评价内容梳理，分享不同的评价、同伴互评	自我评价遵从权威（PCK）	
	多元评价	评价的时间：过程中持续开展评价与互动	自我评价带有明显的情绪性（PCK）	
	动感交互	反思、调整"小当家"计划，再次实施，发现两者的变化，感悟自身成长	能对自己做的计划、事情和结果进行回忆，做出简单的分析，并愿意做出适当的调整	
	动感交互	拓展"新朋友"的范围（新朋友不局限于同年级同幼儿园）	有自己的好朋友，还喜欢与新朋友交往（指南）	
	多感官	尝一尝家乡美食、听一听南翔故事	多感官体验	我爱家乡
	个体差异	班本化实施中，幼儿自主选择活动内容	个体差异优先	
	动感交互	准备沙漏	对时间有一定的感知	成长进行时
	多感官	观看小学生上学视频	对社会角色有更为客观的认知，初步感知自己即将成为小学生	

在教研的过程中,我们持续关注教师实践的思考和困惑,围绕困惑进行互动和讨论,梳理分享和拓展中的可行性操作方法及策略。回应教师的同时,提供实用参考。除了对倾听方法和策略的梳理,教研过程中还渗透着幼儿发展优先和儿童视角的思维方式,支持教师更专业、更前沿地去思考、去行动、去实现,见表2-7。

表2-7 可行性操作方法及策略

主 题	一对一倾听具体方法与策略	儿童视角解读依据
自己的事情自己做(小班)	体验劳动工具站点下,展销会后 1. 你最喜欢什么工具? 2. 你会什么时候用?(用它可以做什么?) 家园: 1. 孩子在家会劳动吗? 2. 他/她喜欢做什么?	幼儿对劳动工具的经验和喜好 幼儿日常劳动中的经验和过程
一起来行动(中班)	徽章制作活动后的碎片化时间倾听幼儿创作意图 问一问幼儿送徽章的对象和理由?	了解幼儿作品背后的设计缘由 了解幼儿的作品意图
劳动我做主(大班)	活动当天,自由活动的时候:印象最深刻的片段:为什么要记录这个画面?	了解幼儿印象深刻的原因、正视自己的情感,激发幼儿对妈妈的爱

直面现状,大部分教师积极参与了教研讨论,分享了自己的经验和看法,形成了良好的互动氛围。然而,也存在个别教师参与不活跃的情况。

在思维碰撞环节中,由于涉及不同年龄段的活动内容选择与设计,教师有大胆表述各自观点的意识,也有反驳与互动的碰撞,但大多数时候的碰撞都是浅尝辄止,思维碰撞的深度还不够,以至于没有充分地深入地去思考解决方案与策略实效性。

(四)大小教研"衔接式推进"

为了进一步提升大教研的效能,优化大小教研之间的关联性与衔接性,我们对教研活动组织和准备进行了进一步的优化。

借助观摩分析表,帮助教师梳理困惑与问题,提供有针对性的学习材料,鼓励教师进行独立思考,支持教师在大教研的过程中进行高质量的互动。表单的最后将再一次收集所有老师的评价建议，让组织者能够更好优化教研方式和内容，尽可能地兼顾全园教师的需求，让教师们从心理和专业两方面做好准备，见图2-1。

2023 学年第一学期专题大组教研观摩评析表

教师：

前期回顾
话题 1：在上一期教研互动中的优化策略和方法，在实践中运用经验分享（需准备 2-3 张佐证图片、短视频、幼儿表征等实证素材；建议：从运用了达成成果“方案优化具体方法”中的什么的方法，在过程中孩子的具体表现，你识别到了什么（结合P C K 、指南年龄特点）
案例分析
话题 1：在“小当家”特色主题方案（爱上幼儿园、我是小帮手、我是小当家）设计的过程中遇到的最大困难是什么？针对这个困难，结合该年龄段特点你是如何思考的？ 困难与问题： 方案优化具体方法： 年龄特点分析：
话题：基于其他两组“小当家”特色主题方案的了解，你有什么建议吗？
实践思考
话题：《小当家成长记》活动手册在“小当家”特色活动的开展与实践的过程中，结合幼儿年龄特点将如何与孩子一起开展记录？（记录哪些内容、记录方式、教师如何去了解孩子的记录等等）
研后评价

新教育　　　　学前教育

幼儿园具身学习视域下的实践活动初探

□　上海市松江区龙马幼儿园　管冠雅

【摘要】幼儿园社会实践活动是典型的具身学习活动，但是许多幼儿园的社会实践活动中并未充分发挥其具身学习的效能。文章在文献翻阅及资料查找的基础上，确立以具身学习理论为支持，开展幼儿园社会实践活动的行动研究，梳理和归纳研究中的收获和建议，以期望为改变当下的幼儿园社会实践活动的行动添砖加瓦。

【关键词】具身学习；幼儿园；社会实践活动

走近生活、走进实践，是未来教育的新趋势。对于幼儿教育来说，不论是教育对象还是教育模式的变革，与幼儿生活紧密联系的实践活动似乎更契合当下社会发展的诉求。在实践活动中，幼儿要亲身体验，在实践中思考、发现问题、同伴互动、合作探究，真正做到“做中学。”因此，幼儿园实践活动是满足幼儿全面发展的内在需求。

一、具身学习的概念

具身学习是身体与环境融合嵌入的载体，大脑、身体、环境三者交互是具身认知理论的核心观点。幼儿园社会实践活动是指教师有目的、有计划地组织儿童开展“了解社会生活、亲近大自然”的体验活动，依据场所划分为园内实践活动和园外实践活动。本文中既有园内实践活动又有园外实践活动。

二、具身学习社会实践活动的设计

本活动的设计原则有课程性、情境化、重体验、重要内容来源。活动实施路径首先要厘清具身学习和社会实践活动之间的关系，并尝试构建两者之间的影响因素和行动路径。其次在社会实践活动中通过探究观察学习、多元感官参与、真实问题情境间的交互作用，两者形成良好的互动，相辅相成。最后通过主题活动的深入实施、特色项目的班本开展、家园共育的拓展丰富三方面内容来源开展具身学习视域下大班社会实践活动。这里要注意实践活动的开展路径分为纵向路径和横向路径，在日常实践中，实施多以融合开展和并列开展为主，路径以活动的前中后推进。

案例一：大班园外社会实践活动“小龙龙旅行记”

（上接第180页）果。

（3）重视学法的指导。指导学生认识记忆的规律，尽快复习、阶段复习，并会使用记忆策略，如联系、理解、模块化、重组、检索等，学会高效记忆。引导学生将错题归类，学会反思分析自己的不足，改进学习方式，鼓励学生进行交流表达，进一步深化所学内容。总之，要让学生认识到学习方式对学习效果的重要影响，会对自己的学习情况和学习方式进行反思和总结，并会不断调整自己的学习方式。

四、展望

本调查研究的范围比较有限，一是仅限于初三，缺乏不同年级学生学习方式的对比；二是由于客观原因，2019 学年遭遇疫情，学生经历了两个月网课，教学方式发生了改变，一些学生学习方式也发生了改变；三是笔者调查研究的经验不足，研究的过程还需要完善。

但“管中窥豹”还是有了许多的思考，反思如何改变教学方式才能促进学生的深度学习。在这几年连续的追寻与探索中，笔者最大的感受是，作为教师心态要逐渐放平，不要急躁，不论学生的问题是一时的或阶段性的，出现问题就是一种信号，处理得当自会有突破。而且必须认识到，学生学习方式的转变不是一蹴而就的，需要一个渐进的过程。

在当今社会，让学生“学会学习”是教师必须要进行的教育研究课题，只要教师重视自身思想的转变，并坚持走在这条路上，就能看到曙光。该研究笔者会继续坚持下去，在研究路上，希望可以发现每一位学生眼里绽放的光芒，每一位学生都能获得更多成长。

【参考文献】

[1] 冯桐霞．中学生学习方式的调查研究 [D]．上海：华东师范大学，2015.

图2-1　观摩分析图

针对教师们“卡脖子”的方案设计问题，我们沿袭了前期通过小教研定制思维导图的形式，帮助教师理清问题解决的路径。同时，为了进一步提高大教研的效率，我们压缩了分组介绍思维导图的环节，利用视频介绍的方式，将思维导图的内容完整地呈现给每一位教师。这样的方式有利于不同年级组相互借鉴设计活动的方法和经验，不断优化完善思维导图。

在小教研中完善思维导图，在大教研前解读思维导图，在大教研中优化活动设计、梳理共性策略。“环环相扣”且“层层推进”的准备，为大教研做好铺垫。

在学期末，对教研所得具体操作策略进行排序，作为组织者反思整个学期的教研情况的实证依据。通过实践,验证相关策略的有效性和适宜性,验证教研活动的成效。回顾发现,不同阶层的老师对于相关策略的理解还存在着一定的差异。策略运用的灵活性、目的性、变通性、差异性等,对于幼儿的发展具体体现了多少价值的评价还需要进一步的思考。

第二话　多层次需求,回应激励

鉴于研究视角与理论视角的匹配性,我们选取生存—关系—成长需求ERG理论,用于分析和解释教师发展多层次需求。根据该理论:生存需求,指维持人生存所必需的物质生存要求,包括工资、福利和工作条件等。关系需求,指维持与领导、合作者等人际关系的一种需要,涉及归属、尊重、爱等。成长需求,指谋求个人发展和成长机会的需求,如自我尊重、自我实现。

我园教师对生存需求、关系需求、发展需求均十分重视,体现为"工作胜任、关系和谐、自我进步"三大需求。注重学校发展与个人发展需求的和谐统一,通过"五授以",促进学校和教师在办园品质、师德态度、教学专业能力、人文素养等方面有更高层次的提升,见图2-2。

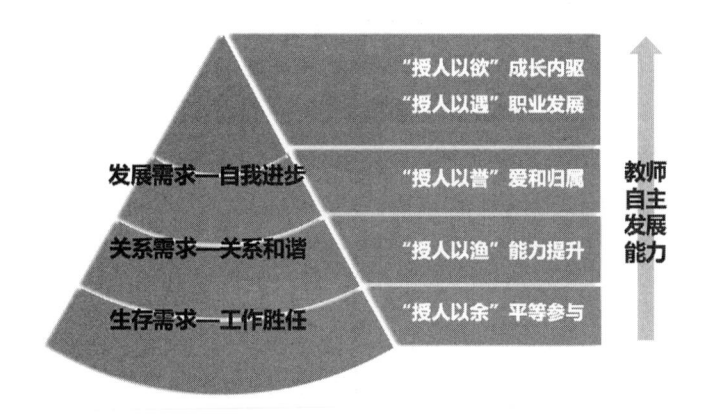

图2-2　回应教师发展多层次需求的"五授以"机制

一、工作胜任,从合格到胜任的专业支持

教师要想"做好工作",也期待"获得帮助"来化解困境并赢得外部支持,

以保障她们"做好工作",进而让她们体会到工作的"胜任"感。尤其新教师容易遭遇各种困境,但她们现阶段的能力和水平又不足以帮助她们应付这些问题和困境。

教师做好工作的障碍主要有两方面:一是工作内容繁杂且不清晰,二是常常遇到诸多棘手的问题和困难,如家园沟通、班级管理艰难等。

(一)平等参与,"授人以余"

凡事给员工留"余量",包括自主选择的机会、自我调整的空间、建言献策的途径。实行教代会、金点子和"轮值园长"制度,让每一位教工有权利、有机会对幼儿园各项制度的"立改废"、各条线管理工作和各项重要决策发表自己的意见和看法。

自主选择的机会,指个体在面对各种选择时,能够根据自己的兴趣、能力、价值观和目标,自由决定自己的行动方向。这种机会不仅限于职业选择、教育路径或生活方式,还涵盖了日常决策中的每一个小选择。自主选择之"余"让教师能够探索自己的潜能,遵循自己的计划,并在实践中不断获得自信。

自我调整的空间,指个体在面对挑战、困难或变化时,能够灵活地调整自己的心态、行为和策略,以适应新的环境和要求。这种空间允许个体在失败中吸取教训,在挫折中保持韧性,在成功中保持谦逊。自我调整之"余"是个体适应性和创新能力的体现,它让教师能够在不断变化的环境中找到自己的节奏。

(二)能力提升,"授人以渔"

教会员工做事的方法和思路。我们开展党员骨干教师引领下的学习共同体研讨活动,全员自主加入某一领域,定期开展实践研讨活动,在过程中帮助教师积累教学经验和团队管理经验。

首先,激发幼儿园教师合作学习的主动积极性,促其养成合作学习的习惯,形成合作学习的意识与能力,实现终身学习和终身发展。其次,幼儿园创生幼儿园教师合作学习的环境、制度与文化,提升幼儿园保教质量,保障幼儿健康快乐地成长和幼儿园可持续发展。最后,推动教师由"教"到"学"的转变,提高幼儿园教师合作学习的实效,让教师的合作学习扎根于幼儿园日常工作中,见表2-8。

表2-8 园级工作室的定位与目标

工作室	主要目标	能力指向
"共生长"工作室	聚焦各年龄段主题墙设计与制作开展实验与研讨。围绕"提升教育环境质量""增强课程关联性""激发幼儿主动学习"三方面,解决教师们实践困惑。	环境创设
"理想家"工作室	聚焦幼儿发展优先理念下项目化学习活动的开展。围绕"激发幼儿的学习主动性""放大幼儿学习的过程性""提升幼儿学习的体验性""支持幼儿学习的持续性"四方面,积累实践案例。	活动设计与组织
"观思行"工作室	聚焦观察、思考、行动开展案例撰写的实践行动。围绕"课题研究的设计""文献综述的撰写"两个方面,带领老师们实践。	观察解读课题研究
"班主任"工作室	聚焦与家长沟通、提供家教指导,推动积极的家园互动。围绕"建立清晰的沟通渠道""尊重家长的意见和选择""组织家园互动活动""持续关注家长反馈和意见"四方面,积累有效的工作策略。	与家长合作

我园教师在园所开办7年间不断学习、实践、磨炼,并迅速成长。新一轮骨干队伍成型、教师对自身专业发展目标更加明确;与此同时,教师个性化发展需求提升,升级原有的带教模式、优化往常的专业学习路径,创建园级工作室。

在工作室中开展教师合作学习,通过教师的共同任务,将个人动机、内在兴趣和发展目标相结合,运用多种方式促进教师积极的持续性学习,支持实践的同时促进创新能力提升。

同步提升后勤人员发现问题、解决问题的能力。定期开展两大员研讨活动,尝试活动的内容与形式在原有基础上有所突破,除了自主学习,集中交流讨论等方式外,采用现场操作展示、情景模拟、现场指导等,更清晰地展现操作过程,从而强化规范操作,提升两大员操作水平和应变能力。聚焦薄弱环节,开展贴切需要、实际有效的保研活动,体现培训的效力,促成培训的内化。

二、关系和谐,从融入到归属的文化浸润

教师对"关系和谐"的需求主要体现为渴望"亲近""关怀""尊重",这

主要源于新教师对关系的融洽、压力的减少和私人生活被尊重的体验。合理控制教师工作量、尊重并保障教师的闲暇时间,以拓展教师的心理自由度,也是满足新教师对"关系和谐"需求的基础性条件。[1]

（一）爱和归属,"授人以誉"

"像小鸟一样地生活,像蚂蚁一样地工作。"教师们对幼教工作保持忠实的热情,脚踏实地落实想法。记录身边的闪光一刻,分享自己生活中的所见所闻,体会在教育工作中也要养成良好的心态、细心的品质,用爱浇灌每一个孩子。

通过"向党、向德、向品、向智"系列活动提升品质,环境凸显"心怀"文化标识——心怀师德仁爱,与团队伙伴优势互补；心怀教育理想,遵循规律并不断实践；心怀学习热情,行动中提升专业素养；心怀真诚感恩,开放地与多方面合作。协同工会、团支部构建校园文化核心价值观"怀少我当家"。发出《师以德馨 向光而行》的绿色教师节倡议书。

给员工精神层面的赞誉。我们每年度开展"最美怀少人"等评先争优活动,促进教师们在师德态度、教学专业能力、人文素养等各方面有更高层次的提升,形成你追我赶的良性竞争氛围。

针对教学业务工作,及时进行考评与激励；后勤管理部门制定保育员"星级岗位"评选方案,通过保育员自主报名,行政、后勤、保教、保健部门组织评审,综合评审对象思想态度、工作实效、资质荣誉等方面,张榜公示,安装星级岗标志。开启"免检功能",进一步激发保育员工作积极性,挖掘保育团队中的优势力量,发挥保育带头人的示范引领作用,全面提升幼儿园保教工作水平。

（二）说书说事,"授人以语"

在党支部领导下,开展特色说书说事活动,分享《打造高绩效团队》《慢小孩》《向孩子学习》等书籍；提升工作中换位思考的意识,传递关于理解、关爱和陪伴的教育观,领悟珍惜与他人的相处和追求内心满足的重要性。

1. 党员"说新书"

督促党员同志坚定理想信念,加强自我学习,提升政治修养与人文修养。

---

[1] 郭绒,左志宏,汪甜甜. 新教师需求视角下的好园长:组织领袖、家庭成员、家族长辈[J]. 教育学报,2023, 19(02): 144-157. DOI: 10.14082/j.cnki.1673-1298.2023.02.011.

落实全体党员"每月说书"活动责任区,采用自选书籍与支部推荐书籍相结合的方式,认真组织党内分享交流活动,再运用"微信读书APP"平台,向一线教师推荐,在"说书荐书"的过程中,既提升了党员教师的语言表达能力,又拓展了视野,提升了素养。

李逸骏老师说《致教师》

关心、关注、关怀每一个幼儿,是每位教师应该保持的工作作风。但现实生活中不是每一个教师都能做到。应该说每一个孩子都是天使,每一个学生都应该享受到教师公平公正的教育。教师应该一视同仁。由于长期以来应试教育的影响,教师们对幼儿总有不同的态度和心情,他们总是偏爱集体活动中好的幼儿,"好"幼儿犯错老师总为其开脱,"差"幼儿犯错老师们总认为是幼儿的不对。因为,好的幼儿能给教师带来成功的喜悦,教育的希望,职业的幸福感,而纪律差的幼儿总是让教师花更多的时间而没有得到点滴的快乐和安慰,他们总是让教师操心,让教师失去职业的成就感。因此,公平公正地对待每一个幼儿说来容易做到难。

作为教师,要相信每一个幼儿都有长处和不足,不要轻易地看不起自己的幼儿,今天幼儿学习不行并不代表明天他也不行。我们的幼儿几年后发展的差异是非常大的,当他们在学校的时候就应该给他们公平公正的待遇。

要给幼儿提供多样的发展机会。每一个幼儿都有其自身独特的价值,在教育教学中应该承认差异、适应差异、追求多样性,尽可能地提供适合幼儿发展的机会,保证幼儿有机会获得适合其特点的教育。

陈苑老师说《幼儿情绪管理的方法与策略》

前段时间看了学校新购的这本书,正好与自己前几年做的区级课题有吻合的主题,也作为在工作室学习的补充。看了之后一方面是学习,一方面是反思。从小到大身边的老师同学亲友对我的评价都有"脾气好",因为性格因素不太会吵架,遇到问题习惯退一步自己消化。但是工作了之后,发现面对孩子们的种种表现和问题,我反而会时常发火,也会有很多中国式的通病,很少会直白地表扬孩子,包括怎样善于捕捉闪光点,丰富多样地去表达,其实是很欠缺的。

书里有很多我们看得懂、能理解，但是说起来容易做起来难的原则。比如说尊重性原则：现在我们都知道情绪没有好坏，只不过是通过是否适宜的方式表现出来。我们要尊重、接纳孩子的消极情绪，有利于孩子更好地接纳自己和他人。但有时快节奏的工作或生活往往让我们没有耐心等待。班里有一个9月份过生日的男孩子，有一颗脆弱的玻璃心，有时他表现不当，我们一叫他名字就不开心，偶尔我们说话会是抱怨的语气，他会立马就哭。以往我可能会生气，明明是你做得不对，为什么还要这样经不起说，但其实老师越是生气孩子就会越害怕哭得越凶。后来和他沟通过一次，那现在我比较多的可能是先忽略，让他自己先消化平复一下，虽然性格还是比较敏感，但我也换了个角度看，好在他能把自己消极的情绪释放出来，并且调节的时间在缩短，总之有微小的进步。

情绪是人类的基本特性之一。不管多么优秀的人，都有情绪反应。重视培养孩子自我管理情绪的能力，我们要修己安人。一方面，我们要把自己的情绪处理好；另一方面，还得有办法让对方情绪很稳定。修己就是要把自己情绪调稳定，安人就是让对方情绪也稳定。自己稳定，他也稳定，大家都稳定，很好商量，就很容易形成合力，把事情做好。我们作为教师，肩负教书育人的使命，必须学会驾驭情绪、管理情绪，尽可能地减小消极情绪对我们的影响。教师要善于自我调控情绪，教师情绪的好坏会直接影响到学生。如果老师上课时情绪饱满、乐观向上，就会让学生学得有兴趣、有成效；而如果老师情绪低落、态度冷漠，则会导致学生对学习毫无兴趣，甚至厌恶学习，课堂秩序、教学效果因此也会陷入糟糕的境地。

陈波老师说《打造高绩效团队》

虽是10多年前就发行的一本老书，但现今再看的话，我觉得仍有十分重要的现实价值，因为我们都是社会人，这本书对个人职业生涯有着深刻剖析和指导意义。书中着重阐述了三层意思：第一层关于团队，第二层是关于高绩效团队，第三层是如何打造高绩效团队。

第一，关于团队。以往我们对团队的认识比较局限，殊不知它与一般的群体有着本质的区别。群体是几个人聚在一起但缺乏自主性、自发性，没有共同目标的意识，而团队则是某一工作区域内为实现共同的工作目标而相互协作、独立工作的团体。这也决定了团队中的成员一定要有主人翁意识、大局意识、协作精神和服务奉献精神。为了团队的高效运转，各成员必须不遗余力地奉献自己的聪明才智，营造积极向上的工作氛围，增加团队的凝聚力和战斗力，同时从优秀的团队中汲取营养，不断成长进步。

第二，关于高绩效团队。网络上一直流传着这样一句话："不怕神一样的敌人，就怕猪一样的队友。"当我们把它当作笑话一笑置之的时候，是否还会发现这句话背后所隐藏的含义。其实没有一个人能单独创造奇迹，所有奇迹的背后都有动人的故事。那个奇迹只是结果，最令人感动的是过程的付出。如果离开了团队每一个成员的贡献，那这个奇迹就是空谈。所谓高绩效团队必须是拥有一个清晰的共同目标，引导每一位成员往相同方向努力前进。同时，高绩效团队还要重视每一位成员之间的互补性，能中和利用各成员之间的性格、技能互补，发挥协同效应、扬长补短，才能实现绩效最大化。

第三，如何打造高绩效团队。整本书给我触动最大的是这句话，"下者用己之力，中者用人之力，上者用人之智"，结合自己平时的条线管理工作，也有一些触动：

首先，心中有集体。所谓"一个篱笆三个桩，一个好汉三个帮"，团队协作绝对不是一句空话。试想：如果每个人都将自己的职责抛在一边，只想从团队中攫取自己想要的东西，那么整个团队就成为了一盘散沙。因此，作为条线负责人，理应事事走在前，做好表率作用，努力和组员一起营造互助互爱的氛围，让每位教职员工在这个团体中享受身心的愉悦。

其次，学会沟通、协作。余博士曾经说过，一个人如果真的要有所成就，一定要学会沟通，特别是要能面对很多人说话。在他看来，一个人想要很好地与人沟通，所谓高明的沟通技巧并不是主要的，最重要的是一个人的心态。要拥有良好的心态就必须克服自私、自我和自大；心态好了，沟通时就会很自然地去体谅对方的不便和难处，能考虑到对方的需求，能主动支援和主动反馈。

幼儿园事务千头万绪，条线工作也琐碎繁杂，因此在实际工作中更需具备换位思考的意识，注意言行举止。同时加强与其他条线的配合和协作，做到勤沟通，共发展，这样许多繁杂的工作，也会迎刃而解。

余世维先生的《打造高绩效团队》使我深刻认识到每个人只有锐意进取，

与时俱进,把自己融入团队,奉献自己,才能展现出自己的才华与精神风貌,从而感受人生价值得到充分体现的成就感。

2. 党员"说新事"

提高党员为民说事办事服务效率,提高党员干部管理能力,切实增强党员创造力、凝聚力和战斗力,实现全心全意为人民服务的宗旨。鉴于党员教师在条线管理、班主任工作、家园互动等方面有着许多宝贵的经验,却也面临许多新的困惑。党员工作室适时推出"每月说事"活动,将学校管理、教育教学等工作中的成功案例或困惑难题与大家分享与探讨,以此促进互帮互助、共同成长。

2022年2月,曹诗妮老师

今年怀少迎来了督导和市一级园评估两件大事,不管是前勤还是后勤都是非常忙碌的。今天说的事就是我个人在整理资料,准备迎检工作中,我看到、听到和学习后的一些感悟与思考。

9月之际,正是面临督导和评级的冲刺阶段,学校面对人员紧张的情况,我们怀少行政老师们个个都冲锋陷阵,淡定指挥,各个条线都有条不紊地有序开展各项活动,有一点让我非常感动,就是前天我正好去办公室领工会的东西,就看到陈波老师脖子捂得严严实实的,皮肤红红的。我就问她怎么了,她就轻描淡写地给我来了句,"没事,过敏了",之后的时间我就看到她这个样子还做着拍摄校园宣传片的催场等常务工作。脚下生风,眼盯剧本细节,一会儿拿着手机开始打电话,尽可能提前落实好后面场景的人员,尽可能节约时间,从而提高拍摄的效率。其实不仅仅是陈老师,我们的行政班子都是如此,都是我们青年党员同志的楷模,在他们的身上我看到了先锋模范的精神。大家在这段冲刺时间内真的毫无怨言,有力出力,有空位就及时填补,互帮互助,大家同是怀少人,同扬怀少帆,无不体现我们大家的团结与合作。

"大家"如此,我们的"小家"也如此。我的搭班孙老师今年兼任了大教研组长,忙碌的她丝毫没有懈怠班级工作,依旧兢兢业业、勤勤恳恳,带着我做好班级中方方面面的工作。开句玩笑话,她是我们大五班的定海神针,有她在,我心踏实!她的智慧魅力,更冲击着我也要努力做这样的一名教师。

智慧是要经历与积累的,我想我们在疫情期间的各种培训与学习给了我成长的机会。在各种学习中,我发现作为一名老师学会观察是非常重要的。而我在这方面是非常薄弱的,所以今后要努力提升对幼儿的观察能力,真正走进孩子们的世界,评估他们的需要,拓展他们的经验,促进他们的学习,才能成为一名合格的党员教师!这就是我以后要努力的方向。

2022年11月,孙怡菁老师

在迎接市一级园评估工作的当口,我们怀少幼儿园的每个人都兢兢业业、勤勤恳恳,以一颗火热的心、将无尽的热情投入教育事业当中。其中,给我留下深刻印象的就是我们怀少幼儿园的副园长——金老师。

作为教师典范的她,每当我们在带班中出现难题时,她总是会不厌其烦地为我们答疑解惑。当我们遇到写作难题时,她也会贡献出自己的休息时间,为我们批注修改。当青年教师专业上遇到瓶颈难以突破时,她甚至会进入班级,与孩子们进行小组的互动,立足幼教的第一线。她很勤奋,桌子上的专业书籍经常在更新;她很聪明,层出不穷的锦囊妙计总是让我们事半功倍;她很幽默,聊天中她的能言善道总是让我们放松心情……

今年,学校需要我的工作岗位调整为大教研组长。但是新手上任的我,对于大教研组长的工作任务始终处于迷离彷徨中。而且新学期开始,各种培训班将时间填得满满当当,每当这个时候,金老师总是会对我说,没关系,这事我先做,你先去带班吧。在奋斗的三个月中,她包办了所有的各年级组的资料审核,各种调研的报告撰写,让我能够一门心思地扑在班级工作管理中和各种高低结构活动的研磨中。除此之外,她还细心地指导我每一次的教研方案,给我鼓励和信心,让我找到工作的价值和幸福。

在今后的工作中,我要继续向她学习,用爱心换来美誉,用专业成就业务,用奉献成就事业,在大教研组长的岗位上继续前行。

2023年1月,金玉波老师

我想和大家一起分享的是一个词:"执着。"佛教语指对某一事物坚持不放,不能超脱。泛指固执或拘泥,亦指对某种事物追求不舍。今天的"执着"指坚定不移。很久以前看过一本书《执着就是成功》,书中写道:"执着是一种生命不息、奋斗不止的英雄本色。执着是一种面对艰辛困苦而不放弃的人生态度。执着的人是敢于在逆境中与命运抗争的奋斗者、拓荒者、献身者。成功最终属于在失败中坚持、在困境中思考、在挑战中执着的勇士。"看似艰难的过程但是具备"执着"精神和态度的人，就在我们的身边，在很多与他们的互动中、交往中、了解中，他们对待事物的执着坚持；针对问题的执着争辩；面对困难的执着前行使我深深促动。今天要分享的不是一个人，也不是一件事，而是一群人与许多事中的"执着"。

李铭涵老师，我对他最深的印象就是执拗、倔强、一根筋，但是对待专业的追求中这些品质成为他的"执着"。他在教学活动中关于细节、关于材料、关于变量、关于孩子等的"斤斤计较"，是他对课堂和专业的"执着"。例如《豆子先生》的活动，放什么豆子，用什么罐子，怎样让豆子安静，无数次的材料试验，就为了成就一个环节中孩子的发现。半夜噼里啪啦的钉钉轰炸纠结于一条小结语，他的执着也迫使我不停跟着他转起来，似乎也带动了我的执着。

孙怡菁老师，一个学期中四篇文章的获奖，这是她执着的成功。失败与创新正文中，关于文章中失败点、创新点的捕捉，案例中重要元素的截取，有很多次下班后我被她堵在办公室。上周开题报告后，她盯着专家不停询问课题后期研究要点、路径、实施办法。这些是她对业务素养和专业发展的"执着"。在与她的互动和交流中也促使我不断学习再学习，在她执着前行的路上，也在不断地推着我一起前行。

中班组，一个充满活力的年级组。他们对活动、对孩子的执着，总会让她们的小当家特色活动显示出别样的精彩。5月，因为各种客观原因她们的小当家特色活动还没有时间开展，孩子们前期的经验铺垫和分组中对活动提出了很多自己的建议和想法，也对本次外出实践充满期待。可是孩子的想法和老师预设的活动方案还有很大的差距，执着让中班组克服万难，调整地点、优化方案、细化分工，只为在实践中让每一个孩子都精彩。这样的执着，我在感动的同时，也促使我再次审视自己，是否有这样的精神去做好每一件事。

执着，是一种精神，一种过程，一种对人生和事业的态度。坚持执着，就是坚持生命不息、奋斗不止的本色。跟着执着的人一起前行，在改变中进步，在艰难中坚持，在追求中成功。

三、自我进步,从"要我"到"我要"的发展激励

"教师发展"的追求,一方面是对内在"进步"的需求,另一方面通过"幼儿园发展"的追求间接反映出作为组织成员的教师对外在"进步"的需求。教师们期待获得"理念引领"和"实践指导"。

(一)职业发展,"授人以遇"

给教职员工发展的机遇。"十四五"期间,依托幼儿园规划,每位教师制订了《嘉定区怀少幼儿园教师个人三年发展规划》。教师分析各自发展优势与不足,制定个人三年发展规划,细化到每年度,有目的地寻求自主发展的方式和措施。园长会同各部门负责人展开对教师个人规划的个性化诊断,找准每位教师发展过程中的生长点。

为帮助教师在规划执行过程中不断明确个人发展方向和轨迹,基于教师个人发展规划,设定支持个性化成长与研学的《教师研修手册》——以基础教育改革和教师专业发展实际需求为导向,以解决学校教育教学实践中存在的问题为突破口,提高教师综合素质为目标的个人研修手册,包含个人三年规划、分年度目标、重点项目、常规项目及研修成果五大内容。

第一阶段:成立以园长带教第一梯队,第一梯队带教第二梯队,第二梯队带教第三梯队的"沸点行动"师徒带教模式。师徒一对一进行《个人三年发展规划》内容分析和指导,调整完善个人发展规划,形成更加符合教师个人发展特色、更加易于落实到位的个人发展规划。

第二阶段:教师根据自身发展情况及每学年完成规划目标达成情况和相关显性指标达成情况指标反馈,并进行达成度的反思和措施调整。教师进行个人三年发展规划情况自评,并作个人总结梳理,形成个人三年达成度报告。

第三阶段:每位教师根据自身的发展及学习情况完成专属的《教师研修手册》,体现教师在每一学期中所有大小活动参与情况,以及个人的发展情况。全面记录教师教育教学能力提升的进度,以及个人专长的形成。

在规划实施过程中,定期开展各级各类课题组、教科研研讨活动;组织教师参加各项专业学习,进一步提升教育教学研究能力;鼓励教师积极撰写相关研究论文参与各级各类评选,选送优秀论文投稿发表,加强教育科研与教学研究的协调一致,提高教育科研质量。

（二）成长内驱，"授人以欲"

正视幼儿园教师在团队中的竞争关系。不管是来自幼儿园外部奖惩制度的鞭策，还是来自幼儿园教师内部自我实现的驱动，都会形成幼儿园教师之间的竞争，竞争是无处不在的。[1]我们适度引入竞争，旨在调动合作学习团队的工作积极性，促使幼儿园教师取长补短，不断反思进取。

充分理解并接纳竞争的积极价值，激发团队积极向上的愿望。我们开展两年一轮的园内各条线组长的竞聘活动，给想干事、能干事、干成事的年轻教师成长的机会。制定各梯队教工专业发展目标，通过重点项目（学习共同体、龙头课题研究、个人发展规划）和常规项目（修身讲堂、保教研究、保研微研、争先评优）的开展，引导教工自觉参与学习、进修，见表2-9。

表2-9　怀少幼儿园教师分层发展目标

分　层	目　标
职初期教师	1. 了解幼儿园环境、日常工作规范、课程实施方案和一日生活保教实施细则具体内容，能在带教老师的帮助下开展一日活动。 2. 继续在带教老师的指点下实施课程实施方案，独立开展班务工作（包括家长工作）。 3. 能实施幼儿园课程实施方案，独立设计、组织一日活动；建立初步的专业自信。 4. 参与课题的承担和参与，培养潜力教师。 5. 非学历培训，加强自培，加强综合素质。
成熟期教师	1. 全面理解幼儿园课程实施方案的理念和内容，并自觉执行。 2. 审视并调适课程实施行为，关注课程实施的有效性。 3. 运用多种方式，分析自身课程实施行为，提高调适能力和课程实施有效性。
园级骨干教师	1. 热爱教育事业，具有奉献精神。教书育人，师德高尚，为人师表，积极投身教育改革，言传身教，培养学生健康人格。 2. 关注园级骨干教师发展的基础上，完善带教、结对机制，搭建交流展示平台，推动教工间的互动、互启和互利，促进每位教工的发展。

1　孟会君. 幼儿园教师合作学习影响因素研究[D]. 华中师范大学，2017. DOI：10.27159/d.cnki.ghzsu.2017.000328.

续 表

分　层	目　标
镇级 骨干教师	1. 热爱教育事业,具有奉献精神。教书育人,师德高尚,为人师表,积极投身教育改革,言传身教,培养学生健康人格。 2. 有显著的教学效果和实绩,有自己教学风格和教育、教学特色。所任学科成绩优良,或取得明显进步者;在校级及以上公开课、评优课或指导学生参加区级及以上竞赛中表现突出。 3. 有扎实的专业理论,主动勇挑学校教育教学工作重担。积极参加校本课程的开发和教育研究;能热心指导与带教青年教师,近年中担任青年教师教育教学带教导师。 4. 有教育教学科研成果:有区级及以上刊物公开发表过的教育教学研究成果、论文,或获得过区级及以上教育教学评优活动等第。
区级 骨干教师	1. 拥有优秀的教育教学能力,在区级教学技能水平处于前列;在片级承担教育教学任务;指导幼儿在区级及以上比赛或竞赛中获得等第。 2. 有教育教学科研成果:主持区级及以上课题或小课题研究并结题;在区级及以上刊物上发表教育教学论文;参与校特色项目或校本材料的开发与编写并有成果。 3. 辐射引领方面:在区教育学院或学校安排下,带教青年教师1—2名;领衔区优秀骨干教师培养基地、班主任工作室、德育实训基地、学科教研训基地工作;主持学区及以上教研活动,开设学区及以上教师培训课程;获聘为区级及以上学科中心组成员;参与优秀教师柔性流动项目。

第三话　个人与团队,协作共济

随着课程改革的推进,在教师发展方面文化的作用越发凸显,我们打破"单兵作战"的工作模式,培育同侪共济的协作文化。创生教师共同体,通过交流合作来解决教育教学、保育科研、家长沟通等方方面面的难题,以此回应并激励教师"平等参与—能力提升—爱和归属—职业发展—成长内驱"的多层次需求,在过程中让每一位教师的"自主发展能力"获得一定程度的提升。

我园建立教师个人诚信档案,记录履行师德规定情况和年度诚信情况,定期组织教师学习《幼儿园教师职业道德规范》等相关文件,签订师德承诺书,明确教师工作职责与行为规范,提升育人素养。

一、聚是一团火，散是满天星

我园教师专业成长迅速，立项区级青年课题3项，先后培养了2名区骨干、2名区学科新星、3名镇级骨干、12名园级骨干。骨干教师在研究方面当先引领。我园立项区级重点课题2项、区级一般课题7项。教师研究成果获得市、区级奖项及公开发表30余项，教师自创游戏获得上海市第十四届游戏大赛最佳游戏设计奖。教师团队和后勤团队在幼儿园重要时间点团结一心，不畏艰难，取得了一次又一次的好成绩，成功创建"区文明单位"。

教职员工用了一个多礼拜一起整理仓库，虽然是在寒冷的冬季，但是每个人都干得热火朝天，不抱怨、不拖拉、效率极高地完成了这项任务。"聚是一团火、散是满天星"，这句话很好地诠释了我们怀少幼儿园这个团队的面貌。回望这几年的点点滴滴，不论是教师还是后勤人员，在日常工作中，也是兢兢业业、勤奋工作，在各自的岗位上发光发热。

教师团队关系和谐，形成共同体、有归属。正值新学期开学的重要节点，一位教师因突发事件不得不请假，心急如焚。"别担心，这里有我们！"不仅是言语上的安慰，更在行动上有序协调、全面支持。平日里，老师们不再是被动的知识传授者，而是成为了一个个积极的知识探索者和创造者。"共同体的老师吃饭的时间也在讨论上课的事情，没参与的老师也一起在磨课，大家一起碰撞，老师们互相启发，互相补充。"

面对时间紧迫、任务繁重的挑战，骨干教师们主动承担"策划、组织"等关键环节，对活动方案进行反复推敲和完善；发挥自身经验优势，给予其他教师具体的指导。"教研组长除了日常带好班、提升经验外，记得多听听教师生活中以及专业能力中的问题，这才是关键！"

骨干教师主动挑战，职业发展有突破。带头梳理工作经验并尝试发表文章，"2篇关于学校劳动特色的文章被《教育家》杂志收录，让我有了专业自信，通过工作坊和大家分享写专业文章的方法"。

在与家长开展面谈的工作中，骨干教师亲身示范，如何向家长详细介绍幼儿在园的表现和情况，并与家长共情。"经验可以慢慢积累，我们的态度一定要专业。从学习、生活、运动、游戏四个方面向家长说得细一点，说出孩子的闪光点。和班内好朋友的家庭增加沟通是很有效的策略，大家不妨试试看。"

青年教师能力提升,做事有方法、明思路。教龄3年的男教师逐渐找到自己的教学节奏和策略,承担区级展示任务。"起初面对多样性的个别化材料不知如何取舍,面对孩子们各异的需求和活泼好动的天性,手足无措不知道如何引导。园长和资深教师们不仅在日常个别化交流中给予我悉心的指导,还发动全园一起帮助我优化班级环境的布置。"

7年间,非学前专业教师成长为大教研组长,从对幼教工作一无所知,到渐成自己的教学思考和风格。"参加教学新秀评比时,园长亲自驾车带着我们向专家请教,在一次次优化调整中不断突破,让我们珍视过程中自我的学习与思考,以自我成长为目标去不断思考,而非单一的结果。"

二、从"局外人"到"局内人"

说到幼儿园教师,我们首先想到的肯定是,美丽、温柔、活泼的女性教师形象。从国内幼教发展开始,幼儿园教师队伍就是以女性教师为主。在2018年《中国教育统计年鉴》的数据显示,我国幼儿园教职员工中从事教育教学工作的男性比例约为1%。1%,一个很小的比例,却代表了一股不容忽视的力量。幼儿园教师队伍中,男性教师从"0"到"1"的存在,是千百男教师对幼教梦想的坚持、对幼教事业的执着、对自我理想的坚信。随着学前教育的改革与发展,社会各界普遍意识到幼儿园男教师的重要性和不可替代性,男性介入学前教育领域是必然的发展趋势。

2013年6月,李老师和每一个毕业学子一样,踏上了第一份工作岗位——广告设计师。一份专业对口的工作,一份稳定的职业,这些在他的家人看来,是一条满意的未来之路。作为一名设计师,李老师当时工资待遇在同龄人中也是比较好的。虽然面对比较稳定的职业,较高的收入,但这不是他真正想要的工作。在姑姑——嘉定区骨干教师李卫英老师的影响下,李老师对幼儿园教师的职业有着不一样的执着,他希望和姑姑一样成为一名优秀的幼儿教师。但是父母的一再反对和阻挠,一度让李老师的梦想止步不前。2015年,偶然的机会下,李老师结识了同为幼儿园老师的妻子。在妻子的鼎力支持下,幼儿园教师的梦想又一次在李老师的内心萌发。虽然,家人的反对、周围人的不理解多次阻挠了他追求梦想的脚步。但是,他始终没有放弃成为一名幼教老师的梦想,顶着压力和偏见,义无反顾地投身进入了幼教行业,成为一名幼教老师。

2017年夏天，李老师略显匆忙的身影不断地出现在校园内的各个地方。满怀着对即将开展的教育事业的期待和展望，他走入了他人生中的第一个班级——大二班。让他始料未及的是，开学第一个星期，大二班的家长就强烈要求园长更换老师。家长们质疑："一个大男孩怎么能照顾得好孩子？"李老师一边做家长工作，一边向家长承诺："请大家给我一个月的时间。"面对家长的不信任，李老师决定用实际行动证明"大男孩也能成为一名优秀的幼儿教师"。其实，这样质疑的声音不仅仅是家长，老师们也抱着不赞成的想法，李老师的搭班老师也多次提出疑问："我从来没有和男教师搭班过，男教师要如何带班呢？"

面对各种质疑，李老师给自己制定了几项小目标。其中，第一项任务就是学会梳头。他主动向幼儿园里的女教师们讨教经验，回家在自己女儿的头上不断练习不同梳头的方法，不久李老师梳辫子技术突飞猛进，午睡后的梳头时间成了妹妹小朋友的最爱，就这样，李老师收获了很多"小粉丝"。李老师在带班过程中坚持每天用照片、视频、文字等多种形式记录孩子的各个瞬间，他手机中3 000多张照片满满都是孩子的身影。他通过孩子们的照片和视频与家长一起互动交流，渐渐地他和家长的话题越来越多，和家长的距离也越来越近。李老师以实际行动向家长、孩子、同事们证明"男孩子也能成为一名优秀的幼儿教师"。

非专业出身的他深知理论知识是薄弱环节，因此，每一次大小教研、每一次实践观摩，他都用120%的力气去学习、去积累。每当其他教师在繁忙的工作后稍做休息时，他都会抓住每分每秒的闲暇时光去学习。被同事问起在做什么时，他的回答是"补漏订讹"。

接到园内的通知需要征集原创集体教学活动，作为"慧雅·尚美"研讨月中的重要环节进行区级展示，李老师毅然决定大胆地尝试和挑战。同教龄的青年教师知道后就劝说他，不要好高骛远当心被人笑话。园内的成熟型教师知道后劝说他，不要急功近利慢慢来。作为一名新教师，他没有因为年纪轻而退缩，没有因为经验少而胆怯。在领导的支持下，他开始着手设计活动。从孩子日常的建构游戏以及一本绘本中获得启发，在家中和姑姑、妻子开始了讨论和思考。他不断地和孩子们玩着各类建构游戏，希望从孩子的身上能了解他们的经验；他不断和孩子们聊着"孩子的话题"，希望从孩子的声音中了解他们的兴趣；他不断在活动中观察孩子，希望从孩子的游戏中摸索他们的学习方式。利用空班的时间，不断地进行试教。利用下班后的时间，不断调整活动材料，为下一次的施教做准备。过程中遇到难题时，李老师并没有放弃，集思广益迎难而上，主动组建微信交流群，征集集体的智慧去攻克难题。积极争取园内专家指导的实践机会，主动向专家请教，不断思考和调整。最后在多方帮助下，以一个2年教龄的新教师破格参加了区级教学展示活动，获得了区教研员以及各方专家老师的一致认可。他对教学的这份热情和坚持深入人心。

李老师作为幼儿园中仅有的一位男教师，他默默地发挥着他独特而又坚定的力量。连续三年代表幼儿园参加区级新秀评比活动，分别荣获二等奖、三等奖，在各类展示活动中也时常能看到他闪亮的身影，不知不觉间李老师已经成为怀少幼儿园中不可或缺的局内人。

2019年8月，在上级部门的统筹安排下，我园中班插入一个特殊的班级，小班期间这些孩子分散借读于辖区内的其他幼儿园，小班一年的特殊经历，家长与幼儿园之间关系相对比较紧张，班级幼儿配备男女比例偏差严重，孩子与孩子之间缺少情感建立，全班29名幼儿中仅6名女生。面对这样一个措手不及的班级，班主任的人选让行政举棋不定。面对家园关系紧张，需要一位善于沟通的老师；面对23名男孩，需要一个能服众的"孩子王"；面对这个班级，需要一位耐心理解的倾听者……这样一位班主任对任何一位老师都是一项巨大的挑战。经过民主推荐，老师们一致认可李老师有这个能力带好这个班级。在全体老师的认可和领导的信任下，李老师毅然承担起了中三班班主任的职务。在一学年的相处中，孩子们和他从陌生到亲密，从畏缩不前到热情相拥……他成了中三班的孩子王、中三班的偶像、中三班的"李爸爸"。第一次期末家长会，李老师发言后，家长热烈的掌声，响彻整个三楼迟迟不绝；散会后家长们一声声"谢谢"和紧紧相握的手，是对李老师最大的肯定。

○ 园长的话

天然的优势，不一定是天然的好老师

幼儿园男教师自身具备着天然的优势，他们身上具有的豪爽、粗犷、阳刚、雷厉风行等优势是女教师不可替代的。但是，男教师首先是一名教师，男

教师的专业成长与一般教师是一样的。从新教师入职开始，男教师就必须学习相关理论知识，深入了解幼儿年龄特点和各年龄段幼儿发展目标；熟练掌握幼儿一日活动中各个环节的操作要点，规范实施一日活动；设计和布置班级环境，全面做好家园沟通和共建，这是一名幼儿园教师的基本责任与职责，也是教师应具备的职业道德与素养。每一位教师的成长都是要付出努力和奋斗的。天然的优势只能为一位教师的成长助力，不能成就一位优秀教师的全部。

作为一名新教师，李老师印证了习近平总书记的话"青春就是用来奋斗的"。在工作中他都异常认真踏实、积极主动，刻苦的努力让他马上在教师队伍中脱颖而出。与此同时我反思自己，十多年从教经验的我，在时光岁月慢慢沉淀中、在经验理论慢慢积淀中，对于奋进前行的挑战、破壁创新的勇气、拼搏奋斗的精神似乎少了一点。李老师不断前行的背影让我重新审视自己的前进之路，作为一名具有丰富教学经验和理论知识的成熟型老师，在工作中更加应该发挥自己所长，以更好的状态和精神接受新的挑战，向更高的方向要求自己，挑战自己，为幼儿创造更好的教学资源和条件。

"错误"的坚持，不一定是错误的选择

80、90、00后的青年一代，在独生子女的温室中，不曾经历风雨、不曾面临磨难，安逸的现状让我们忘记了曾经憧憬的未来和远大的梦想。我们害怕打破现状、我们顺应大众、我们没有勇气去做那个不一样的人。李老师毅然、决然地转行成为一名幼儿园教师的执着中，我看到了一位青年对理想的坚持。李老师想成为一名幼儿教师的理想，没有被家人劝阻、没有被大众阻碍、没有被舆论退却、没有被压力打垮，他始终坚持自己的信念，最终他成为了一名幼儿教师，成为了一名优秀的幼儿教师。他用行动向我们青年一代证明"错误"的坚持，不一定是错误的选择，坚持自己的理想，走自己认为正确的道路是一位新时代青年应有的勇气。每一个人都有选择的权利，只要你有相应的勇气和一颗执着的心。

三、身边的"四有"好老师

张老师起初是我们的一名一线教师，身处一线的她对于孩子们爱是深沉的,对于教师的职业是热爱的。但由于保健室人员的空缺,张维老师义无反顾地转岗成为一位保健老师,其间她有过挣扎、有过犹豫,但最终选择支持满足园所的空缺,放弃自己的需求,去照顾全园的幼儿。

张老师对孩子的点滴关爱

在一线教师的岗位上她或许没有什么轰轰烈烈的事迹,更多的是默默专注的工作。我记得她曾经说过一句非常接地气却触动人心的话语,她说:"作为一名一线教师,照顾好班级里的孩子就是我最大的心愿。"她曾是一位普通而平凡的一线教师,她曾深深地热爱这份职业。

每天张维老师都早早地来到幼儿园,一到幼儿园她忙碌的工作就开始了,从早到晚,张老师总能将自己的工作行程安排得满满当当,所有的课前准备都能提前完成,不急不躁;每个生病居家的幼儿张老师总会进行跟踪沟通,了解他们的身体情况。

我见过她耐心地哄着哭泣的幼儿;也见过她忘我地和孩子们玩在一起;见过她为突破自我的幼儿真诚地鼓掌;见过她上课时专业、专注的样子;见过她不厌其烦地说着一遍又一遍的鼓励的话语……

张老师的爱心和耐心感染着她身边的每一个孩子,她用爱心设身处地地去了解、关心、爱护和教育幼儿,她总说:"多问一句,多看一眼,多试一次,我就放心了。"这是她教育教学的态度,也是她照顾幼儿的方式。

他不小心叫了我一声"妈妈"

张老师还对我说过,她喜欢观察孩子,观察他们的情绪、观察他们的动作、观察他们的语言,她觉得有时候孩子的一些语言和行为真的会为她带来快乐,让她意识到自己为教师这个行业付出的一切都是值得的。她还说:"孩子和老师的感情是相互的,当你足够尊重、信任以及爱这个孩子的时候,他们能感受到,孩子们在一日活动中的细节。"

张老师总会和我们分享一些她的"幸福小瞬间"。她说的最多的就是:"今天×××在自由活动的时候搭了个房子,想让我看,但他不小心叫了我一声妈妈,而不是张老师,我觉得好开心啊!"

正是源于对幼儿的爱,对教师这份职业的爱,让琐碎的工作更加有意义,用爱呵护每一个孩子的成长，用心把工作做得更好，这就是张老师简单却执着的追求，她一定想一直一直扮演孩子们的"妈妈"吧。

身份转变：从"妈妈"变"医生"

张老师一定没想到，有一天她有可能不再扮演孩子们的"妈妈"，而是要扮演孩子们的"医生"。

在两年前的一天，保健室的一位保健医生由于家庭原因突然辞职，学校正当申报市一级园评审阶段，保健室里急需一位保健医生。张老师在之前的幼儿园担任过一段时间的保健医生，整个幼儿园没有比她更适合去保健室的老师了。但这就意味着张老师要放弃教师的工作；放弃与孩子们朝夕相处的快乐时光；放弃见到孩子进步时的成就感，放弃一切一线教师相关的事情……

张老师起初是纠结的、犹豫的，她不愿意离孩子们太远，她想亲自陪伴孩子们成长，想与他们度过快乐的三年时光，想继续听孩子们叫她"妈妈"。但是她又转念一想，保健室的工作全压在了一位医生身上，她担心那位医生的工作压力；担心园所的申报工作是否能顺利进行；担心一位医生是否能周全地照顾整个园所的孩子，毕竟现在自己是幼儿园最需要的人。

最终张老师挺身而出，义无反顾地来到保健室，担任起了保健医生的工作，她选择照顾全园的孩子。

张老师变成了"医生妈妈"

自从张老师成为了保健医生，每天清晨，她都会认真验收食品原材料及相关合格证，把关好食材安全第一关。监督厨房的卫生安全，检查工作人员行为规范及操作。

一大早，我进入校园，她穿戴整齐做好晨检工作准备，在校门口迎接小朋友的到来。出于对孩子们的爱，每次都能听到张老师热情地对孩子们说："宝贝，早上好！"晨检结束，她会检查各班级清洁卫生消毒情况，查看保育员是否按照消毒规范操作；她每天都会提前对孩子们水果、午餐、午点进行试吃，无异常方可提供给孩子们食用，并做好食品留样；她还会时不时地进班观看孩子们的进餐情况，询问孩子饭菜是否可口，看到孩子们对食物的喜爱，张老师也是发自内心的满足；她每周都会制订幼儿菜单，针对秋冬长高季加强营养膳食的安排,保证孩子们餐食营养的全面。

对于一些常规工作,张老师也是一丝不苟地完成,她针对每个班级有过敏体质的幼儿,进行过敏源登记,并为他们私人定制健康的饮食方案,长期追踪发展,助力过敏体质孩子的成长;她还定期对幼儿进行体检,通过体检结果对幼儿的生长发育做出客观、科学的分析与评价;张老师还负责主持我园"心育直播间",每一次直播她都能将科学的育儿知识分享给屏幕前的家长。

孩子们在园难免会发生一些小意外。每当孩子受伤时,张老师总会细心、耐心地为孩子进行处理伤口。有一次我带着我们班的潘潘去找张老师处理伤口,潘潘是个怕疼的孩子,她一直在问张老师:"医生,能不能轻一点?"张老师则耐心地安慰她:"我知道你怕疼,但这就像被小棉球亲了一口,不要怕!"说完小心翼翼地帮孩子进行了消毒。消毒完,潘潘说:"你和我妈妈一样,都能说到做到!"张老师笑着对潘潘说:"那我不就是你在幼儿园的医生妈妈吗?"那一刻我知道张老师虽然成为了保健医生,但她永远把自己当成了孩子们的"妈妈"。

张老师从此成为了幼儿健康的管理者、守护者,每天早晨都能看到她温暖的笑容,听到她和孩子们亲切的问候与交谈,她成为了孩子们眼中的"医生妈妈"。

○ 园长的话

我在张老师身上感悟到许多,感触也颇多,如她对孩子的喜爱,对教师这份职业的热爱。我起初对于她的转岗有些不解与困惑,但是通过与她深入地交谈，看到她在新的岗位上发光发热，看到她依旧对自己的工作岗位保持着热爱，我的困惑逐渐得到了缓解，这也愈加让我觉得她转岗的不易。我佩服她的工作精神，更敬佩她的决心，她也从属于一个班级的"妈妈"转变为全园幼儿的"医生妈妈"。

- **幼儿园的每个岗位都有自己的价值和意义**

张老师从一线教师转岗为保健医生，其中有着不舍与犹豫，但最终在保健医生的工作中获得了成就感。保健医生也许不是张老师最喜欢的岗位，但张老师在尝试爱上这个岗位，寻求这个岗位的意义。

人们常说，舞台小天地，人生大舞台。其实每个人都有一片属于自己的小天地，都有一个展示自己才华的大舞台，那就是我们的工作岗位。每一个工作岗位都有它的意义，每一个工作岗位都有属于它的精彩！就像每颗螺丝钉都有自己的价值，都有自己重要的位置，我们每个人在不同的岗位会发光会发热，只要认真负责、爱岗敬业，在自己的工作岗位上都会是最亮的那颗星。

而幼儿园的每个工作岗位最终目标都是为了孩子们，为了照顾孩子们，为了让孩子们发展得更好，为了让孩子们成为那颗耀眼的星星。

- **对孩子真正的爱是融于细节，是相互的**

从张老师的身上我发现老师和孩子之间的情感是相互的，你给予孩子充分的尊重、信任和爱，那么孩子总有一天能够感受到的。我想，孩子的每一次成长，源于老师的耐心引导、静待花开的结果。过程虽然漫长，每一次对孩子的观察，与孩子的交流都非常重要，都在积淀孩子成长的能量。尊重孩子，给予孩子足够的爱和时间，耐心静待每个孩子绽放出独立的色彩。当孩子们与你建立了互相信任、尊重的关系后，他们也会越来越爱你，那么你所期待的那一声"妈妈"也许就不远了。

幼教这个职业是一场幸福的遇见，也是一场爱与被爱的修行。每个孩子的眼底都应有万丈光芒和星辰大海，世间很多美好的事物并非触手可及，经时间的酝酿和打磨等待，结果才会愈加珍贵。愿我的孩子们继续兴致盎然地与世界交手，一直走在开满鲜花的路上，我也将保持热爱，润物细无声。

第三章 怀爱育人，和鸣德礼之乐

落实育德启蒙，如何能融合于幼儿的一日生活？

○ 第一话　品德润生活，礼意萌芽

○ 第二话　寓教于体验，礼仪蕴美

○ 第三话　德与礼融合，礼行日常

在课程实施中我们发现，以往幼儿园开展的课程较多注重"礼"的教育，礼比较具体可见，容易观察；相对而言，"德"比较抽象，比较上位，所以"德"的部分在幼儿的活动中体现得还不够充分。学前德育必须生活化，转变教师的德育理念，唤起幼儿的主体意识；强调德育对象的主动参与，自觉地将其行为付诸实践、知行统一。

每个孩子的内心都藏着礼仪的小种子，等待适宜的土壤和养分来发芽成长。我们以"人小心不小"的尊重为基础，将礼仪教育视为一种内在的培养过程，鼓励孩子们认识到自己作为有能力、有自信的学习者和沟通者。通过日常的互动和活动，我们引导孩子们在体验中发现礼仪之美，让礼仪的种子在他们心中生根发芽，逐渐成长为具有健美心、自立心的"五心小当家"。

第一话　品德润生活，礼意萌芽

一、播种礼仪：开启幼儿心灵的旅程

在人生的启蒙阶段，幼儿的心灵像一张白纸，我们在这张白纸上播下礼仪的种子，以德育为滋养的养分，精心培育，让它生根发芽，茁壮成长。从幼儿时期开始，开展礼仪教育是最为适宜的。因为在这个阶段，孩子们的好奇心强，模仿能力强，对于外界的认知和理解尚处于初步阶段，通过系统的礼仪教育，我们可以帮助幼儿建立起良好的行为习惯，使他们从小就具备良好的道德品质和礼仪素养。

在现代社会，德育和礼仪的关系愈发紧密。人们普遍认为，"德"和"礼"是一个铜板的两个面，有道德、讲德性，在行为表征上与守制度、守规则、讲礼节、有礼仪是一致的，两者相辅相成，共同构成整体。在这个大背景下，本园积极倡导"德礼融合"的教育理念，旨在通过德育和礼仪的相互促进，培养学前幼儿逐渐形成健全的品德和良好的习惯。

在未来的人生道路上，幼儿定能将这些美好的品质内化为自身的行为准则，成为具有道德素养、礼仪素养的现代人。

二、现状探讨：德育与礼仪交织共融

为了解当前幼儿园德礼教育的现状，分析影响德礼教育效果的原因，我们围绕教师"德礼融合"教育意识和活动实施开展了调研，涵盖教师对"德礼融合"活动的理念认同、活动设计、组织实施、资源支持四方面（见表3-1）。这四个方面是德育工作的核心环节，对于了解幼儿园德育现状具有重要的参考价值。

2021年9月，幼儿园全员教师参与了一场在线问卷调查。经过一系列专业的问卷筛选，我们最终回收70份有效问卷。其中，行政管理人员占比8%，条线组长占比34%,普通教师占比58%。这样的分布帮助我们全面了解幼儿园在德育工作中的各个层面,更好地分析问题所在。通过对问卷数据的分析,我们了解到幼儿园在德育与礼仪教育方面的优势与不足,为今后工作的改进提供了有益的参考。

表3-1 幼儿德礼教育现状的教师调研

维度	说明	题目
理念认同	对"德礼融合"教育的认识	7. 你怎么理解德礼融合课程? 8. 你认同幼儿园德礼融合课程的教育理念吗?
	对"德礼融合"教育的态度	11. 你认为对幼儿开展德礼融合教育最重要的是什么? 10. 你认为目前实施幼儿德礼教育中最困难的问题是什么?
活动设计	融合活动的目标设定	9. 你会把大量的精力主要放在幼儿教育的哪个方面? 21. 你认为学校可以开展的德礼教育内容可以包括哪些?
	融合活动的环节设计	20. 你认为有哪些幼儿体验式学习的方式?
组织实施	融合活动的逐步推进	12. 一般你在什么时间进行德礼融合活动? 15. 你通过哪种方式组织德礼融合活动? 16. 在开展德礼融合活动时你采用了哪些教学方法? 17. 你采用了哪些德礼融合教育方式? 18. 你采用了哪些教育手段开展德礼融合活动? 19. 您尝试过体验式教学在幼儿园德礼融合课程中的运用?
资源支持	融合活动的资源利用	13. 幼儿园开展德礼融合活动的场所有哪些? 22. 你认为校内外有哪些实施德礼融合课程的资源? 23. 你认为幼儿园的德礼课程还可以加强哪些方面的内容?

(一)理念认同:德育与礼仪同样重要

在教育理念层面,我园教师对德礼融合课程的接受度极高,有97%的教师对此理念表示认同和支持。他们认为,德育与礼仪是相辅相成、相互促进的两大要素。在课程实施策略上,有56%的教师倾向于将德礼教育与其他教学内容相结合,以营造全面的教育环境,更有利于幼儿对德礼知识的吸收。然而,也有6%的教师主张德礼教育可独立进行,无须与其他教学内容结合。关于德礼融合教育的核心实施要点,有68%的教师认为,关键是要确保幼儿有充足的参与机会,以便在实践中实现认知、技能、态度及方法的全面提升。这充分反映了教师们对德礼教育重要性的深刻理解,以及他们积极探索将其融入日常教学的努力。

然而,在实施德礼融合教育的过程中,教师们也遇到了一些挑战。其中,有44%的教师认为,如何将德礼教育与其他教学内容有机结合,使幼儿能够更好地接受和理解,是当前面临的最大难题。此外,有36%的教师还指出,将德礼融合教育理念真正落实到每个教学环节,也是一项艰巨的任务。尽管教师们对德礼融合教育的理念有了深入的理解,但在实际操作中,如何将这一理念转化为具体的教学行动,仍需进一步的探索和实践,见图3-1、图3-2。

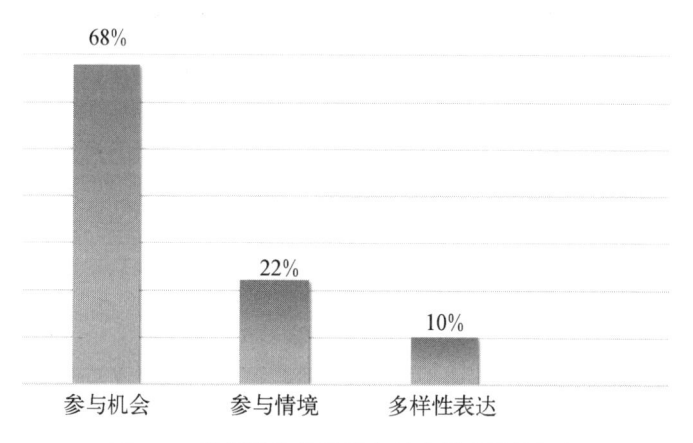

图3-1 教师认为德礼融合教育最重要的因素

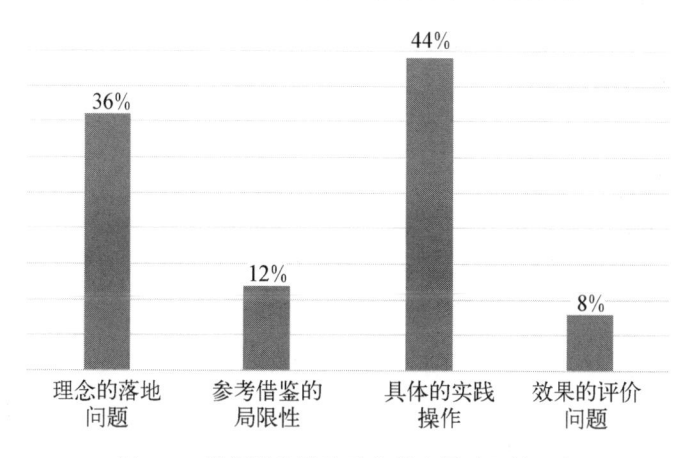

图3-2 教师认为德礼融合教育最重要的因素

（二）活动设计：在体验中启蒙好品德

在活动设计方面，教师们倾向于以实践模拟的方式进行教学。调查研究显示，超过75%的教师认为，"德礼融合"课程的内容应更多关注文明礼貌、美德养成、理想信念等方向。这反映出教师们在课程设计中，注重培养幼儿的文明素养、道德品质和理想信念。在幼儿教育阶段，教师们将"德礼融合"教育内容细化为礼（礼貌交往、遵守规则）、敬（尊敬他人）、爱（爱祖国、爱家乡、爱家人）、勤（勤劳自理）、信（诚实守信），见表3-2。

表3-2 "德礼融合"教育内容与教师精力投入占比

"德礼融合"教育内容	人数百分比	教师的精力投入	人数百分比
礼（礼貌交往、遵守规则）	100%	能力与习惯	60%
敬（尊敬他人）	99%		
爱（爱祖国、爱家乡、爱家人）	97%	情感与态度	33%
勤（勤劳自理）	96%		
信（诚实守信）	94%	知识与技能	7%

在教育实践中，近60%的教师将大量精力集中在幼儿的"能力与习惯"培养上，他们认为这是品德修养和礼仪规范的具体体现，也是德礼融合教育的重要任务。在教育方法上，教师们普遍采用体验式学习设计，尤其是模拟体验（如情境表演、角色游戏），这有助于幼儿身临其境地感受和学习道德礼仪。此外，行为学习和虚实结合（思行合一）也是教师们喜爱的教育方式，前者通过模仿练习让幼儿在实践中学习和养成良好行为，后者旨在将理论知识与实际操作相结合，让幼儿在实际行动中感悟道德礼仪。

（三）组织实施：德思礼行融入每日生活

"德礼融合"教育的实践涵盖了幼儿品德修养与礼仪教育的全面培育，不仅局限于课堂教学，更延伸至日常活动的各个方面。据调查，超过87%的教师选择在生活和学习活动中实施"德礼融合"教育，旨在提升幼儿的道德素质和礼仪素养（见图3-3）。

在推进"德礼融合"教育的过程中,教师们采用多种方式开展德礼教育,包括日常渗透、主题讨论、绘本讲述、礼仪课堂、专题活动、角色扮演、游戏活动等,以激发幼儿的兴趣和参与度。其中,96%的教师采用日常渗透的方式,80%的教师会利用礼仪课堂和专题活动。此外,绝大多数教师在幼儿园"德礼融合"课程中尝试运用体验式教学,如故事导入、情境冲突和亲身参与(小礼仪)等活动,让幼儿在实践中更好地理解和掌握德礼知识(见图3-4)。

值得关注的是,教师们强调,在开展德礼教育时,应注重因材施教,根据幼儿的年龄特点和个性差异,制订有针对性的实践方案,以实现德礼教育的最佳效果。

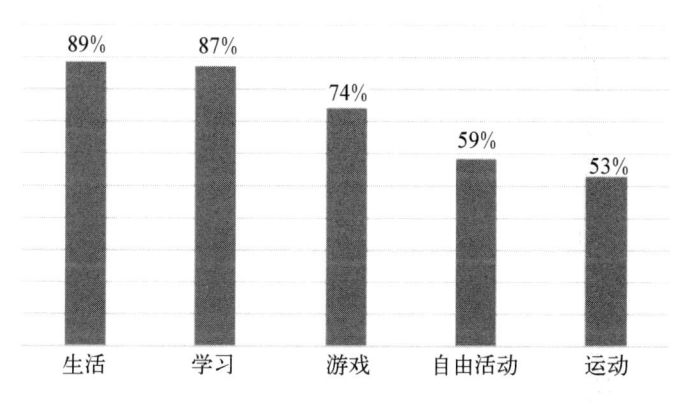

图3-3 教师开展德礼活动的环节

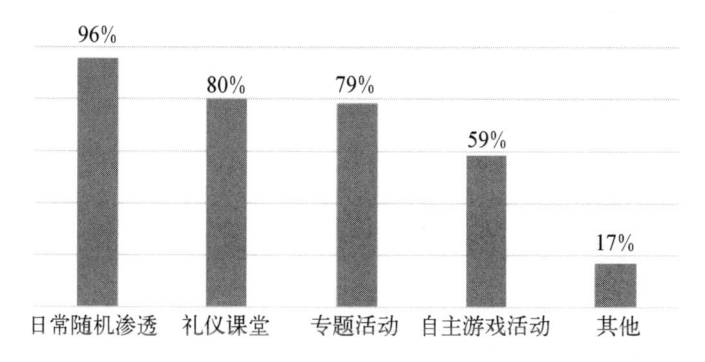

生活 89%　学习 87%　游戏 74%　自由活动 59%　运动 53%

图3-4 教师开展德礼活动的形式

日常随机渗透 96%　礼仪课堂 80%　专题活动 79%　自主游戏活动 59%　其他 17%

(四)资源支持:多方合力赋能德礼教育

在德礼融合教育的"资源支持"中,教师们普遍认为,教室是最适合开展各类活动的场地,这是因为教室拥有完善的基础设施和良好的活动环境,有利于活动的顺利进行。其次是校园户外,这类场地具有宽敞、自然的特性,更适宜开展各类户外活动。近95%的教师强调,家庭是实施"德礼融合"课程的重要资源。家庭作为孩子成长的第一课堂,家长们可以通过日常生活细节,引导孩子树立正确的价值观和道德观。60%的教师表示,校园专用场所(如厨房、保育房)、社区、主题场馆也是作为开展"德礼融合"课程的优质场所。在这些地方,孩子们可以亲身体验生活,接触到更为广泛且具体的社交礼仪,从而在实践中更好地理解和践行道德礼仪(见图3-5)。

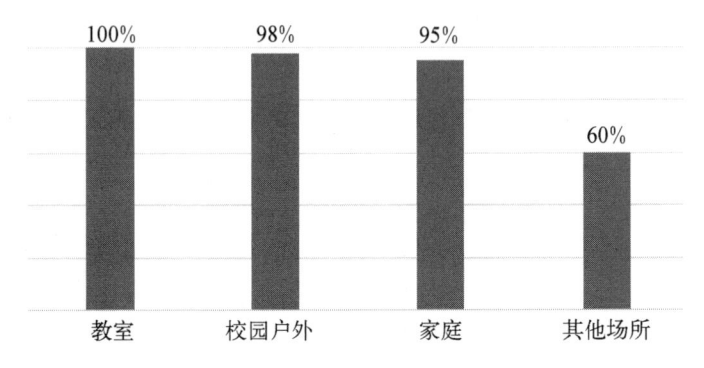

图3-5 支持开展"德礼融合"课程的场所

总体而言,我园教师在德礼融合教育实践中表现出较高的认同感和积极态度。他们不断探索和尝试,力求将这一理念融入幼儿的日常活动中,促进幼儿能力全面发展。然而,在实践过程中,教师也面临一定困难和挑战,需在理念落地、活动设计组织及资源支持等方面得到指导与保障。

第二话 寓教于体验,礼仪蕴美

"乐做小当家"的理念鼓励孩子们在实践中学习和成长。我们遵循《3~6岁儿童学习与发展指南》,设计多样化的体验式学习活动,引导孩子们踏上礼仪探索之旅。在这一过程中,孩子们不仅学会了基本的礼仪规则,更是通过亲身体验,深刻理解了礼仪背后的文化和精神。我们鼓励孩子们以主动思考的态度,去发现和感受礼仪之美,从而培养出热爱劳动、独立自主的个体。这样的探索之旅,让孩子们在快乐中学习,在学习中成长,最终成为心有力量、行有礼貌的小当家。

体验式学习的过程始于实践活动,旨在获取直接经验。这一过程主要涉及四个关键要素:参与者的积极投入、直接学习的实施、责任意识的培养以及体验式学习的灵活运用。在本研究中,我们定义的幼儿体验式学习是在幼儿自我体验的基础上,通过观察反思、分享交流和概括总结,实现认知升华和经验提升的目标,并能在日常生活中进行实践的一种学习活动。

一、体验式学习的内涵与特点

(一)循环学习圈的应用与实践

幼儿的学习经验获取是建立在直接经验的基础之上,其中体验扮演了至关重要的角色。体验式学习是一种通过模拟游戏化、故事化、多媒体化等情境,或在真实环境中,引导幼儿积极参与活动的方式。在这一过程中,幼儿通过观察、反思、分享,并运用已有知识,进行礼仪行为互动。库伯在《体验学习》一书中,提出了著名的"体验式学习圈"理论,该理论将体验式学习过程划分为具体体验、观察反思、抽象概括和行动应用四个环节,这四个环节形成了一个循环往复的过程,见图3-6。

获得体验	内化体验	升华体验	践行体验
在具体情境中,获得感官体验	在提问的引导下,梳理表达自己的体验	在交流感悟中,获得关键经验	在新的情境中,迁移经验解决问题

图3-6 德礼融合"参与-内化-转化-应用"四环节

如图所示,在幼儿园的不同社会教育活动情境中,幼儿作为体验式学习的主体,其角色各异,但都积极参与其中、亲身体验和反思。

(二)让幼儿在情境体验中互动

幼儿的体验可以从不同角度进行分类。根据体验的创造性和新颖性,可分为原体验(直接体验)和再体验(间接体验);根据体验中互动程度,可分为感知体验与探究体验。本研究主要根据幼儿的体验内容,将其划分为以下几点:

1. 生活体验

生活体验是根据幼儿的真实生活情境而创设的,包括幼儿园日常生活中的各个环节,如入园、离园、进餐、盥洗、如厕、午睡等。生活体验具有真实性、具体性和自然性等特点,使幼儿在真实的生活环境中去亲身感受和体验,同时在体验中经历真实的生活。在这样的情境中,教育过程几乎是潜移默化的,教师并非刻意地进行生硬教育,幼儿也往往没有意识到自己正处于被教育的状态中。生活体验充分体现了幼儿积极主动地与生活环境互动以及自我教育的显著特征。

2. 游戏体验

游戏体验是一种以幼儿园游戏活动为基础的情境。游戏符合幼儿身心发展的特点及学习规律,是幼儿最为喜爱的方式,也是幼儿园活动中最基本的活动形式。游戏的预演说表明,幼儿渴望参与成人的社会生活,却因能力水平及外界条件的限制而难以实现。因此,幼儿通过游戏这种形式,凭借自身经验对成人社会生活进行想象、模仿和操练。总的来说,游戏是儿童主动积极参与社会生活的一种体现,是儿童对未来成为合格社会成员的一种预先演练。通过游戏,幼儿能够感知各种他们不熟悉的事物,获得特定的情感体验,锻炼某项技能。

3. 社会体验

社会实践体验是依托真实的社会实践活动所创设的一种情境。在成人的引导下,幼儿深入社会现场,亲自实践,切实地参与真实的实践活动中。社会实践有力地规避了幼儿园社会教育中流于表面的说教,丰富且真实的社会生活内容满足了幼儿的好奇心,拓展了他们对社会认知的领域,激发了他们自然而然的社会情感,并通过实际动手操作培养了社会技能。对于幼儿而言,主要的社会实践包括日常劳动、公益服务及采访调查这三种。

4. 多媒体体验

多媒体体验是通过多媒体技术手段构建的情境。在这样的情境中,幼儿充分运用多种感官,尤其是视听感官,去感受多媒体所展示的内容,从而唤起已有的经验,或是产生全新的心理体验。多媒体技术能够突破时空的束缚,将更为广阔的社会生活、生活环境,更为细致的社会事件、社会问题直观地呈现给幼儿,极大地拓宽了他们的视野,具有显著的直观性和高度的灵活性。

此外，多媒体还可以以动画的形式呈现经典故事，让幼儿在欣赏故事的同时，拓展想象力和语言表达能力。而且，多媒体还可以模拟科学实验过程，让幼儿在安全的环境下体验科学探索的乐趣，激发他们对科学的兴趣。

5. 艺术体验

艺术体验是运用各种艺术形式，如文学、美术、音乐、舞蹈等营造出来的情境。艺术体验能引发幼儿的情感共鸣，激活他们的体验。艺术的本质是对生命体验的表达，艺术品就是人类情感和生命体验的结晶。艺术情境通常能够引发幼儿的情感共鸣，激活他们的体验。

二、不同年龄段幼儿的体验式学习特征

幼儿期是一个人认知、情感和社会性发展的重要阶段。在这一阶段，体验式学习成为了一种重要的学习方式。不同年龄段的幼儿在体验式学习中表现出不同的特征，通过深入探讨这些特征，能更好地了解幼儿的学习需求，为他们提供更加有针对性的教育方案（见表3-3）。

表3-3　不同年龄段幼儿的体验式学习特征

年龄段	小　班	中　班	大　班
幼儿的表达和行为特征	1-1　依赖于行动,具象认识 1-2　有意注意水平较低 1-3　模仿他人行为的意愿较强 1-4　按指令行动,适应集体生活	2-1　有意性行为开始发展 2-2　对事物的理解能力逐渐增强 2-3　规则意识萌芽,但是非观念还较为模糊 2-4　在活动中学会交往	3-1　规则意识逐渐形成 3-2　大胆表达自身想法 3-3　情感的稳定性和有意性提升 3-4　自理能力和劳动能力明显提高

（一）小班幼儿：礼仪小玩家

小班年龄段幼儿的具象认知很大程度上依赖于行动；有意注意水平较低，易受外部事物及自己情绪的影响；模仿他人行为的意愿较强；大多按指令行动，逐步适应集体。在这个阶段，幼儿通过实际的操作、触摸、感受来学习，但注意力集中时间较短，需要多样化的活动让幼儿能体验各种不同的活

动和情境。他们的体验和表达主要具有以下四个特征：

1. 依赖于行动，具象认识

3岁幼儿的思维大多由行动引起，往往会先做后想，或者边做边想，不会思考好后再做。他们的认识很具体，只能根据外部特征来认识与区别事物，认识活动基本上是在行动过程中进行的。

例如，肉肉抢在别人面前喝水，我提醒肉肉观察地面的小脚印排队，肉肉开始数前面还有几个小朋友："1、2……"数到2的时候，最前面的孩子已经倒完了水，肉肉又重新开始数："1……"再过会儿，肉肉笑了起来，"前面没有小朋友了！"喝水要站在"小脚印"上，这让肉肉直观地明白排队的方法，数前面小朋友的个数也让肉肉明白什么时候能轮到自己喝水。

2. 有意注意水平较低

小班幼儿易受外部事物及自己情绪的影响，无意性占优势。他们的注意力很不稳定，易受外部环境的干扰，幼儿观察的目的性较差，常常东张西望，缺乏顺序性和细致性。他们不会有意识地识记某些事物，只有那些形象鲜明、具体生动、能引起强烈情绪的事物才易记住。

例如，天天依然不理解排队的规则。等其他孩子倒完水了，我引导天天看地上的小脚印。而天天一会儿看地板，一会儿看其他小朋友，看上去并没有在听我说话。我又带着她重复了几次排队倒水的过程，她依然表现出心不在焉的样子。

3. 模仿他人行为的意愿较强

3~4岁幼儿爱模仿的特点非常突出，模仿是这一时期幼儿的主要学习方式，幼儿通过模仿来学习别人的经验和行为习惯。他们喜欢学同伴的模样，并对此感到满足。

例如，在喝水环节，动作比较慢的凡凡拿了杯子后却一直没有倒上水。有人没排队凑到水桶前接水，其他孩子也一个接一个地围着水桶，谁的反应快，谁就先倒水。我提醒道："别挤，大家站在小脚印上，排好队倒水。"等我说完，孩子们一个个地都听话地站到了脚印上。在班级中，只要有孩子先做了某件事情，其他孩子也会呈现"跟风"趋势。

4. 按指令行动，适应集体生活

小班阶段，幼儿的一个显著进步就是逐渐摆脱自我中心，学习按指令行动。在成人的指导下,他们形成了许多日常生活、游戏和学习活动时所必需的生活能力,在集体生活中与同伴互动的意识加强。

例如,不管是在喝水还是在吃饭时,孩子们逐渐养成了排队的习惯,大多数都能够遵守秩序,一个接着一个。

在近期的学习活动中,孩子们初步尝试了排序。我在孩子们午休散步时,也会和他们玩"开火车"的游戏,有时是"男生""女生"火车,有时是全部"女生"或者"男生"火车,在老师的引导下,孩子们开始喜欢自己排队进教室。

(二)中班幼儿:合作小榜样

中班年龄段幼儿有意性行为开始发展,对事物的理解能力逐渐增强,规则意识萌芽,但是非观念还较为模糊,在活动中学会交往。在这个阶段,幼儿的体验式学习变得更加丰富和深入。他们开始主动参与各种活动,尝试理解和遵守规则,并与同伴进行更多的互动和合作。他们的体验和表达主要具有以下四个特征:

1. 有意性行为开始发展

4~5岁幼儿在集体生活中行为的有意性增加了,他们能接受成人的指令,完成一些力所能及的任务。在幼儿园里,可以学当值日生,为班级的自然角浇水,帮助老师摆放桌椅等。此时幼儿已出现了最初的责任感。

例如,户外运动后,孩子们纷纷回到教室,大家拿好杯子排队准备接水。鸣鸣站在水桶旁开始指挥,拦住了不停接水的佐佐,还对排队的其他小朋友说:"大家不能浪费水,我们节约点,下午水就够用了。"尽职尽责地做着喝水"监督员"。

2. 对事物的理解能力逐渐增强

随着身心的发展,幼儿对周围的生活更熟悉了,他们总是不停地看、摸、听、动、见生活中的事,还会积极地运用感官去探索、了解新鲜事物。随着幼儿对事物的理解能力开始增强,初步理解周围世界中表面的、简单的因果关系。

例如,"一盆水的使用"活动在班级也如火如荼地开展起来,孩子们在班级的生活区放置了一盆水,决定就用这一盆水做一些事。在照顾植物角时,孩子们会先舀些许水浇花,不够时再舀一勺。

针对"养金鱼的水还能给花浇水,而且花还能特别鲜艳"的问题,孩子们一起收集资料,进行多方调查了解到一水二用的好处,也明白了淘米后的水、茶叶水都能让植物生长得更好。

3. 规则意识萌芽,是非观念较模糊

在集体生活中,4岁幼儿不仅开始表现出自信,而且规则意识萌芽,懂得要排队洗手、依次玩玩具等。当他们与人相处时,表现得更有礼貌了,会主动说"谢谢""对不起"等。此时幼儿的是非观念仍很模糊,喜欢受表扬,受指责会感到难为情。

例如,辰辰哭着来找我说:"姚老师,鸣鸣不让我喝水。"鸣鸣听到了哭诉,立马跑过来解释道:"姚老师,他已经喝了两杯水了,所以不能喝了。"辰辰委屈地说:"可是我太渴了,我还想喝一杯。"鸣鸣继续说:"喝水喝太多了也不好呀,还有人要喝水,你喝太多了,后面就没有水喝了。"鸣鸣认为喝水这件事也是有规则的,每个人不能喝太多。

4. 在活动中学会交往

中班幼儿喜欢和同伴一起,在活动中他们逐渐学会了交往,会与同伴共同分享快乐,还获得了领导同伴及服从同伴的经验。此时,他们能感受到生气与挫折,在集体中也开始了解和学会与人交往及合作的方式。

例如,希希想要喝水,他打开水龙头弯下腰接水,接了满满一杯,水都快溢出来了,鸣鸣见状马上把水龙头关掉,希希有点不悦,说道:"你干吗啊?我要喝水。"鸣鸣笑眯眯地说:"你倒的水都快满出来了。"

植物角"小当家"丽丽在给小金鱼换水的时候,看到水缸里有好多水,辰辰说去换水,丽丽坚决不同意,觉得这样很浪费水,两人你一句我一句地争论起来。

(三)大班幼儿:美德小使者

大班年龄段幼儿的规则意识逐渐形成,大胆表达自身想法,情感的稳定性和有意性提升,自理能力和劳动能力明显提高。在此阶段,幼儿在体验式学习中更加自主和独立。他们能够更好地理解和遵守规则,积极表达自己的想法,并在情感管理方面有所进步。同时,自理能力和劳动能力的提高也使他们能够更好地照顾自己和参与一些简单的劳动。他们的体验和表达主要具有以下四个特征:

1. 规则意识逐渐形成

大班幼儿的规则意识正在逐渐形成,对规则的理解也在逐步提高。他们初步开始懂得自律,学习控制自己的行为,能共同遵守集体的一些规则。部分幼儿已经能够理解规则的制定意图和制定目的。

例如,"树苗"想给自己买小汽车,其他孩子纷纷回答:"不行的,我们是给妈妈买礼物,不是给自己买礼物。"孩子心里明白去超市的目的是给妈妈买三八女神节的礼物。

2. 大胆表达自身想法

5～6岁是幼儿语言表达能力明显提高的时期,能系统地叙述生活中的见闻,语言清晰地表达自我立场。语言表达灵活多样,并力求与别人不同。但是这一阶段的幼儿在语言的概括能力、语言表达的逻辑性方面还存在个人差异。

例如,回到教室后,围绕话题老师组织简短的讨论,孩子自由表述观点。在案例中,"要想买的话也是之后再买,不是现在买"。"不是给我们自己买礼物的,可以等我们自己赚钱了之后给自己买"……孩子们都具有各自不同的理解、大胆陈述各自的观点,并通过自己的观点表达自己心中既认的规则,并进行原因阐述。

3. 情感的稳定性和有意性提升

5～6岁幼儿的情感虽然仍会因受外界事物的影响而发生变化,但他们情感的稳定性开始增强,大多数幼儿在班上有了相对稳定的好朋友。他们开始能够有意识地控制自己情感的外部表现,如摔痛了能忍着不哭。此时,由社会需要而产生的情感也开始发展,如当自己的表现被忽视时会感到不安。

例如,依依和顾顾在进园前就是一对好朋友。在周五的换床时间,顾顾离开依依去了别的床铺,依依的脸色肉眼可见地垮了下来,情绪一下子低落下来。看到孩子如此消沉,我终于忍不住开口:"依依,你怎么不睡啊?"依依没有回答我,她眼睛假装闭起来,躲闪着我的目光,选择沉默。

4. 自理能力和劳动能力明显提高

这一阶段的幼儿在生活自理方面较前阶段更独立了,他们能用筷子吃饭、夹菜,也能不影响别人安静地入睡。学期后期的幼儿已能将劳动与游戏分开,对劳动持认真态度,关心劳动结果,也能初步理解一些劳动的社会意义。他们喜欢参与成人的劳动,并在幼儿园里能做一些力所能及的种植、喂养、值日生等劳动,在劳动中表现出一定的责任感。

例如,小菜园的菜地可以收获啦! 孩子们带着工具一起前往菜园,在老师的号召下,孩子们纷纷行动起来。坤坤拿着放大镜仔细观察,一涵用右手拿着小铲子轻轻拨开泥土,左手捏着一棵菠菜的叶子反复尝试该怎么下手。曦曦已经直接用手从地里拔了一棵蔬菜出来。

第三话　德与礼融合,礼行日常

在《关于学前教育深化改革规范发展的若干意见》的指引下,我们不仅关注知识的传授和能力的提升,更重视孩子们的情感态度和人格品质的塑造。通过一系列精心设计的教育活动,我们鼓励孩子们在日常生活中实践礼仪,培养他们的创艺心,以及对红色基因的理解和尊重。相信通过这样的教育,孩子们将能够在学前阶段树立起良好的人生价值观,为他们的未来奠定坚实的基础。

一、时代新风尚:探索德礼融合之道

德育,作为教育的灵魂,其核心在于价值观的培养。价值观,是指人们对于好坏、善恶、美丑等价值所持有的立场、看法和态度。在幼儿教育中,德育的任务尤为重要,因为它关乎幼儿的未来。"德礼融合"即是在幼儿园中,以礼仪培养为主线,贯穿德育教育的全过程。它强调抓住德育教育的契机,结合幼儿的年龄特点和身心发展规律,科学有效地整合社会生活中的教育资源,以丰富多彩的活动形式,拓展幼儿德育教育的范围。这种教育理念突破了传统德育教育的束缚,使德育工作变得更加生动、有趣。

"德礼融合"的核心内容可以提炼为六个方面:勤劳自理、遵守规则、文明礼貌、友爱帮助、尊重信任和诚实守约。这些方面不仅体现了中国传统美德,也是现代社会对公民的基本礼仪要求。

勤劳自理,意味着幼儿需要学会自主服务,养成自己动手、讲究卫生的好习惯。这不仅培养了幼儿的自理能力,也让他们从小就知道劳动的重要性,形成勤劳、自律的品质。

遵守规则，是幼儿在集体生活中必须学会的行为准则。自觉遵守规则，积极维护集体生活的和谐，有助于培养幼儿的纪律性和责任感。

文明礼貌，是幼儿在与他人交往中所展现出的文明素养。使用文明用语，养成守秩序、有礼貌的习惯，有助于培养幼儿良好的人际交往能力和社会公德心。

友爱帮助，则要求幼儿关爱同伴，乐于亲近、关心和帮助身边有需要的人。这种品质的培养，有助于形成幼儿友善、团结、互助的性格特点。

尊重信任，是指幼儿需要敬爱父母、热爱班级和幼儿园，进而热爱家乡、爱党爱国。这种尊重与信任的态度，有助于培养幼儿的爱国情怀和社会责任感。

诚实守约，是幼儿在遵守商定的游戏规则中所体现出的诚信品质。说话算话，遵守承诺，有助于培养幼儿的诚信意识和自律能力。

我们根据幼儿的年龄差异和具体生活情境，将这些核心内容进一步细化为"仪态礼仪、交往礼仪、生活礼仪"，并具体化为"仪容仪表、体态语言、尊敬长辈、同伴交往、在园生活、社会生活"等方面，见表3-4。

表3-4 "德礼融合"核心内容序列

幼儿礼仪		行 为 要 点	德育要素
仪态礼仪	仪容仪表	1. 穿戴舒适、整洁、大方得体。 2. 能够勤洗澡、勤剪指甲、勤洗手。 3. 能够保持衣物和小手、小脸等个人卫生。 4. 弄脏小手后，能主动去洗手。 5. 能够主动使用小手帕或纸巾擦拭鼻涕。	【勤劳自理】 践行自主服务，养成自己的事情自己做、讲卫生的好习惯
	体态语言	6. 在一些比较正式的场合，能够站有站相，坐有坐相。 7. 每天早上到幼儿园，能主动行鞠躬礼仪与老师、小朋友问好。 8. 离园时会说"老师再见，小朋友再见"。 9. 与别人讲话时，能看着对方的眼睛。 10. 会适时使用礼貌用语如"谢谢""不客气""对不起""没关系"。 11. 平时讲话有礼貌，不说脏话。	【遵守规则】 自觉遵守并积极维护集体生活规则等 【文明礼貌】 使用文明用语，养成守秩序、有礼貌等文明习惯

续 表

幼儿礼仪		行 为 要 点	德育要素
交往礼仪	尊敬长辈	12. 回家和离家的时候能主动与家人打招呼、问好等。 13. 称呼长辈能用尊称，不直呼姓名。 14. 看到长辈、老师身体不舒服时，能够主动关心问候他们。 15. 能够帮助长辈、老师做一些力所能及的事情，如擦桌子、扫地等。 16. 能够用尊敬的语言、语气与长辈交流，不顶撞长辈，不说伤害长辈的话等。 17. 能够在特殊节日时制作小礼物等形式表达对长辈的爱与感恩之情。	【文明礼貌】 使用文明用语 【尊重负责】 敬爱父母，热爱班级和幼儿园，爱家乡，爱党爱国等 【友爱帮助】 乐于亲近、关心和帮助身边有需要的人等
	同伴交往	18. 乐意与同伴分享玩具或食物等。 19. 与小朋友游戏时发生不愉快，能够先自我解决，如果是自己不对，能主动承认错误。 20. 在集体游戏中，能够愉快地遵守游戏规则，合作游戏。 21. 遇到新朋友能够主动友好打招呼、交流。 22. 在与同伴游戏交流时，能够与同伴轻声说话，用商量的语气与同伴交谈，不随便争抢、发脾气等。 23. 幼儿在盥洗与如厕时，能够与同伴有秩序排队、相互谦让。	【友爱帮助】 关爱老师和同学 【诚实守约】 遵守商定的游戏规则，做到说话算话 【文明礼貌】 养成守秩序、有礼貌等文明习惯
生活礼仪	在园生活	24. 能够安静独立进餐。 25. 不挑食，不剩饭。 26. 咳嗽或打喷嚏时，背向餐桌，能用手遮住口鼻。 27. 进餐时，如要大小便，能举手并悄悄告诉老师"我要上厕所"等。 28. 进餐时，嘴巴里有食物时不说话。 29. 吃饭或喝汤时，不发出"吧唧"的声音。 30. 与大家进餐时，等大家都坐齐后，再动碗筷。	【勤劳自理】 践行自主服务，养成自己的事情自己做的好习惯等 【文明礼貌】 养成守秩序、有礼貌等文明习惯
	社会生活	31. 在博物馆、图书馆等公共场所能够保持安静、遵守秩序等，爱护公共设施。	【遵守规则】 自觉遵守并积极

续表

幼儿礼仪		行为要点	德育要素
生活礼仪	社会生活	32. 外出坐车时,能按秩序排队上下车。 33. 过马路时,能够牵着大人的手,不闯红灯,遵守交通规则。 34. 升国旗、奏国歌时,能立正、行注目礼。 35. 观看电影或演出时,能够保持安静、守秩序、不大声喧哗。	维护集体生活规则等 【文明礼貌】 养成守秩序、有礼貌等文明习惯

"德礼融合"教育作为一种创新性的教育理念和实践方法,已经在我园取得显著成效。孩子们在活动中展现出越来越高的品德启蒙,他们的关心他人、尊重规则、文明礼貌等行为习惯得到了很好的培养。

二、童蒙以养正:幼儿行为表现之析

通过观察和分析幼儿的行为表现,深入剖析德礼融合活动对幼儿全面发展的重要性。并提供一套针对德礼融合活动的教育方法和策略,以促进幼儿全面发展,见表3-5。

表3-5 "德礼融合"中幼儿的表达和行为特征

日常礼仪	勤劳自理与遵守规则	文明礼貌与友爱帮助	尊重负责与诚实守约
幼儿的表达和行为特征	培养幼儿规则能力,反复练习形成礼仪习惯亲身体验转化德育认知	同伴互助中合作共情感知领悟里主动交往德礼实践中形成价值观理解	冲突协调中尊重他人,团结共赢 职责担当里培养责任意识,落实行动 集体活动中诚实守约,加深理解

(一)勤劳小能手,自理我能行

1. 落实幼儿规则能力的培养

幼儿执行规则的能力有显著的年龄差异。在中班阶段,规则意识处于萌芽阶段,到了大班,规则意识逐步形成,但规则对于幼儿来说还是外在的,在实践规则中一般会表现出自我中心,喜欢按自己的意愿行事,需要成人的反复提醒和监督,见表3-6。

表3-6 幼儿规则能力特征

幼儿行为表征	活动中的体验与表达	备注
鸣鸣拦住了还准备接第三杯水的佐佐,佐佐委屈地对老师说:"可是我太渴了,我还想喝一杯。"鸣鸣则认为如果佐佐喝太多,下午水桶里就没水了。	一方面,鸣鸣认为佐佐已经喝了两杯水,再喝就会浪费水,下午可能就没有水喝了。这表明鸣鸣有一定的规则意识和节约用水的意识,但他可能没有考虑到佐佐的口渴需求。另一方面,孩子在既定的规则和他人的需求之间界定模糊,认为凡是违反规则的行为都应该制止。	选自中班课程案例片段《节约水资源》
树苗:"买礼物很累,我想再买一份礼物奖励一下我自己。"	自我解释:小汽车是完成给妈妈买礼物的任务后,奖励给自己的礼物。 提前规划:买完妈妈的礼物,还有剩余钱买自己想要的东西。	选自大班课程案例片段《给妈妈买礼物》
听到同伴回应的"树苗",低头看着手里的小汽车没有说话。	在遵守外在规则与达成内在欲望中来回摆动,"低头"表示自己对是否违反了规则的忐忑心情;"没有说话"是向老师表明自己还是想要买小汽车的意愿。	
"你还是要坚持买小汽车是吗?""树苗"抬头看了我一眼,随即点了点头。	"抬头"表明孩子在探寻老师的态度,自己的行为是否在规则可接受范围内;"点头"表明幼儿自我控制能力还不足以让他放弃买小汽车的想法。	

我们的思考:

(1)鸣鸣拦住佐佐接水:鸣鸣认为佐佐已经喝了两杯水,再喝就会浪费水,下午可能就没有水喝了。这表明鸣鸣有一定的规则意识和节约用水的意识,但他可能没有考虑到佐佐的口渴需求。

(2)树苗想买小汽车:树苗认为给自己买小汽车是完成给妈妈买礼物任务的奖励,这显示出他有自我奖励的意识,但他也可能没有完全理解活动的规则或目的。

从这些行为表征中可以看出,幼儿在活动中对规则的理解和应用还存在一定的困惑,需要进一步引导和教育。同时,也需要关注幼儿的个体差异和需求,帮助他们更好地发展道德素养和礼仪素养。

2. 反复练习形成礼仪习惯

桑代克的"练习率"表明,只有经过反复练习,新学习的行为才能成为一种习惯。排队与进餐是幼儿日常生活的文明礼仪与常规问题,随着幼儿认知范围的扩大,在集体生活中逐步掌握了一些生活常规,幼儿在反复的尝试与练习中掌握良好的礼仪习惯,且不同的礼仪规范间可顺向迁移,见表3-7。

表3-7 幼儿形成礼仪习惯的行为表征分析

幼儿行为表征	活动中的体验与表达	备 注
在洗手环节,幼儿能够主动站在小点子上排队洗手。	排队洗手:通过之前的反复练习,幼儿已经形成习惯在点上等待老师帮忙挽袖子,养成排队习惯。	选自小班课程案例片段《排队》
在喝水环节,很多幼儿会抢着插队倒水喝。	插队喝水:在运动中没有及时补充水分的意识,导致口渴得厉害;同时喝水后孩子急于自由活动,排队习惯没有得到强化。	
孩子们逐渐有了排队的习惯,不管是在喝水还是在吃饭时,都能够遵守秩序,一个一个拿。	从踩在小脚丫上排队接水,到在老师一次次的反复提醒以及每日喝水环节中同伴的影响下,幼儿将喝水时要排队这一习惯内化于心。	
在"排序游戏"中,一开始,总有小朋友走出队伍,怎么排也排不好,但火车开着开着,队伍乱掉了,他们就重新排,并未影响到孩子们的心情与对游戏的热情。	幼儿看似在重复游戏,其实是在不断地试错,在反复体验中,逐渐熟悉排队的规则。	

我们的思考:

(1)排队洗手,插队喝水:幼儿在洗手时能够主动排队,说明他们已经养成了一定的秩序感和规则意识。然而,在喝水时出现插队现象,可能是因为幼儿口渴或者急于进行其他活动,导致他们忽视了排队的规则。

（2）逐渐形成排队习惯：通过不断的练习和老师的引导，幼儿在喝水和吃饭时都能够遵守秩序，一个一个拿。这表明他们已经将排队的规则内化，并能够在不同的情境中应用。

（3）排序游戏中的试错：在排序游戏中，幼儿一开始会出现走出队伍、排不好队的情况，但他们能够不断尝试和调整，最终熟悉排队的规则。这体现了幼儿在游戏中通过试错来学习和发展的过程。

总体而言，幼儿在行为表征中表现出了一定的规则意识和秩序感，但仍需要进一步的引导和培养，以提高他们在不同情境下的自律和遵守规则的能力。同时，教师可以通过游戏和日常生活中的机会，帮助幼儿巩固和强化良好的行为习惯。

3. 亲身体验转化德育认知

幼儿对周围世界充满浓厚的兴趣，对新鲜事物具有强烈的好奇心，喜欢向成人提出各种各样的问题，虽然这些问题十分肤浅、幼稚，但对他们求知欲的发展有极大的启迪作用。就成人所说之事，能够以认真的态度对待，并有动手尝试的愿望。看到新奇的事物会主动接近，进一步探究，见表3-8。

表3-8 幼儿转化德育认知的行为表征分析

幼儿行为表征	活动中的体验与表达	备注
"那大家分批准备开动吧！"听到老师的号召孩子们纷纷行动起来。瑜辰拿着一把大铲子，插进土里想要铲土的时候发现了问题："怎么铲不动啊？"于是抬起了脚帮忙。雨阳蹲在菜地边，一边用小铲子挖一边说："这土好像有点硬啊。"孩子们在采摘后也引发了"哀声"一片："刚刚蹲着腿有点酸。""我的鞋子踩脏了。"	在菜园采摘活动中，孩子们都是蹲着或者弯腰，还发现了采摘其实并不是那么容易操作的。在亲身实践中更能体验在一段时间内保持一个动作的辛苦，也更能理解农民伯伯的付出。	选自大班课程案例片段《辛苦的小菜农》
活动中孩子们对一些从来没有看到过的工具也产生了浓厚的兴趣。木木小心翼翼地拿起镰刀，指着说："这个好像弯弯的月亮啊，怎么用呢？"妈妈陪着他在现场工作人员的指导下一手抓稻谷，另一只手拿着镰刀尝试割。希希坐在拖拉机上既兴奋又紧张："这么高啊！"	外出去农机站割稻，亲身体验农作的辛劳，感受大自然的馈赠，现场观察到稻谷的生长环境，了解到大米是经过一系列复杂的工艺程序才得来的，孩子充满着好奇与探究欲，能够对进餐时不挑食、珍惜粮食产生心理认同。	

我们的思考：

（1）**发现问题并尝试解决**：瑜辰在铲土时遇到困难，通过抬脚来帮忙，体现了他在面对问题时的积极态度和解决问题的能力。

（2）**体验劳动的辛苦**：孩子们在采摘过程中感受到了蹲着和弯腰的辛苦，以及鞋子被弄脏的不便，这使他们更能理解农民伯伯的付出。

（3）**对新工具的兴趣**：孩子们对从未见过的工具如镰刀产生了浓厚兴趣，通过观察和尝试使用，满足了他们的好奇心和探索欲望。

（4）**珍惜粮食的意识**：通过亲身体验农作和了解大米的生产过程，孩子们对珍惜粮食有了更深刻的认识和心理认同。

这些行为表征反映了幼儿在活动中的积极参与和体验，以及他们对周围事物的观察和思考。通过这些活动，幼儿能够获得更多的知识和经验，培养他们的观察力、思考力和珍惜粮食的意识。同时，也能够促进他们的身体发展和社会交往能力的提升。

（二）友善小可爱，温暖你我他

1. 同伴互动中合作共情

不同的幼儿有着不同的发展特点和个性需求。在幼儿阶段，爱模仿是典型特征，极易受周围人潜移默化的影响。幼儿在集体生活中，在与他人交往中学会相互扶持和鼓励，将零散的经历整合为有效的经验，并促进有效同伴互动，将新的经验内化为已有的情感结构中，引发情感的共鸣，建立了信任感和亲密感，见表3-9。

表3-9 幼儿同伴合作共情的行为表征分析

幼儿行为表征	活动中的体验与表达	备注
"老师，他们把呼啦圈拿走了，还不给我，我会掉进河里的。"小景着急地向我大喊。"你们谁愿意帮助小景把呼啦圈摆上，我们一起救救小景吧！"在我的引导下，孩子们拿着呼啦圈过来了。"我来帮她。""我给小景，小景不会掉进河里了。"孩子们纷纷过来帮助小景。小景开心地笑了。	幼儿有了初步的"帮助"同伴的概念，但是并不是所有的孩子都有。在老师的引导下开始有了实际行动，他们是愿意并喜欢帮助同伴的。通过集体讨论，幼儿初步认识"帮助同伴"这个德礼概念，在实践中感受帮助别人带来的快乐。	选自小班课程案例片段《关心身边的人》

续 表

幼儿行为表征	活动中的体验与表达	备 注
"依依,你想睡上铺吗?我可以和你换。"就在这时,诺诺洋溢着灿烂的微笑来到依依身边。 "嗯,谢谢。"诺诺的小心愿实现了,依依嘴角微微的上扬,也愉快地接受了。 "不过上面很高,要当心一点。"诺诺不愧是班级里的小暖男,还不忘提醒。"谢谢你,诺诺。"	在"上下换床"的活动中,幼儿感受到他人的处境,体验同伴的困难,并在下一次合作共处中散发善意,学会了相互扶持和鼓励,引发情感共鸣,建立信任感和亲密感。	选自大班课程案例片段《为他人着想》

我们的思考:

(1)小景求助:小景向老师求助,说明他能够表达自己的需求,并希望得到帮助。孩子们在老师的引导下,纷纷过来帮助小景,这表明他们愿意并喜欢帮助同伴,初步认识到"帮助同伴"的德礼概念,并在实践中感受到帮助别人带来的快乐。

(2)诺诺换床:诺诺主动提出与依依换床,表现出他的善良和关心他人的品质。依依接受了诺诺的帮助,并表达了感谢,这表明他们之间建立了信任感和亲密感。诺诺还不忘提醒依依注意安全,这体现了他的细心和关心。

这些行为表征反映了幼儿在活动中的积极参与和体验,以及他们对周围事物的观察和思考。通过这些活动,幼儿能够获得更多的知识和经验,培养他们的观察力、思考力和社会交往能力。同时,也能够促进他们的道德发展和情感成长。

2. 感知领悟里主动交往

雅斯贝尔斯曾说过:"教育就是一棵树摇动一棵树,一朵云推动一朵云,一个灵魂唤醒另一个灵魂。"幼儿身处集体之中,同伴之间俨然已经成为一个合作共同体。为达成共同的目标,幼儿常有的交往方式有沟通、认同、合作……在生生互动的过程中,一方的主动也会让另一方在同伴交往中感受到了鼓舞,见表3-10。

表3-10 幼儿主动交往中的行为表征分析

幼儿行为表征	活动中的体验与表达	备注
午睡期间,"老师,我的毛衣好紧,脱不下来。"田宝贝向我请求帮助。"我来帮你拉袖口吧!"说着,暖暖走过去,帮助田宝贝拉下了两个袖口,在同伴的帮助下,田宝贝一下子脱好了衣服,"谢谢暖暖。"田宝贝高兴地笑了。	幼儿在生活中开始感知"帮助和爱",领悟"帮助是一种美德",这些感知和领悟需要成人在生活中不断地观察和通过提问,幼儿讨论当下得到帮助的感受,然后将这种体验转化到实际生活中,学着如何帮助别人。	选自小班课程案例片段《关心身边的人》
孩子们都四散开来寻找自己的新床友、新邻居。和以往不同,这次依依也慢慢穿梭到人群中,只见她东张西望,神情紧张,时不时地还转头看看我。终于她走到乔乔身边,乔乔是班级中8月份出生的小月龄孩子,也是一个安静文雅的孩子。依依细声细语地问道:"乔乔,你愿意和我换吗?""嗯,好的。"乔乔点点头,高兴地说。	有了之前和"新邻居"交往的经验,依依开始尝试自己向前踏一步,主动邀请同伴。最终经过观察与预判,选择相对安静的乔乔,提高自己主动与他人交往的成功率。	选自大班课程案例片段《为他人着想》

我们的思考:

(1)**暖暖帮助田宝贝:** 暖暖主动帮助田宝贝拉下毛衣袖口,体现了她乐于助人的品质。田宝贝在同伴的帮助下顺利脱衣,并表达了感谢,这表明她感受到了帮助的温暖和快乐。

(2)**依依主动换床:** 依依在寻找新床友时,神情紧张并东张西望,最终选择了相对安静的乔乔作为新邻居,并主动邀请对方换床。这显示了依依在交往中的进步,她开始尝试主动与他人交流,并通过观察和判断选择合适的对象,提高交往的成功率。

这些行为表征反映了幼儿在生活中逐渐领悟"帮助是一种美德",并开始将这种体验转化为实际行动,学会如何帮助别人。同时,依依的行为也表明,她在交往中逐渐克服紧张和胆怯,提高了主动交往的能力。

3. 德礼实践中形成价值观理解

幼儿通过反思自己的行为和决策,可以帮助发展自我认知和自我评价的能力,并在模仿和创造中,从他人的观点中吸取经验形成属于自己的立场;同时，不再轻易附和别人的观点与评价，从依从性的语言向独立性的思维模式发展，建构自己的立场，见表3-11。

表3-11 幼儿价值观形成的行为表征分析

幼儿语言表述	体验与表达	备 注
辰辰要给植物角"小金鱼"换水，"小当家"丽丽坚决不同意，觉得这样很浪费水。这时，一旁的可可说："我爷爷用鱼缸里的水浇花的，而且花种得很好看。"大家听了有些不太相信。	孩子们对于自己未能亲身经历与实践过的事情不再盲目跟风认同，而是有自己的想法，并能为此进行求证与实践。自主观念初步发展。	选自中班课程案例片段《节约水资源》
回到教室后，围绕话题老师组织简短的讨论。孩子们自由表述观点。	每位孩子的气质类型不同，在社会实践体验中，孩子们能够领会到的规则也是不一样的。各自所持有的价值观点也不同。幼儿可能无法解释"专款专用"这样社会中默认的道德标准和规则，但他们的种种建议和观点是儿童视角下的社会道德准则和行为规则的解读。	选自大班课程案例片段《给妈妈买礼物》
在孩子们陈述完各自的想法后，"树苗"回答说："我听懂了，但又不是很懂，脑子里还是一片空白！"	对"树苗"来说，可能一下子还不能转变观点，但一定有着相应的触动和思考，价值观的自我建构与自我管理能力是相互成就的，需要幼儿不断地调整与重构。	

我们的思考：

（1）**可可的表述**：可可根据自己的亲身经历，提出鱼缸水可以浇花的观点，这表明孩子们开始根据自己的经验和观察形成自己的看法，而不再盲目接受他人的观点。

（2）**孩子们的讨论**：孩子们在讨论中表达了各自不同的观点，这反映了他们对道德标准和规则的不同理解。虽然他们可能无法用成人的语言来解释这些概念，但他们的观点反映了他们从儿童视角对社会规则的解读。

（3）**"树苗"的反应**："树苗"的回答表明他对讨论的内容有一定的思考，但还需要进一步理解和消化。这也提醒我们，价值观的建构是一个渐进的过程,需要不断地引导和调整。

这些语言表述反映了幼儿在认知和社会发展方面的进步,他们开始形成自己的观点和思考方式,并逐渐理解社会中的道德和规则。同时,也提示我们要尊重幼儿的观点,给予他们充分的表达和讨论的机会,以促进他们的进一步发展。

(三)诚信小榜样,总有责任心

1. 冲突协调中尊重他人,团结共赢

幼儿在沟通时,既关注自身任务,又学着尊重、体谅他人,思考更好的冲突处理技巧。在折中和妥协中,幼儿逐渐理解团队合作与互相尊重的重要性,尝试理解对方需求,并用多样思维方式思考问题。这有助于培养幼儿的灵活性和适应性,学会在不同的情况下寻找最佳解决方案,见表3-12。

表3-12　幼儿冲突协调里的行为表征分析

幼儿行为表征	活动中的体验与表达	备 注
乐乐:"你穿着雨鞋当然没事,我们衣服会湿掉的啊。" 彬彬:"那我要冲鸭棚啊,我要冲干净啊。" 元梓:"你不可以等一下吗?我们也在这里做事情啊。" 彬彬:"我其他地方都冲好了,就这里没冲了,而且我也很小心,没有冲到你们啊。"说完就继续冲了起来。	孩子在面对问题时,并未能有效倾听他人的意见和反馈,导致自身观点表达时也不能很好地被他人理解和接纳,可能导致沟通不畅,引发不必要的误解和矛盾。这样做的结果便是团队合作内容并不能很好地落实和执行。	选自大班课程案例片段《鸭窝边的冲突》
彬彬对元梓和乐乐说:"你们出来一下吧,我帮你们把地上冲干净,你们再去做鸭窝。" 元梓和乐乐听到后第一时间走了出来,并且说道:"我帮你一起冲洗,这样会快一点。"说完就拿着拖把,换上雨鞋开始帮忙。 乐乐:"我们在彬彬冲洗完后,也可以去换雨鞋,这样也不用担心鞋子会弄湿了。"	将工作任务分阶段完成,在协调与让步中,孩子们尝试多方面思考问题,在真实的冲突体验中,孩子们明白互助和关心不仅在团队合作中产生共赢的效果,也在人际关系中带来积极的影响。能发展和提升自身的社会能力,更好地适应社会环境。	

续　表

幼儿行为表征	活动中的体验与表达	备　注
"三个人太多啦,这样容易把泥挖到别人身上的。" 子朔听到后就停下了手上的动作,站起来说道:"那好吧。" 文泰说:"你可以帮忙去接水啊,我们种下去后马上要浇水的。" 子朔听到后放下铲子,用水桶接了一桶水,又站到了乐乐和文泰的身边。	孩子们在真实体验中学习沟通、协作、解决问题和互助支持。即使有意外发生,孩子们试图通过合作与理解来克服困难,这对于他们未来的团队合作和社交技能发展都是有益的经验。	选自大班课程案例片段《鸭窝边的冲突》

我们的思考：

（1）**彬彬冲洗鸭棚**：彬彬在冲洗鸭棚时，没有考虑到其他孩子的感受，导致沟通不畅，引发了矛盾。这表明孩子在面对问题时，未能有效倾听他人的意见和反馈，导致自身观点表达时也不能很好地被他人理解和接纳。

（2）**彬彬帮忙冲洗**：彬彬在听到元梓和乐乐的意见后，能够及时调整自己的行为，并主动提出帮助他们冲洗，这表明孩子能够在冲突中学会协调和让步，尝试多方面思考问题，明白互助和关心不仅会在团队合作中产生共赢的效果，也会在人际关系中带来积极的影响。

（3）**子朔帮忙接水**：子朔在听到文泰的建议后，能够放下手中的铲子，用水桶接水，这表明孩子能够在团队合作中听从他人的建议，学会沟通、协作、解决问题和互助支持。

这些行为表征反映了幼儿在团队合作中逐渐学会倾听他人的意见和反馈，学会协调和让步，学会解决问题和互助支持。这些经验对于他们未来的团队合作和社交技能发展都是有益的。

2. 职责担当里培养责任意识，落实行动

对幼儿来说，他们对责任的认知还较为模糊，需要在成人的引导下，逐步去理解自己在家庭和集体中所应承担的责任，从自身角度出发逐渐培养起担当意识，让幼儿更加清楚地认识到自己在团队或集体中的角色和应尽的义务，从而增强责任感，见表3-13。

表3-13 幼儿职责担当中的行为表征分析

幼儿语言表述	体验与表达	备 注
"你们还记得自己在哪个区域,要做哪些事情吗?"上周根据孩子们的计划书,进行了志愿者岗位的分组,并分组讨论了相应岗位可以为大家做哪些事情。"记得,我们是大门口看护洗手的,教弟弟妹妹洗手擦手,引导大家有序排队洗手,还可以安慰哭的弟弟妹妹,把他们送到门厅给里面的志愿者。"负责入园洗手环节的小志愿者们立即回复。其余小志愿者们也纷纷响应。	孩子们在计划讨论中,基于责任分配的考量,预设了自己的工作内容,知道了可以做哪些事,从而在实践的时候有依据、有选择、有动态变化,这也为他们提供了更多的选择空间,使他们能够根据自身的能力和兴趣,灵活地调整工作内容。培养了他们的应变能力和解决问题的能力。	选自大班课程案例片段《我是小小志愿者》
教师:"老师发现这几天纸巾用得很快,而且今天的垃圾桶吃得饱饱的,纸巾都装不下了,怎么回事啊。" 甜甜:"有人用了很多张纸巾擦鼻涕。" 小花:"有人浪费纸。我昨天看到多多拿了好几张给小兔穿衣服。"	班里中出现了一些浪费纸巾的行为,说明部分孩子在集体中并未认识到自己在团队中的角色和职责,还需教师引导幼儿初步理解纸张的重要性以及体验节约用纸的益处,培养孩子进一步遵守环保和节约意识的责任感。	选自小班课程案例片段《节约用纸》
"如果你们把东西撒了一地的时候,爸爸妈妈会怎么做。" "会扫掉。""会捡起来。"孩子们七嘴八舌地说着。 "那现在让我们一起来帮助他吧。"孩子们有的拿着扫帚,有的拿着纸巾,纷纷过来帮助章章。而章章也一扫之前的低落和贝贝一起调换着笼子里的尿垫。	团队中的每一位成员都是集体的一份子,当同伴需要时主动担当职责,帮助同伴完成集体的目标或任务,是幼儿良好责任感与担当精神的体现。	选自小班课程案例片段《我们都是好朋友》

我们的思考:

(1)小志愿者们的回应:孩子们能够清楚地记得自己的职责和工作内容,并且能够在实践中灵活调整工作内容,这表明他们在计划讨论中充分理解了自己的角色和责任,同时也培养了他们的应变能力和解决问题的能力。

(2)浪费纸巾的讨论:孩子们能够发现班级中存在的浪费纸巾的问题,并能够分析出原因,这表明他们已经开始关注集体中的资源利用情况,并且有一定的节约意识。教师可以通过引导,让孩子们进一步理解纸张的重要性,培养他们的环保意识和责任感。

（3）**帮助章章**：孩子们能够主动帮助同伴，并且在帮助的过程中体验到了责任感和担当精神，这表明他们已经开始意识到自己是集体的一分子，并且愿意为集体的利益付出努力。

这些语言表述反映了幼儿在责任意识和团队合作方面的发展，教师可以通过引导和鼓励，进一步培养他们的责任感和担当精神，让他们在集体中更好地成长。

3. 集体活动中诚实守约，加深理解

在参与富有教育意义的集体活动时，幼儿更能理解和接受遵守约定的重要性，增强对责任的认知，遵守约定也有助于与他人建立起信任。这不仅加深了他们对礼仪规范的理解，还培养了他们的相关素养，让他们成为有礼貌、懂礼仪的孩子，见表3-14。

表3-14 幼儿诚实守约的行为表征分析

幼儿语言表述	体验与表达	备注
今天是小志愿者们第一天上岗，所有的孩子都提早到了学校，精神饱满，对活动充满了期待。随后，大家下楼找到自己的站位，正式开启志愿者工作，有的在门口迎接弟弟妹妹，带着笑脸打招呼；有的在门口看护洗手；有的为弟弟妹妹们送被子，送到他们的班级里；还有的随机应变，在长廊上接应指路。	孩子们按时到岗，并能明确自己的岗位所在与负责内容。这充分体现了孩子们的组织能力和责任感，表明他们在实践中学会遵守约定，按时负责。	选自大班课程案例片段《志愿者在身边》
树苗："买礼物很累，我想再买一份礼物奖励一下我自己。" 我接着问道："你认为这样做合适吗？" 没等"树苗"回答，边上的孩子就叫嚷起来："不行的，我们是给妈妈买礼物，不是给自己买礼物。"	强调了在集体中遵守约定的重要性。孩子们明白了给妈妈买礼物是之前的约定，不能随意更改。这有助于培养他们的诚实守信意识和责任感，让他们学会在团队中尊重他人的意见和遵守共同的规则。	选自大班课程案例片段《给妈妈买礼物》

我们的分析与思考：

（1）**小志愿者上岗**：孩子们提前到校，精神饱满，且能明确自己的岗位和职责，这体现了他们的组织能力和责任感，也表明他们在实践中学会了遵守约定,按时负责。

（2）**树苗的想法**：树苗想买礼物奖励自己,这是他对自己努力的认可和期望回报的表现。然而,其他孩子的反对提醒了他,需要遵守给妈妈买礼物的约定,这有助于培养他的诚实守信意识和责任感。

这些语言表述反映了幼儿在集体活动中的积极参与和成长,他们开始理解责任、约定和诚实守约的重要性。通过这样的体验,幼儿能够发展出更好的诚信能力和道德观念。

综上所述,德礼融合活动对幼儿的道德认知、情感和行为具有积极影响。通过观察和分析幼儿在活动中的行为表现,我们可以发现,德礼融合活动有助于培养幼儿良好的道德品质和礼仪素养。为此,教育工作者应充分发挥自身引导作用,注重同伴互动,争取家庭和社会的支持,进一步提高德礼融合活动的实效性,为培养新时代幼儿的道德和礼仪素养贡献力量。

三、德礼双重奏：融合架构课程培育模式

（一）和声共鸣：环节相互衔接

洪燕（2019）提出了"基于三元交互理论的幼儿礼仪多模态培养模式"。以幼儿和幼儿礼仪的三种类型为中心,包括了幼儿交往礼仪、生活礼仪、仪态礼仪。这三种礼仪类型相互关联,共同构成了幼儿礼仪教育的重要内容。幼儿在日常生活中所接触的行为主体包括了教师、同伴、家长,与行为主体的双向互动过程可以逐渐规范幼儿行为,最外圈的环境主要包括了幼儿园内环境以及家庭环境,园内环境指教学课程的实施,以及幼儿园内的物质人文环境。行为主体,即教师、同伴、家长,以及三种礼仪行为又成为培养环境中的一部分,相互影响,相互联结（见图3-8）。

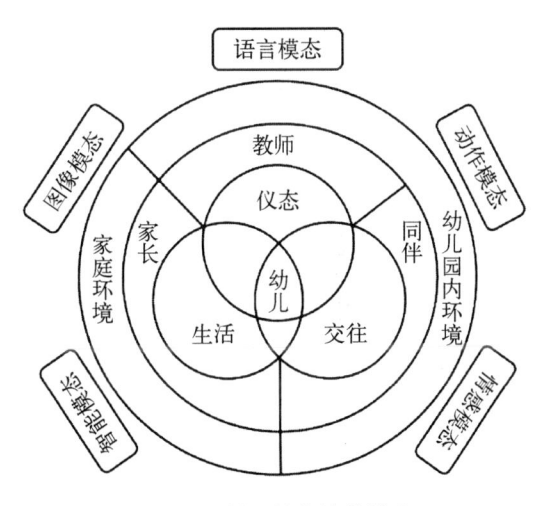

图3-8 幼儿礼仪培养模式

基于库伯学习圈与三元交互理论,我们构建了新形态研究下的德礼融合培养模式。通过"参与-内化-转化-应用"四环节,全面且系统地培养幼儿的道德礼仪,这四个环节分别对应库伯学习圈中的具体体验、观察反思、抽象概括和行动应用四个阶段。这一模式包含"知礼-懂礼-用礼-传礼"的支持性教学策略(见图3-9)。

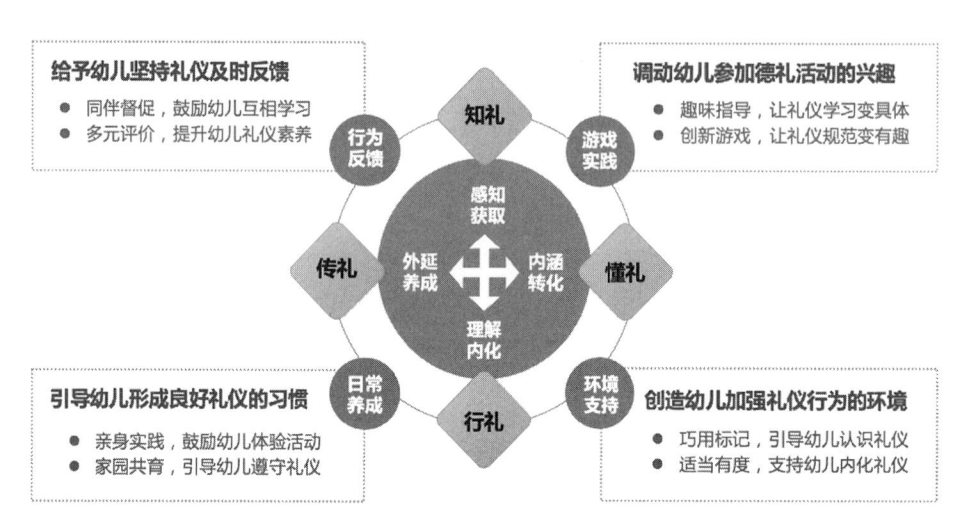

给予幼儿坚持礼仪及时反馈
- 同伴督促,鼓励幼儿互相学习
- 多元评价,提升幼儿礼仪素养

调动幼儿参加德礼活动的兴趣
- 趣味指导,让礼仪学习变具体
- 创新游戏,让礼仪规范变有趣

引导幼儿形成良好礼仪的习惯
- 亲身实践,鼓励幼儿体验活动
- 家园共育,引导幼儿遵守礼仪

创造幼儿加强礼仪行为的环境
- 巧用标记,引导幼儿认识礼仪
- 适当有度,支持幼儿内化礼仪

图3-9　德礼融合培养模式

(1) 参与环节:情境创设与感知

这一环节的关键在于学前儿童通过身临其境的方式获得关于德礼文化的感受与体验。教师基于目标设定,选择核心话题,创设能引发学前儿童价值观体验的情境。

教师通过精心创设的活动情境,引导幼儿积极参与,用多种感官去感知和体验。例如,通过角色扮演、故事讲述、互动游戏等方式,激发幼儿的兴趣和好奇心,促使他们主动投入学习活动中。

(2) 内化环节:情感共鸣与唤起

基于学前儿童先前的体验,引发他们的多角度思考,引导他们从不同角度反馈先前事件所引发的情绪。教师可询问学前儿童在体验活动中发生了哪些情况,有什么感觉,从而收集与整合他们的相关体验。

教师引导幼儿观察活动情境,梳理内心感受,将具体的体验转化为内在的认知和情感。通过提问、讨论等方式,促使幼儿对自己的体验进行反思和深化。这一过程有助于培养幼儿的同理心、判断力和批判性思维,为他们的道德发展奠定基础。

(3)转化环节:经验整合与概括

引导学前儿童将当下的体验转化到实际生活,通过相关提问,引导他们将当下的体验与已有经验和真实生活中的事件、情境相连接。"之前有没有发生过这样的事情?""大家对这件事有什么看法?"这类提问有助于引导学前儿童获得更普遍化的体验。

教师组织幼儿进行平等交流和对话,鼓励他们分享自己的体验和见解。通过互动讨论和教师的引导,幼儿逐渐构建起关于德礼文化的概念体系,将零散的知识和经验整合为系统的认知结构。这一环节有助于培养幼儿的逻辑思维和语言表达能力,促进他们的全面发展。

(4)应用环节:行动与习惯养成

体验学习的成效在于能把所获得的经验应用在真实的世界中。引导学前儿童反思相关问题,特别需要注意的是,这阶段的引导焦点必须与目标设定紧密连接。

教师组织幼儿参与实践活动,如社区服务、角色扮演游戏等,使他们在实践中体验德礼文化的实际应用。在礼仪运用中,幼儿将所学的礼仪知识和经验转化为具体的行为,形成良好的行为习惯。这一环节有助于培养幼儿的责任感和团队精神,促进他们的社会适应性。

(二)乐章演绎:路径进阶推进

首先,知礼阶段。教师运用多模块刺激手段,通过视觉、听觉、触觉等多种方式,为幼儿呈现丰富多彩的礼仪相关刺激。这些刺激可以帮助幼儿对礼仪有初步的认识和了解,为接下来的学习打下基础。

其次,懂礼阶段。教师注重营造有利于幼儿学习礼仪的环境,帮助幼儿更好地理解礼仪的内涵。此外,教师还应引导幼儿将所学礼仪行为内化为自己的行为习惯,形成自觉遵守的意识。这一阶段的关键在于培养幼儿的自觉性和主动性。

再次,用礼阶段。教师鼓励幼儿积极参与各种礼仪培养活动,在家园共育的过程中,家长和教师需要密切配合,共同引导幼儿遵守礼仪规范。这一阶段着重培养幼儿的实践能力和礼仪行为的表现。

最后,传礼阶段。教师需要及时给予幼儿行为反馈,强化正面行为,巩固幼儿礼仪习惯。这一阶段的目标是让幼儿将礼仪内化为自身行为,并在日常生活中自觉遵守,见图3-10。

```
知礼    多模块刺激调动幼儿学礼兴趣         用礼    鼓励个体参与礼仪培养活动
        ● 趣味指导,让礼仪学习变具体              ● 亲身实践,鼓励幼儿体验活动
        ● 寓教于乐,让礼仪规范变有趣              ● 家园共育,引导幼儿遵守礼仪


        懂礼    环境创设增进幼儿礼仪表现    传礼    给予幼儿坚持礼仪及时反馈
                ● 巧用标记,引导幼儿认识礼仪        ● 同伴示范,鼓励幼儿互相学习
                ● 适当有度,支持幼儿内化礼仪        ● 多元评价,提升幼儿礼仪素养
```

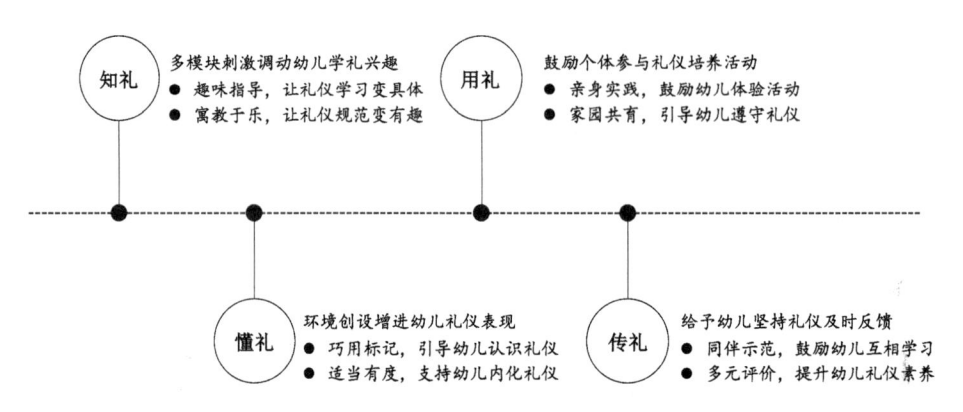

图3-10 德礼融合培养模式中支持性策略

1. 知礼:多模块刺激调动幼儿学礼兴趣

(1) 趣味指导,让礼仪学习变具体

在幼儿阶段,抽象的概念往往难以引起他们的兴趣。因此,教师在教授礼仪规范时,应采用适合幼儿年龄特点的趣味指导方法。例如,通过故事讲述、实地体验等方式,将礼仪知识融入具体情境中,使幼儿在实际操作中感受到礼仪的重要性。此外,教师还可以利用启发式提问,引导幼儿主动思考和探索礼仪知识,从而培养他们的礼仪意识和正确的价值观。

幼儿园一楼大厅有一面阅历墙,每个月的节日都会展示在这面墙上。今天早晨,我带着孩子们来到阅历墙前一览本月节日。当我们看到3月22日时,大家都很好奇。有孩子说:"这是小水滴的节日。"回到教室后,孩子们还是对"世界水日"的话题意犹未尽,看着孩子们那么想要一探究竟,我和他们一同观赏了纪录片……看完纪录片,我让孩子自己表达自己感受。在教师的引导下,让幼儿更加能理解节约用水的好处。(选自中班课程案例片段《节约水资源》)

在一节集体学习活动《悯农》中,老师出示农民伯伯在田里劳作的照片。

老师:"农民整天在田地里,低着头弯着腰不停地劳动,多辛苦啊!"

阳阳:"我刚刚弯腰了,不累啊,捡东西都要弯腰的。"

香香:"可是他们是要很长时间都是这个姿势的。"

老师:"没错,一件事做一次不难,偶尔做一下也还好,但是天天做一直做就会有不一样的感受。"孩子们在自主讨论中,逐渐明白珍惜粮食,养成认真对待每一口食物的良好进餐习惯。(选自大班课程案例片段《辛苦的小菜农》)

（2）寓教于乐,让礼仪规范变有趣

对幼儿来说,简单重复的练习很难维持他们的兴趣,运用不当还会引起他们的反感。根据行为心理学"小步递进原则",教师结合幼儿游戏化学习的特点,将学礼变成有趣的游戏。例如"礼貌小使者""文明小卫士"等,让幼儿在游戏中扮演角色,体验和实践礼仪行为。这样不仅能提高幼儿的兴趣和参与度,还能使他们在游戏中深化对礼仪知识的理解。

在近期的学习活动中,孩子们初步尝试了排序,我在孩子们午休散步时,也会和他们玩"开火车"的游戏,有时是"男生""女生"火车,有时是全部"女生"或者"男生"火车,因此他们对于"排队"这件事也觉得好玩了起来。有时连早上入园,孩子们也喜欢自己排队进教室。(选自小班课程案例片段《排队》)

2. 懂礼：环境创设增进幼儿礼仪表现

（1）巧用标记,引导幼儿认识礼仪

巧妙利用室内地标、有趣的指导语和游戏情境,运用一些图文的环境暗示提醒幼儿,让幼儿在有形、有趣中感受礼仪行为的力量。如在小脚印地标的定位,能给幼儿一个稳定的排队站的位置,幼儿初步感受排队的"前后""一个接一个"要求,自发地站在小脚印上体验直线排队的方法与乐趣,实现快乐排队、正确排队的常规目标。在喝水环节教师还能创设生活环境,比如画一个杯子,再画一条线,提醒幼儿漱口时倒多少水量。

见到孩子一个接一个地围着水桶接水,场面混乱。我提醒道:"别挤,大家站在小脚印上,排好队倒水。"等我说完,孩子们都听话地站到了脚印上,凡凡也跟着排到了后面。我见状,放心地去指导其他孩子擦汗,可等我回头再看向喝水的地方,凡凡依然站在队伍的最后面——原来是后面从洗手间里出来的孩子,又开始"插队"了。我再次提醒孩子们站在小脚印上排队,凡凡终于跟着队伍用小杯子接了水。(选自小班课程案例片段《排队》)

我问道:"那如何提醒大家节约用水呢?"孩子们纷纷表示要绘制"节约用水"的图画,张贴在水桶和需要用水的区域,还有的孩子们表示要多画几

张,到隔壁班级去做宣传,让大家都变成节约用水的好孩子。(选自中班课程案例片段《节约水资源》)

（2）适当有度,支持幼儿内化礼仪

教师在引导幼儿学习礼仪时,应注意平衡和适度。既要注重培养幼儿的自我认知和自我控制能力,又要尊重他们的兴趣和需求。在实践中,教师可以结合幼儿的特点,设计丰富多彩的体验式学习活动。例如,通过组织幼儿参与"我是小主人"等活动,让他们在实际操作中体验和学习礼仪规范。同时,教师还应为幼儿提供问题解决机会,引导他们在游戏和角色扮演中掌握礼仪知识,鼓励他们在团队合作中相互尊重和合作。

为了听到孩子心底的声音,增强孩子间良好有效的互动。我又在午睡间开展了留言板活动——"你好,我的新邻居"活动,孩子们可以在空白的记录纸上留下对自己想说或者是想对新邻居说的话,贴在留言板中,互相观看、讨论……看着依依的无措,这天中午我灵机一动:"孩子们,每周五我们可以找前后左右的朋友换床,到了周中,上下铺的小朋友也可以换床。"在合适的时机与场景下,我搭建了"上下换床"的交往平台,引导幼儿间自主相互协商。(选自大班课程案例片段《为他人着想》)

3. 用礼:鼓励个体参与礼仪培养活动

（1）亲身实践,鼓励幼儿体验活动

体验是幼儿学习的重要途径。通过组织幼儿参与各种用礼活动,如超市购物、户外活动等,可以让他们在实际情境中感受用礼的意义和价值。在这些活动中,教师应注重培养幼儿的主动性和自主性,鼓励他们独立完成任务并遵守礼仪规范。同时,教师还应及时给予幼儿正面评价和鼓励,以强化他们的良好行为。

在"感谢有你"主题背景下,大班开展了一场三八女神节之"为妈妈买礼物"的活动,孩子们每人拿着20元人民币,以小组为单位去"大润发"超市为妈妈选购礼物。(选自大班课程案例片段《给妈妈买礼物》)

小菜园的菜地可以收获啦!孩子们带着工具一起前往菜园,菜园里的菜真不少……最后大家一起收获了满满一袋子的菜,还送到了食堂,昀霖说:"好多的蔬菜啊。"老师问大家:"今天开不开心?"孩子们异口同声道:"开心!"(选自大班课程案例片段《辛苦的小菜农》)

这天我们来到了外冈农机站，拉开了本次割稻之旅的帷幕。活动开始前，工作人员先进行了简单的介绍，讲述了稻田上由传统手工到机械化普及的演变。在金灿灿的稻田里，在家长和工作人员的指导下，孩子们挽起袖子，开启了收割行动，亲身体验了一把最传统的"秋收"。（选自大班课程案例片段《辛苦的小菜农》）

（2）家园共育，引导幼儿遵守礼仪

家庭是幼儿成长的重要环境之一。因此，教师应与家长建立积极的联系和合作，共同培养幼儿的礼仪习惯。例如，教师可以通过家长会、家访等方式与家长沟通交流，了解幼儿在家庭中的表现和需求。同时，教师还可以向家长推荐一些适合幼儿年龄特点的礼仪教育资源和方法，帮助家长在家中为幼儿营造良好的礼仪学习氛围。通过家园共育的方式，可以让幼儿在不同环境中都能感受到礼仪的重要性并自觉遵守礼仪规范。

在当天购物完成后，在班级群中对于这件事情也展开了一次互动讨论。家长们持有多样的观点与态度。例如一鸣妈妈：我可能不太会满足孩子不按照约定、临时提出的要求。事先说好的事情，就算孩子再软磨硬泡，也不妥协，因为他尝到甜头了，下次更会"得寸进尺"……（选自大班课程案例片段《给妈妈买礼物》）

爸爸妈妈和小朋友们对广袤的田野感叹万分："好大好多呀！""我小时候也到地里干过农活哦。"活动中孩子们对一些从来没有看到过的工具也产生了浓厚的兴趣……妈妈陪着木木在现场工作人员的指导下一手抓稻谷，另一只手拿着镰刀尝试割。（选自大班课程案例片段《辛苦的小菜农》）

离园环节，我请孩子们回家好好地观察一下，妈妈都帮助过你们做什么事呢？随即在班级群中，也发了一则通知，近段时间，请妈妈们多和孩子开展互动，留心在生活中为孩子们做过的事情，可以适当地引导孩子，让孩子能开口说说妈妈都为自己做了什么。（选自小班课程案例片段《关心身边的人》）

4. 传礼：给予幼儿坚持礼仪及时反馈

（1）同伴督促，鼓励幼儿互相学习

幼儿成长中，同伴示范在礼仪教育中尤为关键，教师应鼓励幼儿观察、模仿良好行为，如主动问好、礼让他人。及时表扬，引导幼儿意识到这些行为值得学习。鼓励幼儿相互评价表现，深入理解礼仪规范，发现不足并改进。设立奖励机制,激发幼儿积极性,展现礼仪风采。幼儿需要得到他人的认可和鼓励,及时的反馈对于巩固和强化幼儿的礼仪行为至关重要。

孩子们在自然角给小兔子种萝卜。可能是因为工具不趁手,也可能是孩子们力气小,小土坑始终毫无进展。"让我来试试。"章章拿过自然角的小铲子,挤进人群中,没过多久,花盆里就装下了不少泥土。"章章,你好厉害。"可爱的胡希梓立马跑过去给了章章一个大拥抱。当其他孩子面对泥土的困难时,章章毫不犹豫地伸出援手,并通过自己的力量克服了困难。这种不懈努力可能改变了孩子们对他的看法,从而引起了同伴对他的关注和认可。(选自小班课程案例片段《我们都是好朋友》)

(2)多元评价,提升幼儿礼仪素养

评价是幼儿礼仪教育的重要环节之一。通过评价,教师可以了解幼儿的学习情况和进步程度,从而为他们提供更加有针对性的指导和帮助。在幼儿礼仪教育中,教师应采用多元评价的方式,从多个角度和维度来评价幼儿的礼仪素养。还可以结合观察、记录、作品展示等多种方式进行评价,以便更加全面地了解幼儿的学习情况和表现。

"我们还想问问弟弟妹妹,对我们的服务满不满意。"于是,他们去小班收集了弟弟妹妹的感受,弟弟妹妹对他们表达了感谢,给予了拥抱与贴纸的回馈。爸爸妈妈们也在班级群里表示了对孩子们成长的欣慰与夸赞。孩子们得到了来自多方的评价,老师的、家长的、服务对象的,在实践活动中也收获了来自门卫叔叔、早护导家长和其余老师的口头感谢与夸赞,他们感受到了认可,知道自己的劳动成果是值得肯定的,获得了极大的满足感。(选自大班课程案例片段《志愿者在身边》)

四、成效与展望

(一)幼儿表现:在一日生活中展现德礼

随着我园渗透性活动和专门性活动的开展,幼儿通过体验"知礼""学礼",在过程中形成自己的理解、表达自己的想法,用语言反馈安抚同伴的情绪,说明自己的行为意图。

例如,在小班自由活动时,洽洽和然然在小阳台的地垫上玩起了自己的玩具,"迪亚神光棒无敌",洽洽拿着然然的玩具高兴地念起了动画片中台词。然然要拿起地上的卡牌,可是被洽洽的脚压住了,然然说:"洽洽,你的脚拿开,你踩住了我的卡牌。"这时,洽洽看向自己的脚,对着卡牌一阵乱踩,嘴巴里发出"bie——bie"的声音。然然伤心地哭了,"老师,洽洽踩我的卡牌。""我不是故意的,地上有只大蜘蛛,我是迪神奥特曼,我是大力士,把蜘蛛踩死!"然然听到洽洽的解释,朝地上一看,真的是一只被踩着不动的小虫子。"然然,你不要哭,我不是故意的。"洽洽马上向然然道歉,洽洽和然然又一起高兴地玩了起来。

幼儿与教师之间逐步建立起信任关系,"用礼""传礼"也不仅仅按照教师既定的目标和任务行动,而是与教师有了丰富的交流、与同伴有了多样的互动。

例如,在中班"美丽的环境"讨论中,熙熙说:"我知道,果树是一棵棵种下去的,草坪也是很多小草种在土里才能变成这样的。"辰辰说:"我们小区里会有叔叔去割草。"瑶瑶说:"我妈妈说,小区里的花不能随便摘,摘完了就不好看了。"教师回应说:"听了你们的话,原来美丽的环境不能随意破坏,需要定期维护,需要适当播种!想要一个美丽的环境看来也不是一件容易的事。"

教师问:"那我们周围所有的环境都是那么美丽吗?"乐乐说:"我周末和妈妈去露营的时候,发现有的树林里有很多垃圾。那个小树林脏脏的,一点都不好看。"瑶瑶说:"我去过一个公园,旁边有一个垃圾桶没有分类,会发出很臭的味道。"辰辰说:"我和爸爸去踢球的草坪上都是一个一个坑,小草是那种黄黄的,一点也不好看。"

教师又问:"原来,我们身边还有一些环境正面临着肮脏、恶臭、破败的困难呀。孩子们,你们有没有什么办法,可以来帮帮这些需要改变的环境,让它们也变成像我们身边这样美丽的样子呢?"瑶瑶说:"我们可以垃圾分类。"熙熙说:"我们可以看到垃圾之后,把垃圾捡起来扔进垃圾桶。"辰辰说:"我们可以种一些小草。"

大多数幼儿都以较高的积极性参加德礼融合活动,在创设标志、班级环境中表达自己对德礼的理解,逐步形成良好"仪态、交往、生活"礼仪的习惯。

(二)教师转变:优化教育理念和行为

德礼教育的推广与实践,不仅使教师的教育理念发生显著变化,更促使他们的教育行为随之改变。如今,多数教师注重培养幼儿的品德和礼仪,将德礼教育贯穿于日常教学活动中。与此同时,家长的德礼素养也得到了明显提升,他们更加重视家庭教育,与学校共同培养孩子良好的道德品质和礼仪习惯。德礼课程的引入,进一步完善了学校的教学体系,提高了教学质量,丰富了校园文化,使得校园氛围更加和谐融洽。

例如,在"一起行动"中教师听了孩子们的话,再一次开展了教学研讨。推翻了先前在校园内的"虚假布局",真实地采访了各班孩子的意愿,锚定了校园附近的几个户外场所,分别是百亩公园、中冶祥腾城市广场、古漪园、银翔湖等场地,根据全体中班孩子们的意愿,分类合并组建了七个"护绿小分队",分别是"朗诵小分队""苗苗合唱团""养护小达人""写生小能手""舞蹈护卫队""护绿宣传队""环保小当家"。

在以往的教学中,我们总是在不经意间会出现生硬灌输、简单说服、被动接受、形式单一等方法,不仅是孩子们学得麻木,教师也教得如老牛拉车一般吃力。随着体验式学习的推进,教师得以用科学的现代化教育理念为先导,尊重孩子的发展需求及特点,以激发和调动孩子的主动性、积极性为基础,采用了实践体验式教学方式,注重了孩子在生活实践体验中的知行合一。启发了孩子在学习中的主动体验感悟。同时,开拓了教学新思路,结合社会资源、创新了课程实施形式,发挥了教师个人特长,教师教得信心满满,孩子学得兴致勃勃。教师、孩子、家长们都在这样一场行动中有所收获与成长,真正收获到了教与学的幸福感!

例如,围绕"运动换衣"展开,从幼儿的实际需求出发,设计了一系列生动有趣的环节。通过观察、引导和支持,幼儿们在实践中学会了自我照顾和独立决策,这种自主性的提升不仅增强了他们的自信心,也初步建立了责任感。在换衣环节,孩子们通过摸一摸、看一看的方式,判断是否需要更换衣物,这种自我管理的过程让他们体验到了成就感和乐趣。

教师越发意识到同伴互助与合作在德礼教育中的重要作用。在讨论如何更高效地进行换衣时,孩子们提出了摸一摸、看一看的方法,并通过同伴间的相互帮助解决了实际操作中的问题。这种互助精神不仅促进了孩子们之间的友谊,还为他们未来的社会性发展打下了良好的基础。

对德礼教育的深入认识,让教师更加明确了其教育目标、教学方法和评价体系。德礼教育旨在培养幼儿的品德、礼仪、劳动和生活习惯等多方面的素质,通过实践活动和日常引导帮助幼儿树立正确的价值观和行为规范。在教学方法上,我们注重实践体验、引导启发和同伴互助相结合,以激发幼儿的兴趣和主动性。不仅关注幼儿的行为表现和技能掌握情况,还关注他们的情感态度和价值观的发展。

(三)多彩活动:丰富幼儿的真实体验

为深入推进德礼教育实践,我们将不断验证和完善幼儿园德礼融合活动的核心内容序列,确保活动的针对性和有效性。此外,我们还将研制家—园—社德礼融合体验活动方案,以满足多样化教育需求。基于体验式学习的德礼融合课程将得以实施,并配套设计操作手册,为指导教师和幼儿提供详细的教学步骤和指导建议。

渗透性活动:一日活动是幼儿园开展德礼教育课程的主阵地。以一日活动中的各个环节为载体,各班级开展不同的体验活动,有意识地渗透德育的相关要求。拓展一日生活中发生偶发事件。

以"仪态礼仪—仪容仪表"为例,由于天气依然炎热,中班幼儿运动的时间又处在9—10点,正值太阳较为炙热的时候。幼儿在运动后都是一身汗的状态,脸蛋通红、衣服黏湿。针对这个情况,基于幼儿健康考虑,我们建议幼儿准备一件干净的衣服在幼儿园中,运动后可以及时更换,让自己更舒适。

片段一:我需要换衣服吗?

这周我们班运动时,孩子们兴奋地奔向他们最喜爱的快乐小飞侠(滑滑梯区域)。9:30的太阳火辣辣地照着,每个孩子的额头上都挂着晶莹的汗珠,有些孩子的衣服已经湿透了后背。

回到教室后,我微笑着对孩子们说:"小朋友们,运动后身体出了很多汗,衣服湿湿的会不舒服哦。我们要学会照顾自己,衣服湿了的小朋友,可以自己去换一件干净的衣服,让自己更舒服。"这时,宽宽走过来,有些犹豫地问:"老师,我的衣服湿了吗?需要换吗?"我轻轻摸了摸他的后背,确实湿了,便温柔地说:"宽宽,你的衣服湿了,可以去换一件哦。你是个懂得照顾自己的好孩子。"

接着,文博也走过来,带着期待的眼神问:"老师,那我呢?"我仔细看了看他的衣服,干爽整洁,于是鼓励他说:"文博,你的衣服还很干净,不需要换。你做得很好,能自己检查衣服是否湿了。"

很快,周围围了一群小朋友,他们一个个轮流走过来,有的询问,有的则自己先摸摸衣服再决定。我观察到这一幕,心里既欣慰又感慨。孩子们开始学会自己判断并做出决定,这正是德礼教育中"自理、自主"的体现。

续 表

【活动推进】

1. 自理能力的培养与德礼教育的融合

在此次换衣活动中,我通过引导孩子们自己判断是否需要换衣,不仅让他们学会了基本的自理能力,还渗透了德礼教育中"自己的事情自己做"的重要理念。《3～6岁儿童发展指南》指出,中班幼儿应具备一定的生活自理能力,包括能自己穿脱衣物等。此次活动正是基于这一年龄特点,通过实践让孩子们体验到自我管理的乐趣和成就感,促进了他们独立性的发展。

2. 自主决策与责任感的初步建立

在活动中,孩子们不再一味依赖老师的指令,而是开始尝试自己做出判断。这一转变不仅提升了他们的自主性,还初步建立了责任感。当孩子们意识到自己的决定能直接影响到自己的舒适感时,他们更愿意主动承担起这份责任,这也正是德礼教育中强调的"对自己负责"的精神体现。

3. 同伴间的观察与模仿:社会学习的力量

在活动中,孩子们不仅关注自己的行为,还开始观察同伴的做法。当看到其他小朋友自己检查衣服、决定是否换衣时,他们也会模仿这一行为。这种同伴间的观察与模仿是幼儿社会学习的重要方式之一,有助于他们形成良好的行为习惯和品德素养。通过此次活动,孩子们在无形中接受了一次生动的德礼教育,学会了相互学习、共同进步。

4. 教师的角色定位:引导者与支持者

在整个过程中,我始终扮演着引导者和支持者的角色。我通过提问、示范和鼓励等方式,激发孩子们的兴趣和主动性,让他们在实践中学习和成长。同时,我也关注到每个孩子的个体差异,给予他们适时的帮助和指导,确保每个孩子都能在活动中有所收获。这种以幼儿为中心的教育理念正是德礼教育所倡导的。

片段二:摸摸看看就知衣

下午,我组织了一场答疑会,我对幼儿说:"我今天有个问题需要你们帮助我解决一下。"他们兴致勃勃地说:"没问题。"

我说:"今天早上有好多小朋友来问我要不要换衣服,一个一个摸,一个一个说,我感觉自己好忙呀,你们能想想办法帮帮我吗?"

思齐:"那我们就不问你了,自己换呀。"

续 表

宽宽:"可我不知道自己要不要换啊?"
轩轩:"老师早上是给我们摸一摸的,我们也可以摸一摸呀。"
琪琪:"我也觉得摸一摸可以!"
洋洋:"老师,可我摸不到自己的后面呀。"
团团:"请朋友帮忙摸一摸。"
尧尧:"老师,我的衣服不用摸,我的衣服湿了会变颜色的,我能看出来。"
有的幼儿听到这话,也争着说:"我的也会变颜色,能看出来的。"
看到他们自己你说我说地把问题解决了,我高兴地说:"你们可真会想方法,既然你们想出了摸一摸、看一看的办法,那明天你们就自己来试试看吧。"
第二天运动后,有几名幼儿下意识地来我身边问我要不要换衣服。我说:"啊,我好累哦,咋天你们不是说自己来嘛。"轩轩说:"对呀,摸一摸,看一看。"
真的没人来问我了,他们都在买衣服似的"摸一摸""看一看"。

【活动推进】
1. 同伴互助与合作精神的体现
在讨论过程中,孩子们不仅提出了个人的想法,还学会了倾听同伴的意见,并通过同伴互助解决了实际问题。如团团提出请朋友帮忙摸后背的建议,就体现了中班幼儿开始

续 表

注重同伴关系、愿意相互帮助的特点。这种同伴间的互助与合作精神是德礼教育中不可或缺的一部分,有助于孩子们形成良好的社交习惯。

2. 个体差异的关注与尊重

每个孩子都是独一无二的个体,他们有着不同的生活经验和认知水平。在这次活动中,我注意到了孩子们之间的差异,如尧尧提出自己衣服湿了会变色的特点。我及时给予肯定和表扬,让孩子们感受到被尊重和理解。这种关注个体差异的教育理念符合《3～6岁儿童发展指南》中"尊重幼儿个体差异"的原则,有助于激发每个孩子的潜能和自信心。

3. 自己做主彰显小当家风采

虽然一直和幼儿说我们是怀少的小当家,我们要自己的事情自己做、不会的事情学着做,但是幼儿对于小当家这个概念还是较为模糊的。中班上的幼儿还是多为听从教师指导和提醒,对于解决问题处理问题等方面的独立性、自主性还是不足的。而在幼儿园教育中,培养幼儿的自我照顾能力是至关重要的。本次活动让我看到了我班幼儿身上"小当家"的风采,自己做主不仅仅是孩子体会劳动乐趣的一小步,更是他们独立性、自主性、自信心的一小步!

片段三:湿衣拿取似"逃难"

临近放学,幼儿做好离园准备,在我边上排队了。"你们玩具柜里还有很多衣服没拿走!"忽然听见保育老师在幼儿玩具柜前招呼着,一边说一边往外面拿衣服,一件两件三件……不一会儿手上就放了许多衣服。队伍里的幼儿看到自己的衣服也赶紧上去拿,原来这是他们早上运动后换下的湿衣服。只见幼儿拿着衣服就走,也不管衣服有没有拖在地上,甚至还有自己踩到自己衣服的。本来整齐清爽的队伍,瞬间变得乱哄哄的。

神奇失踪的"袋子"

针对衣服乱糟糟的情况,第二天我问了问幼儿:"你们早上带来衣服了吗?"他们说带了。

我又问:"你们的衣服是怎么拿来的?"

平平:"我拿袋子提着过来的。"

其他幼儿:"我也是,我也是。"

我说:"那怎么昨天放学的时候你们的袋子都失踪了?我看到你们的衣服都是挂在手上或者拖在地上回的家。难道你们的袋子被偷走了?"

恒恒:"没有啊,我昨天的袋子还在玩具柜里。我里面有好多好多袋子。"

我说:"想一想这些袋子难道只是为了带来衣服用的吗?"

轩轩:"带回去也要用这个袋子的,不然袋子在玩具柜里就越来越多。"

我说:"我觉得你说得很有道理,用好袋子,不要让它变成无用的垃圾,让我们整整齐齐地回家。"

"袋子"出现了

放学前,我又提醒了一下幼儿:"你们的袋子找到了吗?"我看到几个忘记将衣服放进袋子里的幼儿悄悄地回到玩具柜去装衣服了。这一次整队,他们提着袋子说:"我的袋子出来了。"

续　表

【活动推进】
一、良好的生活习惯要抓住每一个"小事件"
　　幼儿尚未形成规律和秩序的意识，他们可能不知道如何更适当地去完成一件事情，对于运动后的换衣，他们更注重在衣服湿了要换掉，而对于后续湿衣物的处理则是"严谨"地听从老师的话——换下的衣服你们可以放在玩具柜，等放学后带回家。本次活动片段让我看到了幼儿良好的生活习惯还未真正养成，要通过观察到的每一件小事，完善、养成幼儿生活习惯的点点滴滴。
二、引导与监督很重要
　　在幼儿生活习惯尚未养成阶段，引导与监督十分重要。在活动过程中我们也能发现，幼儿在老师的提醒下一下子就发现了袋子的"秘密"。他们知道要使用袋子进行衣物的带来和带回，只是没有使用袋子的意识，甚至早上说了，但在放学老师没提醒的情况下，还是有部分幼儿忘记了去使用袋子。可见除了引导，老师还要担起监督的职责，帮助幼儿树立规律有秩序的生活习惯意识。

片段四：哇，太有"味儿"了
　　运动完，幼儿的玩具柜里装着自己汗湿的衣物。我听到齐齐说："你看，我的衣服上都是汗，哈哈臭臭的。"尧尧说："我的衣服上面也都是汗，我妈妈说我的衣服拿回家都馊了。"我听了也不禁乐了,我问他们:"哇,真是太有味儿了,那怎么让衣服拿回家时没那么臭呀?"他们想了想说:"我们晒一晒湿衣服,以前老师你不是带我们晒过睡觉起来的湿枕头嘛。"

我说:"那试试吧。"

于是他们去拿了衣架,把衣服挂了出去,其他幼儿看见也学着他们,把湿衣服挂去了阳台上。

【活动推进】

一、"知"其思,"支"其想,"促"其劳

深入幼儿之中,老师能发现许多他们奇思妙想的小脑洞,了解他们各自不同的想法。本次突发奇想的晒衣服行动就源于幼儿自由活动时的聊天内容。每个孩子其实对于各种活动都有自己不同的想法,教师要做好引导者、支持者的工作,让他们有实践的机会与勇气。幼儿有自我实践的意愿了,劳动技能自然也会越来越好,萌发继续劳动的意愿。

二、经验延续,劳动促生活观念养成

在活动中我们也发现了,其实"晒"这一行为并不是第一次出现。老师之前带幼儿晒过他们午睡后被汗打湿的枕头,这一次的晒衣服是他们之前经验的延续。我们常说劳动是贴近生活的,这一次晒衣服正是劳动促健康生活观念养成的体现,不仅仅是去劳动,

续 表

而是促进美好生活的达成。
三、尊重与感恩
　　虽然故事中没有明确提及，但可以引申出尊重他人劳动成果和感恩教育的内容。例如，教师可以引导孩子们思考：晾晒衣服是为了保持衣服的干净和舒适，同时也是为了尊重家人的辛勤劳动，不让他们因为衣物的异味而感到不适。这样的引导有助于培养孩子们的感恩之心。

专门性活动：把握节日教育，营造感恩情境。组织幼儿参与专门性或主题式德礼活动，使幼儿更好地将"知礼"与"行礼"相融合。

年龄段	第 一 学 期					
	9—10月		10—11月		11—12月	
小班	你好，幼儿园《晨检这件事》	认识朋友，幼儿来园时愿意和别人打招呼，保持情绪的安定、愉快。	我是中国人《国旗升起来》	体会升旗仪式的庄重，保持安静、行注目礼。	过新年《新年大扫除》	知道春节是我国的传统节日，了解春节的一些习俗（拜年、压岁钱等）。
中班	我是小帮手《当一天值日生》	感谢小帮手，尊重他人的付出，主动感谢为自己提供帮助的人。	祖国妈妈我爱你《带着国旗去旅行》	倾听红色故事，并用实际行动表达对家乡以及祖国的热爱之情，激发爱国情怀。	长大一岁《看表演》《做客》	养成观演文明习惯，体验礼貌做客的快乐。
大班	我是小当家《小小志愿者》	体验人与人相互交往、合作的重要和快乐，尊重他人需要，积累生活中赢得朋友的多种方法。	我爱家乡《我是南翔小导游》	了解家乡，收集并讨论家乡的特产和景点，萌发对家乡的热爱之情，激发爱国主义情感和民族自豪感。	成长进行时《快乐游园会》	感受、体验参与游园会的快乐，并使用礼貌用语大胆提出自己的建议。

年龄段	第 二 学 期					
	3月		4—5月		5—6月	
小班	我的好妈妈《为家人做件事》	愿意和长辈一起欢度节日,萌发关心长辈的情感,表达敬爱之情。	自己的事情自己做《小当家成长市集》	学会独立,文明自理,知道并愿意自己的事情自己做,能遵守基本的行为规范。	爱上幼儿园《点赞成长》	喜欢幼儿园的老师、同伴等熟悉的人;逐步认同和接纳同伴,初步形成文明的交往行为。
中班	为你做件事《谢谢你的帮助》	能主动关心周围熟悉的人,尝试为他人服务表达感恩之情。	一起来行动《一起去行动》	从小爱护花木、保护环境,初步建立保护环境的责任感。	升班啦《长大这件事》	主动遵守规则,初步感受对集体的情感认同和归属感。
大班	感谢有你《大润发采购》	感恩关心和帮助自己的人,用语言或其他方式表达对彼此的爱。	劳动我做主《小当家活动》	知道劳动者为大家服务,有尊敬和热爱劳动者的情感。	再见幼儿园《毕业几件事》	与同伴分享自己的感受和体验,感受三年来幼儿园的快乐时光。

(四)资源宝库:支持常态化教育活动

为了更好地支持德礼教育的实施,我们致力于开发幼儿园德礼融合课程资源库,为教师提供丰富的教学素材和实践案例,提高他们在德礼教育领域的专业素养,促进教育教学水平的提升。该资源库将涵盖各类教学资源,如教学课件、教学视频、教学案例、活动设计等,紧密结合德礼教育的核心理念,以生动、形象的方式引导幼儿认识道德规范,培养良好的礼仪素养。通过丰富、多样的教学资源,激发幼儿对德礼教育的兴趣,促使他们在日常生活中自觉践行道德准则,成为有礼貌、有爱心的小公民。

我们深信,孩子们在人生的启蒙阶段就能接触到系统的礼仪教育,这将在他们心中播下道德和礼仪的种子,为他们的全面发展奠定坚实基础。在未来的人生道路上,他们定能将这些美好的品质内化为自身的行为准则,成为具有道德素养、礼仪素养的现代人。让我们共同期待,这些德礼融合教育的成果在未来绽放出更加璀璨的光芒。

第四章 怀信思创,探索德劳之径

将劳动作为育德载体,带来哪些新的变化?

○ 第一话　具身学习,审思德育和劳动

○ 第二话　每日知行,探索融合活动路径

○ 第三话　共同成长,"德劳融合"活动成效

2017年，教育部发布了《中小学德育教育指南》这一纲领性文件，指出要努力形成全员育人、全程育人、全方位育人的德育工作格局，始终坚持育人为本、德育为先，强化道德实践、情感培育和习惯养成。2020年，中共中央、国务院发布的《关于全面加强新时代大中小学劳动教育的意见》提出，牢固树立劳动最光荣、劳动最崇高、劳动最伟大、劳动最美丽的观念；引导儿童体会劳动创造美好生活，体会劳动不分贵贱、热爱劳动、尊重普通劳动者，培养勤俭、奋斗、创新、奉献的劳动精神作为教育目标。这两个纲领性文件指出了中小学德育与劳动教育的重要意义，也为幼儿园与小学的衔接工作指明了方向。

劳动教育和德育的最终指向都是培育学生社会主义核心价值观，劳动教育和德育对当代学生都有塑造价值观的功能。然而，幼儿园教师开展劳动教育存在着一些困境：[1]第一，自身的劳动技能和知识储备还有待加强；第二，幼儿劳动能力具有个体差异性，不能很好地关注到每一个幼儿的发展；第三，没有适宜的方式引导幼儿主动劳动；第四，不能基于对儿童兴趣的观察发现，设计符合儿童年龄特点，且幼儿感兴趣的劳动活动；第五，家长（尤其是家里长辈）的溺爱以及家长对幼儿劳动认识的不全面，往往会忽视对幼儿的劳动教育，导致家园合作共促幼儿劳动发展存在问题；第六，在有限的劳动条件（时间、场地、经费）下，激发幼儿发自内心的劳动意识和劳动兴趣且维持较长的劳动兴趣。

由此，我园以具身学习理论为指导，开展"德劳融合"活动实践，引导3~6岁幼儿体会劳动创造美好生活、萌发热爱劳动的情感、发展基本劳动能力，形成良好的劳动习惯。首先遵循幼儿的身心发展规律，确定幼儿园"德劳融合"教育的目标，随即厘清主题线索与活动内容，进而探索适宜幼儿具身参与劳动的活动路径，逐步形成园本化活动实施策略。

---

[1] 张婷. 幼儿园劳动教育现状研究——基于对成都市两所幼儿园的问卷调查[J]. 齐齐哈尔师范高等专科学校学报,2022(05): 8-11.

第一话　具身学习,审思德育和劳动

一、身体心验:转变对劳动的固有认识

具身学习理论是对"学习是通过身体与环境的互动来实现的"原理和机制的系统阐释。在具身学习理论基础上发展形成的新型育人观,即通过身体体验和运动感知与周围环境进行互动;基于身体与经验交互作用,获得自身认知、情感和感悟,从而产生行为水平的发展变化。

幼儿具身学习的关键是将心智发展与身体参与结合起来——以幼儿经验为基点,与幼儿生活做关联,以全面发展为导向,以劳动实践为基础,保证幼儿具身参与活动过程。我园将其概括为幼儿"感受、感悟、感为"的学习过程。

影响幼儿具身学习的**内部因素**主要是幼儿的身体特征及身体经验。幼儿在单一的知识型劳动教育(不涉及幼儿体力方面的参与)或纯粹的体力型劳动教育(缺乏劳动知识教育)中容易丧失对劳动的兴趣与热情。[1]

影响幼儿具身学习的**外部因素**包括活动内容的系统性、生活的关联性、实践的具身性。幼儿断断续续地参与劳动过程,难以获得完整的劳动体验,会导致幼儿园"德劳融合"活动的效果难以达到预期。若只是站在旁边观看教师示范,与其自身起居和生活需要未能建立直接联系,幼儿的劳动意识和情感难以被激发。须让幼儿知行合一地具身参与劳动过程,既不能让幼儿只参观不动手,又不能让幼儿只动手不思考。

(一)**具身参与:感受"劳动我可以"**

当前,幼儿园德育工作存在诸多弊端,体现在德育目标的抽象性、德育内容的理论性、德育方法的僵化性、德育过程的离境性和德育行为的预定性。

---

[1] 曾晓颖,牟映雪.具身认知理论视域下幼儿劳动教育的价值、困境和策略分析[J].教育观察,2023,12(03):51-53+119.

首先，德育目标的抽象性。德育工作者对幼儿提出的德育目标具有理论性、普适性、客观性，显得又高又大且上，唯独缺少幼儿的体验性。"离身"的德育目标让幼儿根本不明白成人所说的是什么，所以幼儿会在理解这一过程花费更多时间。其次，德育内容的抽象性。因为准确无误的道德规范、主流的核心价值观、共同的道德理性等抽象性、绝对性的德育内容理应传授给下一代，所以导致德育工作者在选择幼儿德育内容时注重抽象的道德知识学习和理性的道德思维探索。再次，德育方法脱离具体情境和幼儿的实践体验而坚持说教式风格，更甚者是"好为人师"的强行灌输。传统的幼儿德育方式局限使幼儿身心二元对立，德育知识的不确定性致使幼儿拒绝以自然科学知识讲解传授为主导的教授方式。[1]最后，德育行为的预定性与约束性。教育者往往预先设定一套行为准则，然后用此来约束幼儿德育行为。对幼儿进行德育之后，总是期待着幼儿认知或是行为有所改变，但幼儿的德性行为有滞后性和生成性，超出预定性、约束性的行为准则。

具身认知理论强调身体作为认知主体参与学习的整个过程，主张身心一体化发展。具身参与是激发幼儿劳动热情，帮助幼儿习得劳动习惯，让幼儿充分运用身体感受自然、认识世界的重要方式。具身参与劳动既能把幼儿的观念、认知通过劳动变成现实，又能加深幼儿对自身的了解。一方面，幼儿通过身体向外表达观念；另一方面，身体的劳动价值亦能促进幼儿认知发展。[2]

认知具有涉身性：认知依赖于个体与环境的接触，不能脱离人的身体产生。身体感知是个体理解认知内容的基础，也是个体在身体经验中积累的知觉认知。身体的状态能够影响个体认知的内容、方式与过程。

认知具有体验性："身体"不再是传统意义上的作为心智对立面的客观对象，而是作为一个整体的、鲜活的物质而存在。构成心智的基本概念和范畴是通过人类的身体经验形成的。[3]身体在与外界的接触中形成了主体认知的内容、方式，同时也影响着主体认知的结果。心理学家的实验表明，身体会在

---

[1] 戴洪晖. 幼儿德育情境模拟训练的合理性根据[J]. 学前教育研究, 2014(2): 63-66.

[2] 曾晓颖, 牟映雪. 具身认知理论视域下幼儿劳动教育的价值、困境和策略分析[J]. 教育观察, 2023, 12(03): 51-53+119.

[3] 殷明, 刘电芝. 身心融合学习：具身认知及其教育意蕴[J]. 课程·教材·教法, 2015(7): 57-65.

劳动过程中本质性地介入认知过程,身体的触觉影响社会判断。[1]

认知具有情境性:情境是认知发生的必要条件,无论是怎样的认知过程,都发生在具体的情境中,个体的身体是在大环境中不断经历和磨炼的。有研究表明,认知是身体在环境的引导下主动建构的过程。

幼儿劳作活动始终是动手动脑、身体力行的实践活动:幼儿在劳作活动中热衷于模仿成人的劳作过程,喜欢操作各种劳动工具等,身体总能带来新奇的体验。比如在种植活动中,孩子自己尝试往花盆里装土、刨坑等,这些都是实实在在身体力行的实践活动。

(二)激发情感:体会"小手有力量"

以往,忽视劳动的情境性、忽视了身体在劳动教育中的重要地位,使劳动教育的效果大打折扣。一些教师为了安全起见,为幼儿统计的劳动活动多侧重于脑力活动,较少关注体力劳动。有的教师为了避免幼儿衣服弄脏,不让幼儿亲身体验劳动,而让幼儿站在旁边观看教师示范。

劳动活动未能充分考虑幼儿的身体参与度,难以体现幼儿在劳动教育活动中的身体主体性作用。[2]在现实生活中,常有家长或教师替代幼儿身体参与的现象,导致幼儿难以获得劳动成长经验。一些家长劳动教育观念滞后,未能与幼儿园在劳动教育上及时沟通形成合力,社区和政府也很难与幼儿园在活动的开展时间上保持同步。

学前阶段的幼儿对外界事物的探索欲十分强烈,具身学习视域下幼儿劳动教育是以实践、探究和体验为主导进行的活动。"德劳融合"应以幼儿身体为中介,以幼儿生活实践为载体,在幼儿身体与生活环境的不断互动中激发幼儿的劳动情感,指导幼儿劳动实践活动,引导幼儿形成"以身体之,以心验之"的劳动价值观。[3]

常见的幼儿劳动分为两类,即日常生活劳动、社会服务劳动。《上海市幼

---

[1] SLEPIAN ML, RULE NO, WEISBUCH M, et al. Embodied categorization of gender[J]. Psychological science, 2011(1): 26-28.

[2] 游春蓉,段亚男. 具身认知视域下劳动教育中身体参与的解构与纾解[J]. 教育评论, 2022(4): 57-63.

[3] 杨茂庆,杨乐笛. 回归身心一体:乡村儿童价值观教育的具身性转向[J]. 教育研究, 2022(8): 67-76.

儿园劳动任务单》指向"样样事情学着做,洗脸刷牙穿衣服,整理图书玩具;养成好习惯,不赖床、不挑食、不浪费;学习劳动本领"。

幼儿劳作活动具有显著的游戏性：最初的劳作活动往往是对成人劳动的简单模仿,幼儿乐于享受劳作过程中对劳动工具和材料的操作带来的愉悦情绪体验,成果意识较差。比如成人包饺子擀皮的时候,孩子可能也会跟着擀面,但是在这过程中,成人的目的是为了做好一顿饭,而孩子并没有这样的意识,他们只是对劳动工具和材料感兴趣,乐于参与劳作的这个过程。

幼儿的劳作活动总是与自己周围人的生活与周围的事物紧密联系：幼儿的生活经验还比较少,乃至劳作活动往往是围绕自己的生活展开。比如自己穿脱衣服和鞋袜,自己独立吃饭喝水,这是围绕孩子自己展开的;再比如做值日生,在活动前后为小朋友摆放和收拾学习用具、整理玩具和图书等,这些是为身边的人去服务的活动。一旦体验到了"小手有力量"的控制感、自信心,哪怕做得不那么好、不那么多,幼儿也愿意去做。

二、德劳融合：新时代育人的整体思考

新时代的劳动教育内涵比以往已经有了更多的丰富和发展,它已不单是让学生打扫教室、做做家务的简单存在,而是为了能够使学生除了学习文化知识外,更多的是还需要有目标、有计划地积极参与到日常生活劳动中。赵范珏(2021)认为,新时代中国劳动教育的德育内涵主要体现在三个方面：重塑价值观、丰富内容观、改变消费观。

劳动的道德价值体现在劳动通过保存道德主体、产生道德规范、激发道德意识而推动个体道德的形成与发展。劳动在个体保存、社会活动和人类实践三个层次上分别演化出职业道德、社会正义、道德至善三种道德。劳动教育的道德教育价值体现在劳动教育为学生提供道德生长起点、道德体验过程及道德实践方式。

（一）直面现状：联结园所与家庭

1. 幼儿劳动能力的现状研究

为了解幼儿劳动能力的现状,由教师和家长对幼儿进行一对一观察并反馈。回收教师问卷399份,家长问卷410份,幼儿男生女生比例接近1∶1。我园62%的幼儿为独生子女,52%的幼儿白天由祖辈、晚上由父母照料,见表4-1。

表4-1 此次调研问卷回收情况

年龄段	教师问卷	家长问卷
小班	147份	149份
中班	135份	140份
大班	117份	121份
合计	399份	410份

（1）整体上幼儿在园劳动优于在家

除了"主动洗手洗脸"，其余各项劳动表现"能自己独立做"的人数百分比不足80%，有较大的提升空间；尤其是参与整理和家务两方面。

我园幼儿在园进餐、穿脱衣物、摆放桌椅、整理游戏材料的"独立性"显著优于在家情况，各项劳动表现"不会"的人数百分比也低于家的百分比，见表4-2。

表4-2 我园幼儿在园/在家的劳动表现

劳动表现	能自己独立做		不太熟练，但也能完成		在成人帮助下才能完成		不会	
	在园	在家	在园	在家	在园	在家	在园	在家
独立进餐	61%	35%	27%	43%	10%	21%	1%	2%
自己穿脱衣物	68%	61%	23%	32%	9%	6%	0%	0%
主动洗手洗脸	87%	71%	11%	22%	2%	6%	0%	0%
将自己的桌椅用品摆整齐	56%	12%	39%	65%	4%	19%	2%	4%
自主整理游戏材料	60%	14%	35%	64%	5%	18%	1%	4%
参与洗晒玩具等劳动	49%	26%	40%	43%	10%	27%	1%	4%

续　表

劳动表现	能自己独立做		不太熟练,但也能完成		在成人帮助下才能完成		不　会	
	在园	在家	在园	在家	在园	在家	在园	在家
经常照顾植物或动物	58%	46%	34%	35%	7%	17%	1%	1%
睡前饭后帮助整理家务	48%	16%	44%	51%	5%	23%	3%	10%

根据家长反馈,我园27%的幼儿"很有劳动意识,会积极主动参与劳动",51%的幼儿"有劳动意识,在成人提醒下会参与劳动",20%的幼儿需要和他人一起才会愿意参与劳动,2%的幼儿"不愿意参与劳动",见图4-1、图4-2。

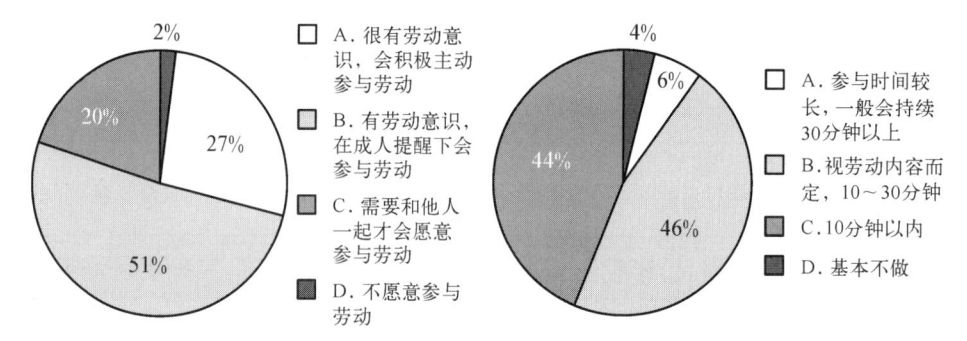

图4-1　我园幼儿参与劳动的意识

图4-2　我园幼儿每次参与劳动的时长

"参与时间较长,一般会持续30分钟以上"和"基本不做"的幼儿人数较少,占比分别为6%和4%。43%的幼儿每次参与劳动"10分钟以内",46%的幼儿"视劳动内容而定,参与时长10～30分钟"。

（2）各年龄段幼儿劳动表现的特点

根据教师观察,我园40%的幼儿"很有劳动意识,会积极主动参与劳动",46%的幼儿"有劳动意识,在成人提醒下会参与劳动",这两个比例高于在家情况。同时,13%的幼儿需要和他人一起才会愿意参与劳动,这一比例较在家情况降低。

在幼儿园,"参与时间较长,一般会持续30分钟以上"的占比为24%,显著高于在家情况。46%的幼儿"视劳动内容而定,参与时长10～30分钟",这一比例与在家情况持平,30%的幼儿每次参与劳动"10分钟以内"。

1. 小班幼儿缺乏劳动兴趣,对危险不敏感

跟踪观察小班幼儿,一半的孩子能够在老师的提醒下进行玩具的整理,但是有部分孩子在不提醒时处于自我发挥的状态,可见孩子对于玩具的整理,缺乏内驱力,对于劳动缺乏兴趣。

【片段】马上要吃点心了,教师着急地对莫莫说:"莫莫,你也一起帮忙收呀。"莫莫听到了教师的指令,拿起了一个桌上的"蛋糕",依旧走来走去,我看到又补了一句,"快去把蛋糕放好。"经过两次的提醒后,莫莫终于动了起来,把"土豆"扔进了材料筐。整个收玩具的过程中莫莫只收了一个"蛋糕"。

小班幼儿大多是以自我为中心,很少会关注到身边人的一些劳动的画面,更是很少会主动去参与劳动。在活动中遇到困难很容易放弃,孩子较少主动寻求帮助。难以通过合作来完成一个劳动任务,缺乏交流、商量、合作的意识和方法。

小班幼儿在劳动中缺乏目标意识。游戏中没有计划,往往会在这里玩一会儿,在那里又玩一会儿,对自己的角色意识不够明确。同时,小班幼儿在劳动中对危险的隐患不敏感。

2. 中班幼儿提出劳动计划,积极开展合作

中班幼儿在爱护物品的基础上,产生了主动整理的意识。对去除污渍等具体劳动任务有自己独特的想法,有的从家人身上获取经验,有的从自己经验出发,猜测可能成功的方法。

【片段】婷婷拿着湿抹布用力来回擦拭桌面,黏糊糊的胶水黑印随着反复的擦拭渐渐消失,但勾线笔、水彩笔、水粉留下的印记依旧纹丝不动。

婷婷说:"我很努力地擦了,但桌面上的印记还在,擦不掉。"

我问:"其余小朋友有什么好办法?"

星星提出建议:"我妈妈的小白鞋是用海绵擦的,蘸一蘸肥皂水,海绵擦能打出泡泡来,就擦干净了。"

万万也出了个主意:"我们家浴缸脏了要用刷子,刷很多遍。"

安安也有自己的经验,她说:"我们家的炒菜锅经常用钢丝球清洁,我外

婆说钢丝球能把很难搓掉的脏东西刮掉。"

彬彬加入了讨论,说:"要用清洁的泡泡,就像我们洗手要用洗手液一样!"

中班幼儿在短时间内就将自己所需要的劳动工具和材料收集并带到幼儿园,在劳动中自主分配了不同的任务,和同伴沟通、互帮互助。通过操作感知了不同清洁工具的特性,对"合适的工具和方法"进行主动思考、同伴交流,反思后调整自己的方法。

3. 大班幼儿迁移劳动经验,情绪控制差异大

大班幼儿能够自发地整理材料,关注自己和他人的需求;迁移值日生和选班长的经验,自主选定小组长。倾听和借鉴他人的意见,尝试与他人合作、调整自己计划,讨论并解决问题。

【片段】"我们有可能有好多个人晒被子的地方是一样的,那样如果人多,去晒在同一地方的话,被子要晒不下了!"小陈对着明宇说。

"而且万一是阴天,被子晒不干怎么办?"明宇摊了摊手。

"我知道了!我们可以画一张地图,先统计一下大家晒被子的位置呀。"

"那我们现在去画吧!"明宇拉着小陈、小刘和小洪来到美工区,四人合作开始制作幼儿园地图。

大班幼儿做志愿者,常常用奔跑来表现自己处于高涨的情绪。孩子们都知道奔跑的后果,嘴上说"不能",但在没有老师的情况下很难真正做到的。同伴间发生矛盾,大部分孩子的解决方式是:① 喜欢拿"对不起"当万能钥匙。② 将"告诉老师"当口头禅。③ 喜欢用"小拳头"称霸一方。

4. 教师实施德劳教育的现状研究

通过对幼儿园教师进行问卷调查的方式,从德劳融合课程中教师的教育理念、课程实施方式、实施内容、实施效果等方面设计问题,了解当前幼儿园德劳教育的现状,分析影响德劳教育效果的原因。

调查问卷主要围绕教师的"德劳融合"教育意识和活动开展情况,包含教师对"德劳融合"活动的概念了解、理念认同、内容设计、组织实施、资源支持五方面。德劳教育现状的教师问卷详见附件1。

2023年4月,幼儿园全体教师进行了在线问卷的填写。经过专业的问卷筛选,回收34份有效问卷。其中,一级教师占21%,二级教师占74%,未定级教师占6%;参与过德育或劳动课题的教师人数占比为59%。

(1) 理念认同:教师对"德劳融合"态度积极

"理念认同"指向教师对"德劳融合"教育的认识、对"德劳融合"教育的态度。在本研究开展前,我园30%的教师不了解"德劳融合"这一概念。随着研究开展,教师获得相关信息的来源主要是学术期刊(32%)、上级布置任务(27%)。

我园教师对"德劳融合"教育抱有积极态度。82%的教师表示,"德劳融合"是非常有意义的一次改革措施;15%的教师认为"值得尝试"。他们认为,开展德劳融合活动对学校发展最大的影响将体现在"完善课程建设"方面,随之,增强学校影响力、丰富校园文化底蕴、发挥导向和激励作用。

最符合"德劳融合"活动定义,32%的教师认为,"德育视角下的幼儿园劳动教育",21%的教师认为,"德育教育与劳动教育的并举",47%的教师认为,两者互为一体,难以截然划分。

在教师们看来,开展"德劳融合"活动最重要的是帮助幼儿树立健康的劳动观(31%)、调动幼儿多感官参与(31%),其次是给幼儿充分参与的机会(17%),让幼儿获得认知、技能的提升(17%),见表4-3。

表4-3 "德劳融合"活动促进幼儿发展、帮助家长的预期

促 进 幼 儿		帮 助 家 长	
选 项	综合得分	选 项	综合得分
习惯与自理	5.88	家长育儿观念转变	3.32
自我与社会性	5.03		
健康与体能	4.56	得到素养的提高	2.74
人格发展与自我成长	3.79		
探究与认知	3.44	对学校的认同感增强	2.38
语言与交流	3.29		
美感与表现	1.68	亲子关系的和谐	1.56

在本研究开展前,41%的教师没有听到过"具身学习"这一概念。通过园内实践和理论学习,教师们认为"具身学习"最主要的特点是"知行合一"

(88%)、"强调幼儿自身体验"(82.35%),还具有"学习和思考结合"(65%)、"因材施教"(56%)的特点。

我园91%的教师完全同意,"具身学习"作为劳动教育和德劳融合开展的主要方式。他们给出了具体理由:"幼儿对于劳动的体验离不开亲身实践","只有亲身体验了才能更好地认知与收获","具身学习让幼儿通过沉浸式体验结合五官感受,更利于幼儿自主学习和探索","劳动是需要全身心感官的参与的,以此来积累实践中所获得的经验以及情感要素","劳动教育主要还是体现在真正的劳动行动中,而德育是需要不断内化的,具身学习就能够最有效。"

教师们认为,"德劳融合"活动与以往的课程活动最大的区别在于三方面：

幼儿在参与劳动时难免会遇到各种问题,不单纯只是幼儿技能上的提升,通过劳动,幼儿能够有更多元的发展,幼儿自理能力和责任感的培养。赋权儿童,让儿童自己探索,不只是活动的参与者,更是活动的设计者与组织者。

劳动教育并不是以劳动为目的,而是要让幼儿学会劳动的方法,体会劳动过程,在生活中养成劳动习惯。活动的形式更多样了,重在幼儿的实践体验,课程的点可能在一日生活的各个环节中出现,因此生成随机性较大,需要老师敏感地把握。

以劳动为途径,激发幼儿的劳动热情。活动的推进更注重幼儿亲自参与、体验,在过程中得到各方面提升;需要更多的实践,更适合在户外开展。

(2) 活动设计：局限于教师熟悉的德育要素

实践经验在一定程度上影响着教师们对"德劳融合"活动内容的选择。他们一致认为,爱(热爱珍惜)、志(自信进取)、勤(勤劳自理)适合开展"德劳融合",这三项幼儿德育要素也是他们实践最多的。从调研数据来看,教师们对"德劳融合"活动的设想与活动实践仍有较大差距,尤其是礼、智等要素,见表4-4。

表4-4 "德劳融合"活动目标设定与内容选择

选项	认为适合	已经实践
爱(热爱珍惜)	100%	94%
志(自信进取)	97%	97%

续　表

选　项	认 为 适 合	已 经 实 践
勤（勤劳自理）	97%	91%
敬（尊敬他人）	82%	76%
信（诚实守信）	74%	71%
礼（礼貌友善）	56%	32%
智（勤学善思）	56%	27%
义（公正合宜）	44%	24%
忠（忠诚忠厚）	32%	18%

以往，幼儿劳动教育的学习过程主要以集体活动为主，而幼儿自主选择参与劳动活动的机会少之又少，会因为环境、安全等因素受到制约，降低了幼儿参与的积极性与兴趣，不利于他们的身心健康发展。

在调研中，我园教师们表示，"实践体验、模仿练习、情景表演"这三种具身学习方式最适合开展"德劳融合"活动，生活活动、运动活动是最适宜"德劳融合"活动开展的环节，见表4-5。

表4-5　"德劳融合"活动开展方式与实施环节

选　项	综 合 得 分	选　项	综 合 得 分
实践体验	6.65	生活活动	5.44
模仿练习	4.97	运动活动	3.71
情境表演	4.68	游戏活动	3.38
角色游戏	4.06	实践活动	2.94
改造环境	3.18	学习活动	2.94
生成经验	2.56	节日活动	2.5
拓展时空	1.85		

对照以上两组数据，虽然教师认为"实践体验"方式最能体现"具身学习"理念，且适宜开展"德劳融合"活动，但"实践活动"并不是他们目前最常采用的方式。可见，活动设计与实施之间存有一定的差距。虽然有个别教师表示"在节日活动中开展，比较看得到成效，也能获得家长的认可"，但"节日活动"这一环节在"适宜开展"的评分中位列末次。

71%的教师认为，对幼儿开展"德劳融合"教育，最重要的是"给幼儿充分参与的机会，获得认知、技能、态度与方法的提升"，他们把大量的精力主要放在幼儿的"能力与习惯"上。例如，通过进行为期一周的幼儿园农场活动，幼儿从一开始的茫然无措，到后面的得心应手，亲身实践中提升了团队协作的经验。

同时，15%的教师认为，最为重要的是"调动幼儿多感官参与的情境"，12%的教师认为最为重要的是"言行一致，知行统一"，还有3%的教师将精力着重放在"支持幼儿多样性表达的手段（视频、语音等）"方面。

（3）组织实施：劳动教育实践方式有待突破

事件讨论、自主游戏、绘本阅读，是目前教师们最常采用的教学方法。85%的教师认为在开展"德劳融合"时，非常需要引入和强化家长的力量；15%的教师认为家长"作用不小"，见表4-6。

表4-6 "德劳融合"活动组织方式与教学方法

选　项	综 合 得 分	选　项	综 合 得 分
日常随机渗透	4.37	事件讨论	5.89
		自主游戏	4.54
自主游戏活动	3.49	绘本阅读	4.4
		规则讲解	4.23
专题活动	3.11	合作任务	4
课堂教学	3.03	角色扮演	3.89

我园教师100%都赞成自主游戏与劳动教育相结合的设想。他们认为，应当在区域空间条件允许的情况下，提升幼儿自主意愿，多维度开展活动。

"生活中处处存在劳动的契机,若幼儿能在游戏情境中自发产生劳动行为的话,更能说明他们对劳动的热爱,体现教育的成效。"

关于"德劳融合"教育是否需要自成一体,独立开展教育还是与原有的教育活动结合,教师们的意见较为分散。我园35%的教师倾向于"以原有活动为主,辅以独立开展某些活动",26%的教师认为"只需经过提炼发挥和重新组织原有活动完全实现既定目标"。

(4) 资源支持:迫切需要案例引导和视野开拓

调研中,教师们提及实施幼儿"德劳融合"活动的难点,整体集中于具身认知理论在学前阶段的应用(29%)、在活动中明确德育和劳动的融合点(17%),其次是突破幼儿活动的常规形式、将劳动实践转化为德育、构建幼儿"德劳"融合的实践范式(14%)。

对教师个人而言,在实施幼儿德劳教育时,面临的最大困难不尽相同。29%的教师困惑于效果的评价问题,27%的教师对理念的落地难以把握,21%的教师在具体实践操作方面举棋不定。

在开展"德劳融合"活动时,教师们普遍反映自己缺少开展"德劳融合"的方法手段和开展活动设计的技能技巧(68%),他们最需要的支持是幼儿德育要点的梳理(43%),其次是具身认知理论的解析、教学策略的应用范例(23%)。

59%的教师迫切希望得到案例引导,29%的教师希望园内多组织活动开拓视野,9%的教师认为,协作交流也非常需要。在园所提供的培训中,41%老师认为,观摩研讨的方法最为合适。

总结以上调研结果,我园教师们对"德劳融合"教育抱有积极态度,最重要的是帮助幼儿树立健康的劳动观、调动幼儿多感官参与。然而,教师对"德劳融合"的设想较为浅面,在设定活动目标时,局限于自己熟悉的德育要素或容易实施的劳动内容。劳动教育的实践方式较为传统,目前以生活活动、锻炼劳动能力为主,对于劳动态度、劳动情感的关注不足。分析教师们的举例,如何把劳动与德育关联起来,仍是模糊的阐述;如何把劳动渗透到学习活动、节日活动中,面临操作上的困难。

调研中,教师们提出了"把游戏与劳动实践相结合"的设想,以及在户外游戏时同时开展劳动教育,在玩中提高劳动能力。但如何将具身认知理论应用于实践,教师们存在较大的困惑——如何从给幼儿布置劳动任务,转向激发幼儿自主劳动,再基于劳动体验给予幼儿品德启蒙。

5. 家长参与德劳教育的现状研究

调查问卷主要从劳动培养的认知、劳动培养的态度、劳动培养的行为,三方面调研家长参与德劳教育的现状。德劳教育现状的家长问卷详见附件2。

(1) 认知:家长关心并了解幼儿园劳动活动

我园87%的家长认为,幼儿园开展劳动教育非常重要,并支持幼儿园把劳动活动作为教育的重点。超过70%的家长都会主动关心幼儿园开展的劳动活动,44%的家长表示,对幼儿园劳动活动内容"很了解"。

关于劳动教育的内容,大部分家长还是希望以满足幼儿自理生活为主,适当地做一些家庭劳动及集体服务。关于幼儿劳动培养的适宜目标,50%的家长认为,"能在大人帮助下完成基本的生活活动";26%的家长认为,"能独立生活自理";14%的家长认为,"能做简单的家务";9%的家长认为,"能主动为集体服务",见图4-3。

	A.能在大人帮助下完成基本的生活活动	B.能独立生活自理	C.能做简单的家务	D.能主动为集体服务
家长人数	50%	27%	14%	9%

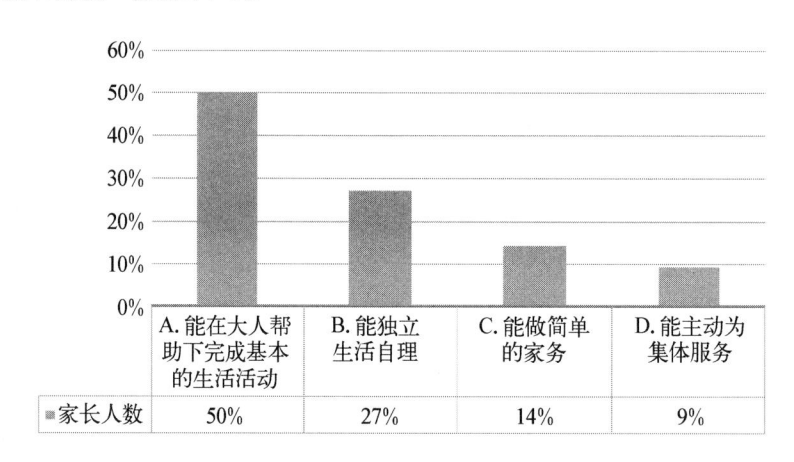

图4-3 家长对幼儿劳动培养的预期

我园70%的家长表示,孩子活泼好动,所以会非常喜欢参加劳动;28%的家长表示孩子喜欢探究,初时会喜欢,时间一长就不喜欢了。

我园48%的家长明确表示,听说过"德劳融合"这个概念,37%的家长表示,"好像听说过,但不太明确"。80%的家长认为,在劳动教育中渗透德育是可行的,但同时仅46%的家长认为完全可以做到,见图4-4。

关于"德劳融合"这一理念的突出优势,86%的家长认为,其强调和突出

	A. 强调和突出了幼儿"主动发展"的要求	B. 特别强调能培养适合今后社会发展的儿童	C. 特别切合幼儿这个阶段的年龄特点	D. 特别容易收到一举多得的效果
■家长人数	86%	79%	50%	53%

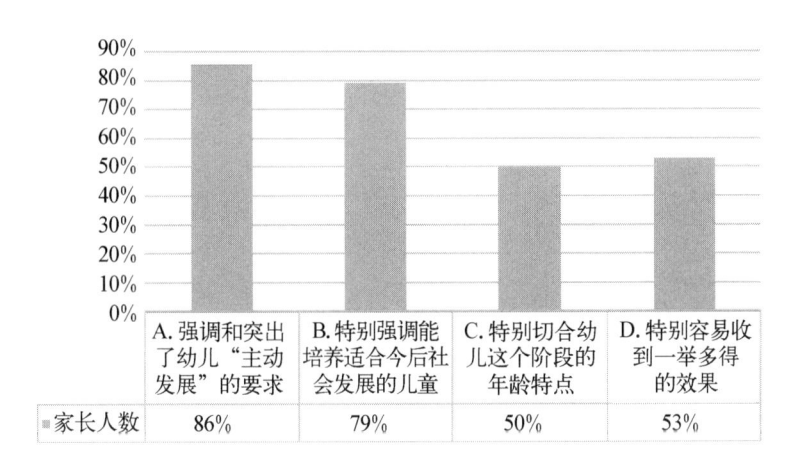

图4-4 家长认为"德劳融合"这一理念的突出优势

了幼儿"主动发展"的要求,79%的家长认为,其特别强调能培养适合今后社会发展的儿童;50%的家长认为,其特别切合幼儿这个阶段的年龄特点。

根据育儿经验,57%的家长认为,"德劳融合"对提升德育和劳动教育的效果作用会非常显著,另有34%的家长对其预期效果也予以认可。在教育过程中,家长育儿观念转变和育儿目标也会获得更新,家长自身教养行为会有较大转变。

81%的家长非常愿意配合园方共同实施"德劳融合"教育。他们认为最重要的抓手是,给幼儿充分参与的机会,获得认知、技能、态度与方法的提升。

（2）态度：家长对幼儿劳动教育"知行不统一"

86%的家长认为,劳动教育事关孩子全面成长,非常支持,而且从小就可以开始慢慢引导;90%的家长经常有意识地培养孩子劳动习惯。51%的家长"有机会就设法让孩子知道意识到长辈劳动的辛苦",37%的家长特意创设一定的情境让幼儿体会。

我园98%的家长主动让幼儿意识到"学会劳动"对其未来成长是有利的,且有59%的家长一直坚持引导。但仍有20%的家长不舍得让幼儿从小去劳动。当其他人宠爱纵容自己的孩子,只有30%的家长会认真交流取得同意,见图4-5。

我园90%的家长都不赞成"孩子大了,生活能力自然就不成问题,所以现在不用教""孩子的劳动其实都是生活琐事,教不教都一样"这样的说法。他们认同,好习惯都必须从小养成,从懂事起就要让孩子自己的事情自己做。然而,当孩子的劳动表现不理想时,仅有5%的家长不会插手代劳,见图4-6。

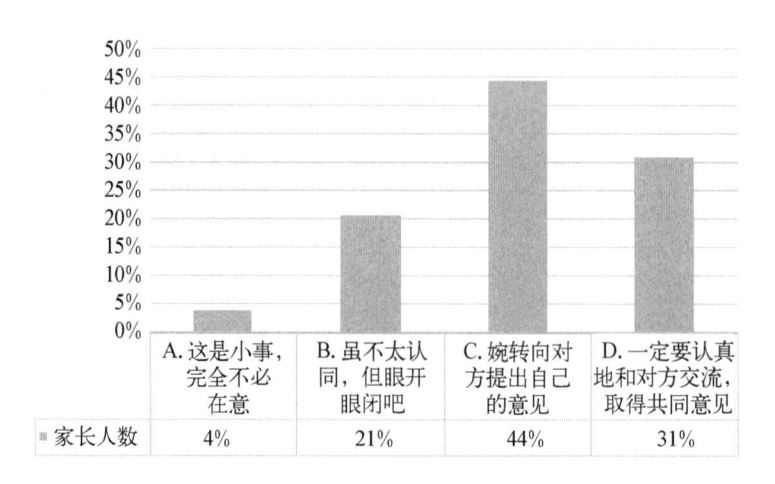

A.这是小事，完全不必在意	B.虽不太认同，但眼开眼闭吧	C.婉转向对方提出自己的意见	D.一定要认真地和对方交流，取得共同意见
4%	21%	44%	31%

图4-5　家长对"宠溺孩子"的态度和做法

A.劳动效率非常重要，必须从小引导，所以这是首要目标	B.对幼儿来说，结果更重要，但也要两者兼顾	C.在结果圆满的情况下稍加要求	D.孩子能完成已经不错了，还要讲效率，要求太高了
42%	23%	21%	14%

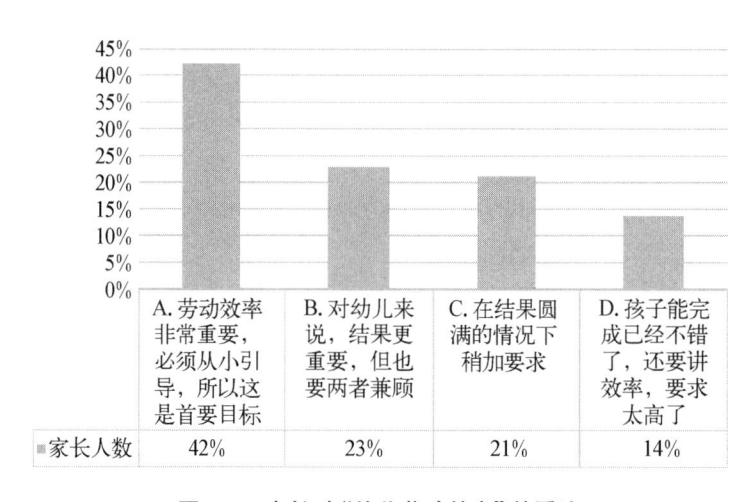

图4-6　家长对"幼儿劳动效率"的看法

对孩子的劳动，44%的家长表示过程与结果都要兼得，55%的家长认为过程显然比结果更重要。关于劳动效率，21%的家长会在结果圆满的情况下稍加要求；14%的家长表示，孩子能完成已经不错了，还要讲效率，要求太高了。

（3）行为：部分家长身体力行但持续性不足

在我园幼儿的家庭中，父母参与劳动的比例只有四成，和祖辈参与劳动的比例相近。60%的祖辈对孩子参与劳动表示支持，61%的幼儿每天或多或少参与一些家庭劳动，也有近30%的幼儿几乎不参加家庭劳动，见图4-7。

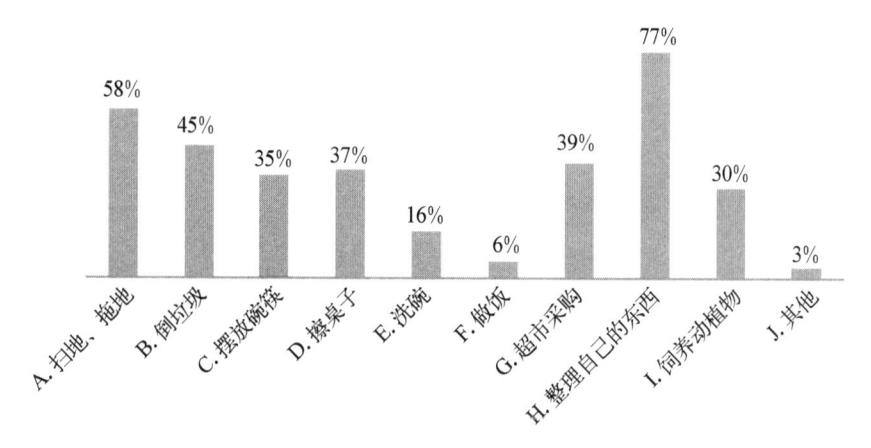

图4-7 我园幼儿在家较多参与劳动的项目

25%的家长会坚持要求孩子一起参与家庭劳动,安排固定的、孩子力所能及的劳动任务。56%的家长对孩子参与家庭劳动"有要求但不能坚持"。大多数家长在安排劳动任务后会进行一些检查和评估。

孩子做家务时,18%的家长每次都会指导。也有10%的家长始终"让孩子自己琢磨"。在劳动过程中,孩子遇到困难,26%的家长马上指导孩子克服困难,继续完成;72%的家长先让孩子自己探索,实在没办法时才指导。

81%的家长身体力行,给孩子做榜样;70%的家长选择语言传授;孩子操作,家长指点的方式占比67%;53%的家长给予一定物质和精神奖励;4%的家长对"幼儿不做家务",给予一定惩罚。

孩子做家务最让家长担心的是"可能遇到各种危险"占比50%,"事情没做好,祸闯了不少"占比28%,"搞得身上地上都是,太脏了"占比21%,"会占用学习时间"占比1%,见图4-8。

54%的家长每遇到一种新的生活劳动时都会指导幼儿采取安全防护措施,8%的家长在遇到特别危险的情景才会指导。

(二)品德启蒙:融通"智、体、美"

1. "德劳融合"的育人内涵

幼儿劳动教育不仅仅要让幼儿掌握自我服务的能力,更是要让幼儿通过劳动实践,萌发热爱劳动的精神,养成坚韧、自立等良好品质,从而实现品德启蒙。我园以国家观念为指导,结合当前德育课程标准对劳动教育目标的层

	A. 可能遇到的各种危险	B. 搞得身上地上都是，太脏了	C. 事情没做好，祸闯了不少	D. 会占用学习时间
■家长人数	50%	21%	28%	1%

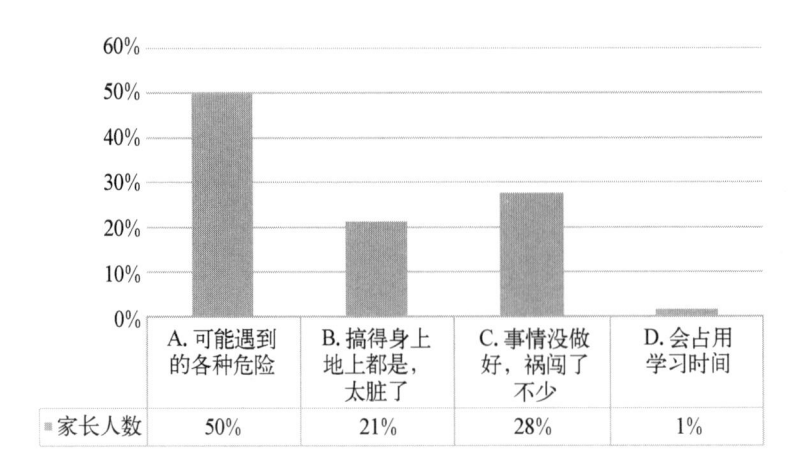

图4-8 我园家长对幼儿劳动的担忧

次定位，探索"德劳"二者的融合，思考"德劳融合"活动的内涵。

劳动不仅被认为是改善和增强社会生产力的一种手段和方法，也被认为是培养人全面发展的一种重要途径，与德、智、体、美等其他各种教育体系紧密结合。发挥其整体性的育人特点，注重知行合一实现以劳树德，手脑协调实现以劳增智，浸入体验实现以劳强体，动静结合实现以劳育美。

2. "德劳融合"的目标定位

德育课实施劳动教育的重点不在"做"，而在"培养儿童对劳动的热爱和尊重，让儿童充分感悟劳动的意义，树立正确的劳动观"。[1] 培养幼儿敢于实践、乐于创新的精神，体验劳动带来的快乐与满足，使其在与同伴的讨论、沟通、协商、合作中发展社会性行为，与他人建立良好的关系，养成爱分享、乐助人、善合作的良好品质。

首先，我园解析我国新时期秉持的劳动观、劳动教育观，以及我园幼儿现实成长需求；将劳动教育定义为"引导幼儿获得良好的劳动情感、劳动技能、劳动认知和劳动习惯"。注重培养孩子良好的道德品质和行为习惯，为培育其社会主义核心价值观、塑造人生价值观打下基础。我园基于小中大班幼儿年龄特点和发展需求，将德育聚焦于"自己的事情自己做，不会的事情学着

---

[1] 王喆琼. 追寻劳动教育的美好意蕴——小学道德与法治劳动教育教学策略例谈[J]. 中小学德育, 2020, (8): 43-46.

做,大家的事情一起做"。

注重知、情、意、行层面要兼顾和融通,遵循儿童劳动品质的成长轨迹展开,设置"德劳融合"幼儿具身学习的内容,包括"认识劳动""体验劳动""理解劳动""赞美劳动""主动劳动""善于劳动"。

- 认识劳动,体会劳动创造美好生活,愿意做自己力所能及的事。
- 体验劳动,在劳动中提升自理自立的能力,获得自尊自信。
- 理解劳动,知道劳动很辛苦,尊重每一个劳动者,以及他们的劳动成果。
- 赞美劳动,理解劳动行为背后的精神——"勤俭、奋斗、创新、奉献"。
- 主动劳动,乐意接受一些小任务、承担值日生等职责,养成劳动好习惯。
- 善于劳动,掌握劳动小技巧,改进自己的劳动方式,能够与同伴协作劳动。

进而,我们将社会主义核心价值观融入保育教育全过程,将五个领域培养目标与"德劳"育人密切关联,梳理德育和劳动教育两者之间的内在逻辑。以劳育德、以劳养德,围绕"爱、志、勤"三个关键词,设定园本活动目标。

- 爱,热爱劳动、敬爱长辈、关爱他人。
- 志,志向进取、志气明朗、自主自立。
- 勤,勤劳行动、勤俭节约、勤奋好学。

3. "德劳融合"的实践范式

为发挥"德劳"整体性的育人特点,我们遵循幼儿学习的基本规律,在具身视角下进行德育与劳动一体化课程活动设计,形成"德劳融合"活动"三感"实践范式,见图4-9。

第一设计阶段, 通过德育价值观分析将育人目标转化为情境问题。真实情境中的问题往往具有开放性、复杂性、多元性。因此,设计"德劳融合"活动教师首先要明确"立德"的关键,社会主义核心价值观的"幼儿启蒙",例如勤劳、节约、诚实、帮助、合作等,把抽象的价值观与具体的情境有机结合起来。

第二实施阶段,《3~6岁儿童学习与发展指南》明确,儿童的学习主要是通过"直接感知,实际操作,亲身体验"。因此,以幼儿经验为基点,与幼儿

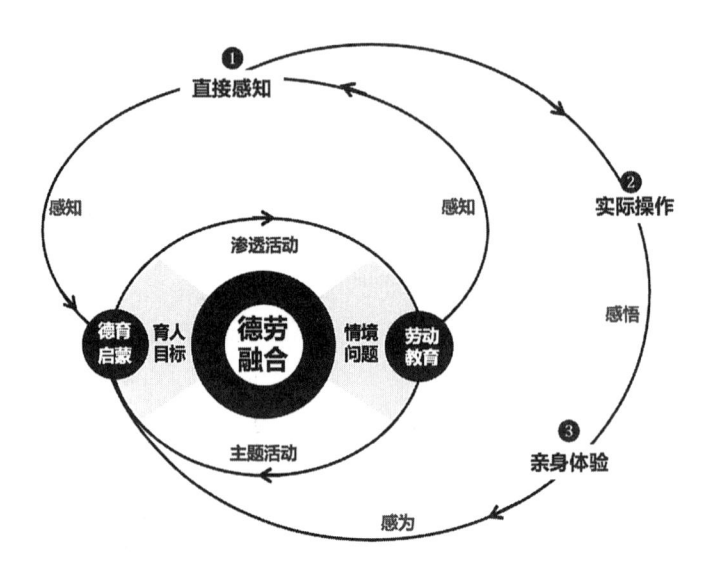

图 4-9 "德劳融合"活动"三感"实践范式

生活做关联,以全面发展为导向,以劳动实践为基础,保证幼儿具身参与活动过程。

(1) 直接感知,运用感官直接感知事物或现象而获得知识经验。强调幼儿感官的参与,而具有直观形象性,且符合幼儿认识事物的特点。通过情境创设,给予幼儿直接感知的机会,并建立起周围环境与自身的关系。由身体的感受带来新奇的体验,激发幼儿劳动的兴趣。

- 认识不同的劳动工具,以及它们的使用方法。
- 认识劳动发生的时间和空间(节日),以及劳动对人们生活的影响。
- 认识劳动与幼儿园一日生活的关系,与幼儿自身的联系。

(2) 实际操作,幼儿亲身参与有目的、有计划、有方法、有步骤的操作学习活动。强调幼儿经验的拓展、积累、联系,主要包括探究法、练习法、实验法等。**"探究"** 帮助幼儿发现劳动情境中的问题,用自己的表征和语言提出问题,在解决问题的过程中把自己的知识经验结构化。**"练习"** 帮助幼儿反复多次完成劳动相关的动作和行为,形成良好的行为习惯。**"实验"** 帮助幼儿利用一定的实验材料,控制一定的条件,作用于一定的对象,以引起事物或现象的某种变化,从观察这些变化中直接获得与劳动相关的知识经验。

- 从情境中发现问题;提出解决问题的各种可能的假设;尝试探究,发现解决问题的方法；交流分享,总结运用。
- 使幼儿明确练习的目的和要求；在真实有趣的情境中采用多样的练习方式,不机械重复；调节适宜的练习难度,及时给予幼儿反馈。
- 明确实验与劳动的关系,提前做好准备,实验后进行总结分享,改进自己的劳动方式。

（3）亲身体验,结合幼儿的身心特点和社会生活实际,选择或创造一种情感和认知相互促进的实际或模拟情境,引导幼儿在亲身经历中获得切身感受,形成深刻理解,生发认知和情感的共鸣。置身**"情境"**中,幼儿直接感受情绪的冲击力,诱发和唤醒其情感体验;**"移情"**使幼儿在心理上将自己置于他人的位置,体会、分享他人的情感,领悟他人情感表达的意义,并作出相应行为;**"实践"**则通过参与具体的任务活动形成对社会劳动、生活劳动等各方面真实的感受,在感受中自主评价,反思自身先前的认识和行为,进而形成正确的认知和观念。

- 将"交流沟通"作为情境体验、实践体验的重要部分融入其中。
- 开展师幼之间的倾听交流、幼幼之间的分享交流,以及亲子之间的交流。
- 在劳动中激发幼儿的自主性,提升自理自立的能力,获得自尊自信。

第三评价阶段,与幼儿共同回忆"以身体之,以心验之"的劳动实践活动,分享劳动体会、激发劳动情感；基于幼儿进行的表征记录、对话反馈,启发幼儿对劳动的热爱和尊重,让幼儿充分感悟劳动的意义,树立正确的劳动观,逐步内化为自己的劳动习惯。

第二话　每日知行,探索融合活动路径

唐爱民、王浩(2021)提出,劳动教育与学校德育的融通三条路径：通过劳动教育促进学校德育,通过学校德育融入劳动教育,通过学校与家庭、社会的密切合作与协同支持。劳动教育应体现整合性、连贯性、时代性、自然性要求,通过课程设置和"为了劳动、通过劳动、在劳动中"的教育过程促进学校德育的高质量发展；学校德育则通过观念、目标、课程强化劳动教育意义,从

责任感、消费观、创造力、公共意识诸方面凝练劳动教育价值;家庭教育和社会教育的支持是劳动教育和学校德育有效融通的前提和必由路径。

儿童理解"热爱劳动、主动分担劳动"这类道德要求并不难,难的是怎么处理在劳动中遇到的困境。[1]教师要善于寻找儿童在现实参与中真正遭遇的困难,然后以合适的方式设计在幼儿具身学习的过程中。

用问题来引导儿童在深层意义上理解劳动和生活的关系,理性地看待劳动和开展劳动。感受层面,以认识活动和体验活动为主;行动层面,以任务式的实践参与活动为主;明理层面,可采用资料收集与分析、价值讨论与辨析,见图4-10。

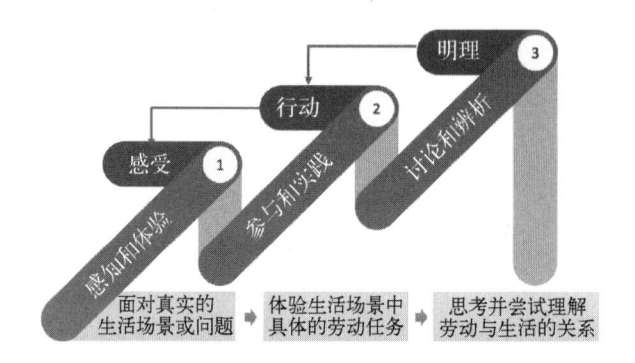

图4-10 德劳教育中幼儿具身学习的基本过程

首先,使用真实的生活场景或现实问题领着儿童走进要探讨的主题。随之,用一种整体的、过程性的思维将劳动教育与儿童的生活串联起来。再者,意识到生活的复杂性,善于利用有难度的生活情境构造道德思考的空间,提升儿童的道德理性和实践智慧。

为幼儿创造自主劳动的机会,引导幼儿持续地参与劳动过程,我们以融通幼儿园一日活动,联通"德劳融合"活动时空边界,并整合幼儿园各种课程场域资源,支持"德劳融合"活动实施。

充分考量时间和空间的整体性,我们将"德劳融合"活动设计为单元性

---

1 林鹏,王雅丽. 政策变迁视角下德育课程融合劳动教育的轨迹、省思与实践探索[J]. 教育理论与实践,2022, 42(26): 42-46.

课程,以一学期或一学年为大单元,一周或一月为小单元,将活动贯穿幼儿在园三年的学习生活。形成"立足一日生活,特色场景体验,节庆主题并进,集体共享经验"的具身活动路径。

一、渗透一日,感受"劳动无处不在"

幼儿园的德劳教育区别于其他学段,它并不是一种叠加,而是整合渗透在日常的一日活动中。具身参与是激发幼儿劳动热情,帮助幼儿习得劳动习惯,让幼儿充分运用身体感受自然、认识世界的重要方式。

(一)在生活情景中鼓励劳动探索

生活化、趣味性的劳动内容,包括自我服务劳动,如自己进餐、自己穿脱、自己盥洗与消洁、自己整理等;为他人服务的劳动,如家庭家务劳动、幼儿园志愿者等;社区公益劳动,如古猗园环保小卫士等。同时深挖学习活动中的"德劳融合"教育资源,渗透融合教育。如小班"过新年"主题下的"新年大扫除"活动就蕴含着丰富的劳动教育资源,可以让幼儿了解劳动工具,感受劳动快乐,萌发热爱劳动的好品质。

小班《我也来出份力》

点心过后,小麦指着劳动角的拖把对冒冒说:"这个拖把,我家里也有的,我还用它扫过地呢!"冒冒点头回应:"我也是!我还帮爸爸妈妈擦过桌子呢。"小麦不甘示弱地补充道:"我也擦过桌子,我还帮他们一起剥过毛豆。你呢?"冒冒摇了摇头,却自豪地说:"不过,我会整理自己的玩具,还会拖地呢!"两人争相诉说着自己的劳动技能。

"哇,你们真是太能干了!那让我们再问问其他小朋友,他们还为家里做些什么力所能及的小事呢?"小麦和冒冒随即开始找各自的朋友询问,一时间,"我能做哪些事情?""我会帮家里人做什么事情?"成为孩子们之间热门的话题。

教师以此为契机,通过集体教学活动、儿童议会和户外实践等多种形式,让孩子们持续体验劳动的乐趣,并从中学习和成长。组织了一次儿童议会,以"可以帮好朋友做事情吗"为主题,让孩子们自由讨论,共同商议。

主题：可以帮好朋友做事情吗		
想　法	理　由	人数占比
1. 可以	好朋友遇到困难，当然应该伸出援手	70%
2. 不用	现在我们长大了，可以独立完成自己的事务	20%
3. 都可以	有时需要好朋友的帮助，有时则不需要	10%

在孩子们的日常生活中，他们热衷于讨论如何为家人提供帮助，如做家务、照顾弟妹等。然而，通过参与儿童议会这样的活动，他们开始意识到帮助他人的范围可以更广泛。他们逐渐认识到，在幼儿园的班级里，同样可以为好朋友做一些力所能及的劳动小事。例如，参与教室的整理工作，帮助好朋友摆放桌椅，或在午餐时间协助分发餐具。

随即，小麦提出了一个核心问题："那我该怎么做呢？"这个问题引发了孩子们的热烈讨论。他们纷纷表达了自己的想法和计划。

"我明白了！"冒冒兴奋地喊道，"比如，在运动结束后，我们需要有人帮助我们叠好毛巾。"

右右接着说："在吃午饭前，需要朋友们帮忙把椅子摆出来。"

嘟嘟提道："小书吧的图书也需要朋友们帮忙整理。"

甚至一旁的小花说："每周五的晒书活动也需要有人帮忙。"

哈哈补充说："植物角的小花草每天早上需要浇水，这也需要有人负责。"

孩子们你一言我一语，列出了教室里需要帮助的各种地方。

针对孩子们的讨论，我追问："那么我们所有人都要天天去植物角浇水吗？"

小麦立刻站起来，激动地反驳道："不是的，不是的。这样小花小草会被淹死的！"他接着解释，"浇过的植物不需要再浇了。"

我继续追问："那么，每个需要帮助的地方应该安排多少人呢？"

小麦回答："要商量好，不能太多也不能太少！"

为了更好地管理和分配任务，我拿出了6根红色小手环，每个孩子一根。这些手环是有限的，代表着特定的角色和责任。我告诉孩子们："把手环放在真正需要帮助的地方吧。"

孩子们纷纷表达了自己的愿望,想要成为某个地方的"小当家",帮助朋友们。有的孩子说:"我想当餐厅小当家,帮忙拿碗。"有的孩子说:"我想当盥洗室小当家。"还有孩子表示:"我想负责植物角的浇水工作。"

通过这样的讨论,孩子们对自己的行动方向有了更明确的认识,并积极地提出了自己的想法。

主题: 我去哪里做		
位　置	人数	理　　　由
小餐厅	2(位)	这是我们每天吃饭的地方,需要有人帮忙搬椅子、拿碗勺子等。
生活角	1(位)	在点心时间和运动后,需要有人帮忙整理毛巾。
图书角与玩具柜	1(位)	每次大家拿放书后,都需要有人整理收拾。
植物角	1(位)	小花小草需要每天浇水,但也不能频繁浇水,所以每天一位小当家负责浇水正好。
盥洗室	1(位)	中午喝完水后的水杯需要有人帮忙摆放好。

孩子们表达了自己的需求和期望,教师据此细化班级服务的具体内容,让每个孩子都能在劳动中找到适合自己的角色,发挥自己的特长。

中班《厉害的消毒液》

彬彬是个细心且善于观察的孩子,他能敏锐地发现周围的变化,也能结合生活老师的回答进行联想,主动思考,大胆提出假设,并当自己需要的材料无法在幼儿园获取时,及时寻求家人的帮助,将合适的清洁材料带到幼儿园,继续完成擦桌子这一任务。

"琴琴老师,你桶里装的是什么呀?味道好难闻!"彬彬对生活老师琴琴老师提来的小桶产生了疑惑。

琴琴老师说:"这是调配好的消毒水,用来消毒你们用过的小马桶、水龙头和水槽,把脏东西和细菌都消灭掉。"

彬彬又问:"那你为什么要戴着手套?"

琴琴老师回答:"保护自己的手,皮肤长时间浸泡在消毒水中会受伤的。尤其是84消毒液,最伤手,但也最厉害,能把你衣服上洗不掉的污渍全部漂干净,衣服就跟新的一样。"

彬彬又问:"你说的这种很厉害的消毒液,我们班级有吗?"

"平时消毒用的是安全的消毒片,不需要84消毒液。"

第二天,彬彬拿着一个小瓶子来到幼儿园。

万万凑上前:"你瓶子里装的是什么呀?"

"我妈妈调好的消毒液,用来擦桌子的,桌面上还有一些很难擦掉的水彩笔印记!"彬彬介绍着,"妈妈说我们小朋友不能用,要找老师帮忙的!"说着,他到琴琴老师身旁,向她求助。

琴琴老师戴好手套,在桌面上倒出一点点彬彬带来的消毒液,再用湿的百洁布来回擦拭。果然,顽固的水彩笔印记被擦除了,桌面十分光亮。

"我们成功了!"孩子们终于把桌面彻底清洁干净了,他们高兴极了。

中班幼儿收集了生活中许多工具,但他们对工具的特性不了解,使用工具的方法单一,比如双面海绵擦、纯棉抹布的使用方法只有反复擦拭搓洗。

教师鼓励幼儿在自由活动时探索工具的外形、材质,从而引导幼儿了解双面海绵擦粗糙的面可以较轻松地去除干涸凝固的污渍,而光滑的那面可以在清洁的同时保护桌面不受损等。提出驱动性问题,引导幼儿探究:刷子的清洁效果和双面海绵擦有什么不一样?什么情况下使用刷子更方便?肥皂和洗洁精又该怎样使用等。

(二)在游戏情景中培养劳动习惯

当然,游戏和运动也同样是我们开展"德劳融合"活动的主阵地之一,我们鼓励教师组织幼儿开展各种与劳动相关的游戏,如自主游戏中的角色装扮、体验,运动前共同搬运器械,完成场地布置,运动后共同收纳整理等,让幼儿在每日生活中都能感受到"德劳融合"活动的体验。

对于3～4岁的孩子,在游戏的情景中进行劳动有助于孩子为他人服务意识的培养,在游戏中孩子通过不同的情景、扮演不同的角色,体验劳动情感、模仿角色行为,发展为他人服务的意识,将劳动技能通过言语、动作内化于心。

引导小班幼儿学系纽扣、拉拉链的手指游戏，孩子一边跟着儿歌说拉拉链、系扣子的口诀一边动作演示，将劳动技能通过语言、动作内化于心。根据孩子搬椅子的情况可以设计一首儿歌，将餐厅的椅子比喻成萝卜需要孩子们把椅子搬出来就可以是："搬萝卜搬萝卜，搬好萝卜种一种！"需要孩子们将椅子叠起来收纳时："拔萝卜拔萝卜，拔好萝卜叠一叠，叠好萝卜藏起来！"

实　　录	分　　析
小班《小手劳动有奖励》 　　为了激励孩子们搬椅子，教师给搬椅子的孩子奖励了贴纸，孩子们对于搬椅子的热忱又被激发了。第二天，又到了午餐需要搬椅子的时间，这次宁宁搬完椅子对我说："老师，我搬完椅子了，可以给我贴纸了吗？"教师犹豫了，最终还是给了宁宁贴纸。	搬椅子的动力似乎是为了获得贴纸，因此，一旦贴纸奖励消失了，就会导致孩子不愿意搬椅子，看来贴纸的奖励是不能让孩子真正地爱上劳动的。

除此之外，我园还会充分利用幼儿园中的各类环境资源开展活动。例如在小农场、小菜地中开展耕植劳动；在班级中开展"小帮手""值日生"活动；在楼道、门厅、各个教室场所中渗透幼儿劳动的环境，培养启蒙幼儿的劳动意识，让幼儿园的每一处角落都成为幼儿"德劳融合"活动的学习场。

二、场景体验，感悟"劳动成果不易"

在具身视角下，注重身体、认知与情境之间的多重互动，情境性是幼儿劳动教育活动设计的核心原则之一。3～6岁幼儿处于具体形象思维阶段，应鼓励幼儿通过多种感官训练手段，以体验、探索、实践、感悟、迁移促成真正意义的学习。

我园体验馆超过200平方米，通过打造微缩生活场景，为幼儿提供一个真实生活的空间，体验不同场景中的劳动。体验馆中包含"我的家""新南翔""老上海"三个主题活动区，30多个真实的体验场景。在"我的家"卧室中我们提供了小床、衣柜、床品等；厨房中提供了手磨榨汁器、刷子、磨具等；阳台上提供了晾衣架、晾衣竿等；长廊则以幼儿自主创设为主。在这样真实且熟悉的情境中，幼儿可以快速地进入到生活场景，并在与同伴的合作中、材料的交互中，轻松自如的产生劳动行为，并感受劳动创造美好生活的感情。

小当家体验馆游戏主题（大班）	
主　题	玩　　　法
豆浆店	两人一组，一人将泡好的豆子放在石磨内，配合适量水磨出可口豆浆，再加入不同颜色，配制出不同味道的豆浆进行售卖。另一人卖豆浆。
长兴楼	模仿南翔老店"长兴楼"，增设不同的劳动工具和高低结构材料，让幼儿体验南翔小笼包的美味。
农家乐	模仿淳朴的民宿生活，让幼儿体验自给自足的乡间生活。
魔术馆	投入不同的适宜大班幼儿玩的魔术材料，体验为别人表演魔术带来的成就感。
夜上海	结合不同样式的舞蹈服装和高低额结构的材料，自主装扮，跟着音乐在小舞台表演给同伴欣赏。
烤地瓜店铺	利用轮胎、报纸、球、树枝等低结构材料制作地瓜售卖。
糖果店	把自制糖果贩卖出去。
轮滑店	利用空酸奶瓶子等低结构材料制作"轮子"享受轮滑体验。
酒店美食部	利用各种厨房工具制作果汁和餐食。
酒店客房部	享受服务生叠好的床铺（可以尝试自主铺床、套被子等活动）。
酒店体验部	在小阳台中体验洗衣服、晾衣服等活动。

　　我们将"家务劳动""职业体验""生活制造"等活动内容渗透于游戏中，并让幼儿在"听、摸、闻、说、做"中感受"劳动"的概念本质。提高了幼儿劳动的积极性，满足幼儿多样化、综合化的劳动实践需求。引导幼儿主动运用亲身经历的经验来联系实践、提高认知，从而获得丰富完整的生活和学习经验。

　　具身情境可细致化为内在情境、外在情境、物理情境和社会情境的四重整体。[1]在体验馆活动实践中，幼儿表现出更加积极、专注的劳动情绪。在不

---

[1] 王会亭. 从"离身"到"具身"：课堂有效教学的"身体"转向[J]. 课程. 教材. 教法, 2015, 35(12): 57-63.

同的主题游戏中,幼儿自主选择内容,亲身实践,体会劳动的不易,但又同时享受劳动带来的幸福成果。这种来自幼儿切身感受的劳动体验,打破了传统的劳动教育方式,是对我园劳动教育活动的补充和延伸,更是构建了学前儿童劳动教育的新形态。

大班《"被"加阳光》

经历每两周一次的回家洗晒被子,大班幼儿观察爸爸妈妈的晒被行为,从而激发了"小当家"的责任感,生发了"我们自己来晒被"的活动。

主题推进	活动目标	实施路径	
环节1 晒被"大选址"	考虑可行性、听取朋友的建议,选定晒被子的地点。	**讨论活动** 组织幼儿自主计划及投票活动	
环节2 晒被"同意书"	向后勤老师介绍晒被计划书,听取反馈和建议,对自己的计划进行调整。	**谈话活动** 帮助幼儿明确晒被活动的要素(时间、位置、天气)	
环节3 晒被"地图"	调查班级中同伴晒被的预选地点,制作成地图图示。解决被子多、地方小的矛盾。	**记录活动** 引导幼儿画一张地图,统计大家晒被子的位置。	
环节4 晒被正当时	将被子搬运到预选地点,过程中确保被子不掉在地上。	**实践活动** 引导幼儿实践自己的计划,动手操作,解决过程中遇到的问题。	

○ 成效评价

"晒被"大行动这一活动,初看似乎远离孩子日常劳动范畴,但孩子们却愿意勇于尝试，大胆行动。本次活动教师了解孩子们的想法后，根据他们的需求提供针对性支持，帮助幼儿实现"在幼儿园晒被子"的行动愿望。

孩子们积极地行动，在各环节迈出尝试的步伐。他们齐心协力，成功地把自己的被子晒到了心仪的位置。他们主动探索、积极思考、互帮互助，一言一行中展现出劳动的热情。

大班《樱桃的滋味》

五月，正值丰收的季节。这不，我们幼儿园里的樱桃树结果了，长出了好多小小的、红彤彤的果子。在运动的过程中孩子们发现了它，纷纷喊叫起来："快看！有樱桃。"

集合回教室的时候，每个孩子的手上、口袋里都有好几个小樱桃。

梵梵走过来："许老师，我的樱桃都烂了，还能不能吃啊？"

子祺也过来，把手里的樱桃拿出来给我看："小樱桃都裂了口。"

我："其他孩子，你们的樱桃怎么样？"

"不行，裂开了。""老师，这个摸上去软了，可以吃吗？""这个还有点青，会不会酸啊？"孩子们纷纷抱怨着。

主题推进	活动目标	实施路径	
环节1 初遇樱桃树	在幼儿发现捡到的果子不能吃后，围绕"为什么不能吃"引发幼儿的讨论和思考。	**谈话活动** 对于采摘到的果子都有着各自的疑惑，教师鼓励幼儿表达。	
环节2 采摘进行时	迁移《有用的植物》相关经验，思考采摘的办法。	**实践活动** 观察樱桃树上的果子，验证自己想法的可行性。	
环节3 集思广益	借助周围的工具，调整自己的方法。	**实践活动** 体会自己的采摘方法，说说感受。	

续表

主题推进	活动目标	实施路径	
环节4 劳动体会	交流分享采摘中的劳动技能,与同伴共享经验。	**谈话活动** 将自己有疑问的地方向全体幼儿进行阐述。	

成效评价

在计划摘果子的过程中,孩子们想到了很多办法。有的孩子想到请大人帮忙,有的孩子利用平时的运动经验,想到用东西砸、用棍子打,这都是孩子根据自身的生活经验自成的解决问题的办法。孩子们根据自己的想法加以实施,但在实施过程中遇到了一些困难,感悟到劳动工具的不适宜。

大班《浓情的香囊》

大班下学期,随着"有用的植物"和"我要上小学"主题活动的推进,孩子们想到要给老师们制作一个"手工香囊",作为毕业的留念礼物。

主题推进	活动目标	实施路径	
环节1 香囊的由来	围绕两个话题展开了讨论:"香囊是什么样的?""制作香囊需要些什么?"	**准备活动** 收集信息和材料,记录下相关经验并与同伴分享。	
环节2 香囊的妙处	了解薄荷、艾草、香馥、薰衣草、香茅草的功效,分辨每种香料。	**讨论活动** 制作了一面香料分类墙,孩子们把各种香料的特点和作用记录下来并进行分类。	

续表

主题推进	活动目标	实施路径	
环节3 香囊的制作	尝试用纸袋、布等材料制作香囊,结果过程中遇到了问题,如封口不牢。	**制作活动** 运用之前学过的折纸袋的方法制作小包,放入各种香料之后再封口。	
环节4 香囊的定制	思考如何制作一个别人需要的香囊。	**调查活动** 向别人介绍自己的调查意图,准备调查所需的实物材料。	

○ 成效评价

从不认识各种香料到对香料的气味和功能有所了解,从用手工纸制作香囊到用布制作香囊,从分辨不清的调查表到各种不同形式的调查表。孩子们不断地解决问题,并且尝试各种方法。

孩子都在过程中表现出了主动学习的能力、不断反思的能力和执行实践的能力。每个孩子都在积极地动手制作,为了制作出一份特别的毕业谢礼而努力。有了切身的劳动体验,孩子们愈发重视"香囊"中所蕴含的这份感谢与感恩。

三、节庆主题,感为"劳动联结你我"

具身参与劳动既能把幼儿的观念、认知通过劳动变成现实,又能加深幼儿对自身的了解。一方面,幼儿通过身体向外表达观念;另一方面,身体的劳动价值亦能促进幼儿认知发展。[1]

由此,我园挖掘每一个节庆活动的背后的德劳内容,设计三个年龄段的特色主题活动。通过深入挖掘节庆活动的教育深意,打破节庆活动和"德劳融合"活动之

---

[1] 曾晓颖,牟映雪. 具身认知理论视域下幼儿劳动教育的价值、困境和策略分析[J]. 教育观察,2023, 12(03): 51-53+119.

间的教育边界,盘活时空和资源,使"德劳融合"活动和其他各类活动共育并进。

年龄段	第 一 学 期					
	9—10月开学季		10—11月国庆节		11—12月元旦	
小班	你好,幼儿园	在新环境中感到安全,愿意尝试不会做的事。	我是中国人	体会升旗仪式的庄重,保持安静、行注目礼。	过新年	动手装扮教室,感受自己的行动能够让环境变美。
劳动实践	《来园几件事》		《小手做国旗》《国旗升起来》		《挂灯笼》《新年大扫除》	
中班	我是小帮手	了解新环境,乐于为集体服务。	祖国妈妈我爱你	根据步骤动手制作手工国旗。	长大一岁	知道保护蛋宝宝是一件不易的事,懂得照顾和关心蛋宝宝。
劳动实践	《当值日生的一天》《垃圾分类有妙招》《垃圾分类监督员》		《了不起的中国人——他们的工作》		《恐龙妈妈藏蛋》《各种各样的蛋》《护蛋行动》	
大班	我是小当家	根据志愿服务计划,主动为他人提供服务。	我爱家乡	了解南翔的人和劳动故事,在游戏中尝试模仿。	成长进行时	身体力行"不迟到",体验与同伴合作劳动。
劳动实践	《小小志愿者》《我来帮帮你》		《南翔人儿真勤劳》《美味小笼包,双手真灵巧》		《快乐游园会》《制作幼儿园地图》	

年龄段	第 二 学 期					
	3月妇女节		4—5月劳动节		5—6月儿童节	
小班	我的好妈妈	和长辈一起欢度节日,帮妈妈做事	自己的事情自己做	体验劳动工具,知道物归原处,爱护玩具,能在成人引导下整理自己的物品。	爱上幼儿园	主动与他人交流分享幼儿园中好玩的地方,一起来整理。

续　表

年龄段	3月妇女节		4—5月劳动节		5—6月儿童节	
第二学期						
劳动实践	《为家人做件事》		《扫除大作战》《自己的书包自己背》		《我是幼儿园小导游》《收纳我们的童年乐园》	
中班	为你做件事	深入了解自己妈妈的外形特征、工作、喜好等。	一起来行动	与朋友合作,体验护绿行动的快乐。	升班啦	参观大班孩子的生活后,画画、说说自己上大班后想做的事。
劳动实践	《邀请妈妈玩游戏》《周围人的工作》		《行动前,我准备》《树真好,来护绿》		《长大了,我能做……》《值日生的新职责》	
大班	感谢有你	用行动对身边的人表示感谢。	劳动我做主	使用工具参与劳动,说一说不同工具的优点。	再见幼儿园	合作计划毕业前还需要做的几件事情。
劳动实践	《感恩分享会》《体验你的一天》		《自己动手乐趣多》《集市商铺大设计》		《毕业几件事》《策划毕业典礼》	

在主题活动开展中,幼儿从获得直观感受出发,参与实践、体验和探究,经历调查、分析劳动等过程,最终呈现出主动劳动、善于劳动的行为和情绪。我们力求在这样的"感受、行动和明理"的过程中,培养儿童对劳动的热爱和尊重,让儿童充分感悟劳动的意义,树立正确的劳动观。例如,在4—5月的大班"劳动我做主"的主题活动中,我们结合"五一劳动节"节庆内涵,开展"小当家成长市集"活动,大班幼儿以小组摆摊的形式开展各类劳动项目,如洗车店、果汁店、剥豆子等15个劳动摊位,在劳动节当天招待小、中班幼儿打卡体验。整个过程中,幼儿需要自主选择内容,收集材料,装饰摊位……幼儿在劳动实践中敢于体验,大胆创新,在讨论、沟通、协商、合作中发展社会性行为,与他人建立良好的关系,养成爱分享、乐助人、善合作等良好品质。

大班《从0到1的小当家劳动集市》

前期准备活动中,经过班级的讨论和投票,我们班最终决定开一个棉花糖店,孩子们回到家了解了做棉花糖的方法,并进行了自主计划。

老师:"你有什么计划?"

棠儿:"我想可以弄一个牌子。"

老师:"这个牌子有什么作用呢?"

棠儿:"可以认得出来是棉花糖店,还可以选择棉花糖造型。"

老师:"你想要有广告和菜单的功能,还有吗?"

棠儿:"我准备把棉花糖店布置得漂亮一点,把一些气球和彩带贴在上面。"

老师:"你那天想担任什么?"

棠儿:"我想要做棉花糖,我在电视上看见过怎么做棉花糖的。"

老师:"那其他小朋友也想要做棉花糖怎么办?"

棠儿:"那就我负责放到架子上吧。"

幼儿对于开棉花糖店感兴趣,但是对于具体内容不清晰的情况下,家长起到了活动中很重要的作用,通过家庭中亲子的调查了解,进而在班级中经验反馈和整合的过程,孩子们更深入了解到棉花糖的材料需求和制作过程,兴趣被进一步激发的同时,也为活动的成功实施提供有力的支持。

集市开始了,棉花糖店铺前排起了长队。棠儿站着拿着雪糕棒不停地在棉花糖机器中卷绕着。老师提醒:"棠儿,你可以坐下来制作的,活动时间很长,你一直站着多累呀。"

棠儿笑着说:"坐下去感觉不方便。"

漫漫补充说:"这个机器出来的糖丝太快啦,坐下去的话来不及,都粘在边上了。"边说,她边把棉花糖递给排队的凯凯。

棠儿和漫漫作为棉花糖店铺的店员,不仅满足了孩子们的口腹之欲,她们的表现还体现了责任和专注。尽管棉花糖机器操作起来有些费力,但她们仍然乐此不疲地坚持站着工作,确保棉花糖的质量和数量都能满足同伴的需求,她们在劳动过程中有自己的观察和判断,并探索出了自己的操作方式。

集市活动结束后的集体分享中,老师问大家:"你们今天有什么收获吗?"

萱萱很兴奋:"我收获了一个植物盲盒,还有小贴纸。"尧尧也忙接着说:

"我今天吃了烤肠、棉花糖,喝了茶,还剥了好多毛豆。"

老师追问:"除了吃到了美味的食物、拿到奖品之外,你们还有其他收获吗?"

做了第二场店员的诺诺想了想:"我今天觉得很充实,因为我不仅当了店员,学会了做棉花糖,我还带着小班的妹妹去玩游戏了,我觉得我长大了。"

琰琰说:"我们今天将车类区的小车子都洗干净了,下次我们运动的时候会更舒服,我们的劳动有收获。"

从计划到尾声,集市的开展不仅让孩子们享受了劳动和游戏的乐趣,更让他们在互动和分享中获得了成长和收获。体验式活动不仅有助于培养孩子们的责任感、自主自立、计划实施能力,还能够促进他们之间的友爱和分享精神。此外,通过老师的引导,孩子们开始思考并分享自己的成长和收获,这对于他们的成长和发展具有积极的意义。

四、共享经验,感恩"劳动让生活更美好"

幼儿具身学习的关键是将心智发展与身体参与结合起来。集体教学作为一日活动中的重要组成,以幼儿经验为基点,帮助幼儿将劳动实践与日常生活做关联,保证幼儿具身参与活动过程,并获得全面发展。

首先,选择适宜不同年龄段的集体活动素材。小班幼儿思维更直观形象,他们通过感官直接接触和感受事物,通过感官的刺激来认识和理解世界。以认识、体验劳动工具作为集体活动的内容和目标。中、大班的幼儿已经积累了一些劳动经验,教学重点放在劳动价值的思考,情感的激发,建立正确的劳动观。

其次,创建真实的劳动情境,诱发了幼儿的生活经验,让幼儿在做中学。以小班集体活动"小蓝布"为例,通过变化低结构材料"蓝布无纺布",激发幼儿身体与材料的互动,生成更多样的劳动方法。在中班集体活动"猜猜我是谁"中,教师以猜测一件劳动工具为导入,感受到自己的身边总是有这样一群人在付出,逐渐形成尊重劳动者的思想与情感等,将劳动教育的价值充分延伸出来。

(一)基于真实体验分享劳动经验

小班幼儿有一定的观察能力,愿意把观察到的新鲜事与老师分享,老师及时地发现劳动的契机,鼓励幼儿参与劳动。老师一开始并没有告诉幼儿选择哪种劳动工具,而是先观察,放手让幼儿去劳动实践。在幼儿实践后,有了体会再引发幼儿思考"选用纸巾擦泥土是否合适"?这时,他们发现擦来擦去泥土还在地上,这时老师带领幼儿选择"小扫把",同时,还给幼儿介绍工具的名称,示范工具的用法,再请幼儿尝试使用"小扫把把泥土清理干净"。

【片段】自由活动时间,曼曼走到我身边,拉着我的手着急地说:"孙老师,你来看啊,地上都是泥土,好脏啊!""老师,老师,我看到哥哥姐姐拿着花盆撒翻了!"小景马上补充道。小景跟着一起到了走廊,"哇,好脏啊!""你们看到地上脏脏的,愿意整理干净吗?""好的,老师。"小景赶紧到教室里拿纸巾开始擦地上的泥土,曼曼到教室里拿着抹布开始擦,"老师,擦不干净啊!"小景拿着纸巾看着我。"是不是发现怎么擦地上都有泥土啊?老师告诉你哦,你拿错劳动工具了,有一把小扫帚,可以把泥土直接扫进去,这样就方便了。"于是我带着两个孩子去找合适的劳动工具,给他们人手一把,"这是小扫把,记住了吗?"两个娃娃笑着跟着我说"小扫把,小扫把"。在老师的帮助下,两个娃娃开始用小扫把把地上的泥土整理干净。"老师,地上干净了!"小景高兴地告诉我。

小班幼儿在老师的引发下愿意参与劳动,但是他们还不能选择合适的劳动工具。老师主要请两位幼儿分享了劳动经验,介绍了小扫把使用的方法,拓展了幼儿使用劳动工具的技能。将孩子们在一日活动中重要的发现,迁移给同伴,分享环节也加深了他们对劳动工具的认识。

【片段】我把地上有泥土的照片投屏到电视机上,和孩子们一起讨论。"地上都是泥土,脏脏的。"孩子们纷纷说着。

"刚刚,曼曼已经擦干净了。"曼曼赶紧把自己劳动的事和大家分享,"我也一起擦干净的。"小景也紧接着说。

"我们请两位爱劳动的宝贝和大家分享,你们是怎么清理地上的泥土的?"

"我们用小扫把把泥土扫进去。"曼曼一边说着一边用小扫把在示范清理动作。

"用纸巾擦不净的。"小景补充道。

"你们都认识小扫把的对吧?以后当地上有东西需要整理掉,用小扫把更方便。"我给大家介绍着小扫把的名称和作用,以及清扫的照片。

"小扫把还可以扫地上的饼干屑的!"小景赶紧告诉大家,"地上有脏的都可以的。""哈哈,小扫把很有用的!"大家纷纷讨论着小扫把。

(二)可视化成果增加劳动成就感

由于孩子们积累了探索劳动工具的经验,对于捡树叶这件事情不再感到新鲜,教师从劳动成果入手——在孩子打扫小竹林之前可以先用照片记录小竹林落满树叶的样子,在孩子们打扫的时候给他们多个垃圾袋将捡到的树叶和垃圾装入袋子中,并用照片记录孩子们打扫过后小竹林的样子;利用分享交流将小竹林清扫前后的照片分享给孩子们,同时展示全班一起捡到的垃圾,对孩子们的视觉形成冲击,让孩子感受到小竹林的变化,体会自己捡到的垃圾有很多,从而增加孩子劳动后的成就感。

实　　录	分　　析
小班《我的小手会用工具》 　　劳动了10分钟左右,轩轩对我说:"老师我不想捡了。" 　　我问轩轩:"为什么不想捡了呀?"轩轩说:"戴着手套好热、好无聊。"	初次体验劳动工具,新鲜感让他们觉得劳动很有意思,但当他们已经熟悉了劳动工具的使用后,这些工具的吸引力就降低了。
小班《小手爱上劳动》 　　"逸博!你看我捡的!"跳跳高举双手给他的好朋友逸博看,两只小小的手里抓满了树叶。 　　逸博也立刻弯腰,捡起了地上的垃圾袋对跳跳说:"你看我有这么多!" 　　我听到后,拿起逸博的垃圾袋,对着其他孩子说:"你们看逸博和跳跳捡了这么多的树叶!" 　　剩下的孩子们听到后,捡树叶的动作都加快了,时不时地举起垃圾袋,对我说:"老师,你看我捡的!"	教师对于孩子的劳动及时给予评价与鼓励,摒弃无效表扬,而是可以对孩子说:"你打扫过的小竹林变得更干净,朋友们在里面玩角色游戏一定更开心了,谢谢你!"让孩子产生内驱力。

劳动过程中常常发生让人意想不到的问题，有的幼儿没有拧干抹布就从盥洗室出来，水不断滴落；拿着拖把的幼儿无法完全冲洗掉拖把上沾染的肥皂液，拖地板时事与愿违地让肥皂液湿滑的范围变大了……

教师组织幼儿分享自己在本次劳动中遇到的问题以及解决问题的方法，引发幼儿对方法适宜性的思考，让幼儿说说哪方面可以改进，怎样去做得更好。针对本次合作分工的有效性弱这一显性问题，老师可尝试引导幼儿回顾自己和同伴的分工方式，彼此的分工是否帮助对方解决了一些问题？如果没有，那基于同伴的真实需求，你可以提供哪些帮助？当问题比较麻烦的时候，大家是否可以尝试先聚在一起计划怎样分工怎样去做，而不是盲目地去行动，等等。

第三话　共同成长，"德劳融合"活动成效

一、积极参与，幼儿劳动品质显发展

学前阶段的幼儿对外界事物的探索欲十分强烈，具身学习视域下幼儿劳动教育是以实践、探究和体验为主导进行的活动。我园幼儿积极参加幼儿园开展"德劳融合"活动，在感受、体验、明理的过程中认识了一些常见的劳动工具，构建了基本的劳动经验，培养了幼儿解决生活问题的能力。同时，幼儿在劳动中也逐步感受到劳动创造美好生活的真谛，培养他们坚韧、独立、自主等良好品质。这种融合式的培养，有助于他们更好地适应未来更为复杂的社会和学习环境。

（一）自主分工，同伴间协作合作

中班幼儿在劳动中自主分配了不同的任务，和同伴在不断地沟通，他们一起合作探讨，互帮互助。

【片段】桌面上的泡沫越来越多，海绵擦在反复按压擦拭时也被挤出了大量水，从桌面上流淌至地上。秋宝看见后，说："这就是好心办坏事吧。谁和我一起去帮他们？"

"我！"宸宸拿起小拖把，"你们先别擦了，水快要把我们教室给淹了！"

这下，全班都发现了这一情况，纷纷加入帮忙的队伍中。

"我去帮忙擦泡沫,你快让一让!"

"厕所里也都是水,我留在厕所里打扫!"

"你把旁边的桌子柜子搬走,肥皂水流过去了!"

"谢谢你帮我打水,这些水够了!"

中班幼儿通过操作感知了不同清洁工具的特性,对"合适的工具和方法"进行主动思考、同伴交流,反思后调整自己的方法。

【片段】说着,熙熙蹲下来,一手扶着桌腿一手用粗糙的海绵擦擦拭着溅到丙烯颜料的桌腿。"桌腿上蹭到的颜料应该也能擦掉了!"

安安拿着钢丝球加入了他们,说:"硬硬的污渍用钢丝球搓最方便了!"

搓了没多久,熙熙大叫:"你把桌子弄坏了!"

钢丝球将桌子腿刮出了几条划痕,由于安安力气小,划痕并不严重。最后,大家决定依旧用海绵擦粗糙的那面进行清洁,避免刮坏桌子。

熙熙又说:"桌子缝隙很脏,抹布、海绵擦和钢丝球都擦不到,怎么办呀?"

安安想了想,说:"拿个小小的工具去擦。"

熙熙来到工具收纳箱内,翻找许久,终于找到了一把牙刷。

安安提出建议:"上次我用牙刷刷过桌子,刷不干净,还容易打滑,你还是不要用了。""灰尘比较容易刷掉,我先试试吧。"说着,熙熙用牙刷小小的刷头进行缝隙清洁。

大班幼儿合作意识和能力都有了质的飞跃,在想到办法后,两个幼儿自发合作,一起去将小梯子搬到了树下。同时,在同伴上去采摘的时候,另外的孩子会担心他的安全从而自发地将下面的梯子扶好。

【片段】辰熙拿起棒子,对着果子打,打下来几个果子。随后他又跳起来打,歇一会儿打一会儿,打得满头是汗,几分钟打下来的果子却寥寥无几。

教师:"辰熙,这个方法怎么样?"

辰熙:"我快累死了,可以打下来几个,但是太累了。"

教师:"其他孩子觉得这个办法怎么样?"孩子们纷纷摇头。

教师:"那谁还有什么好办法吗?看一看,操场上有没有可以借用的工具?"

奕辰指了指玩具总动员里的小梯子,"那边有梯子,我们站在梯子上去摘不就可以啦!"说完,奕辰和萱萱两个孩子就把梯子搬到了树下。奕辰迫不及待地从梯子上爬了上去,萱萱见状,在下面将梯子扶好。

教师:"萱萱,为什么你要扶着梯子呢?"

萱萱:"我不扶着的话他会摔下来的。"

(二) 讨论问题,验证自己的想法

大班幼儿能发现生活和游戏中的许多问题可以用计数、排序、分类、测量等数学方法来解决,体验解决问题的乐趣。在探究中与同伴合作,并交流自己的发现、问题、观点和结果等。

【片段】大班教师带领幼儿一起去沙坑附近投放粑粑屋。对于粑粑屋摆放的位置,幼儿们也展开了讨论。

金金:我觉得粑粑屋应该放在沙坑边上离沙坑近一点的地方,不然猫咪可能来了之后看不到粑粑屋了。

漫漫:可是猫咪怎么知道这是给它拉粑粑的地方呢?

辰辰:你在里面放点沙子,猫咪不就知道了吗?

轩轩:我觉得这个粑粑屋应该直接放在沙坑里面,这样猫咪一下子就知道是粑粑屋了。

大班幼儿发起在幼儿园晒被子的活动,围绕"晒被选址",幼儿开始设置投票选项,并说明自己的理由。过程中,幼儿能够倾听他人的表述,亲身感受到了不同位置的差异性,并考虑太阳出现的位置,综合多种信息给出自己的建议。

"晒在这里,阳光都没有的!"小王盯着小林的计划表说道。

"那晒在哪里好呢?"小林挠了挠头,看着小陈。

"哎,你这个地方好像也没阳光吧,被房子挡住了。"小陈看着朋友的计划表说道。

"这么多不适合的地方吗?那到底晒在哪?"明宇惊讶地说道。

"要不要投票来决定晒在哪里呀,听听大家的意见?"小陈突然提议。

晒被子地点	我的理由	朋友的建议
大型玩具栏杆	很高	×不可以,够不着
黄色大吊环	很高	×不可以,够不着
大草坪	地方大	×不可以,地上脏,晒不干净
(童话森林)大波浪杆子	被子铺得开	√可以
(童话森林)爬龙	地方很宽敞	×不可以,器械脏
小四班阳台	太阳足	×不可以,别人要用的
勇敢者道路滑索	和晾衣绳子很像	√可以
滑滑梯屋顶	可以铺开	×不可以,太高了,危险
球门	铺得开	×不可以,别人没有运动地方了

敢于尝试有一定挑战性的任务,能设法努力完成自己接受的任务。幼儿在活动中能倾听和接纳同伴与自己不一样的意见,并愿意做适当的调整。

"今天天气真不错,阳光好好,我的被子一定会晒得香香的。"小陈和朋友们兴致勃勃地下楼梯,但是没走几步,他们手上的被子就开始滑落。

"哎呦,小陈,你的被子掉地上了!""哎呦,我看不到前面的路了,你们等等我。"小胡、小陈的被子出现了各种问题。

"你们把被子抱起来,就像我这样,很好拿的。"小吕看到他们的样子,马上把自己叠好的被子给他们看,孩子们看着小吕的被子,一个个地尝试学着小吕的方法,行动起来。

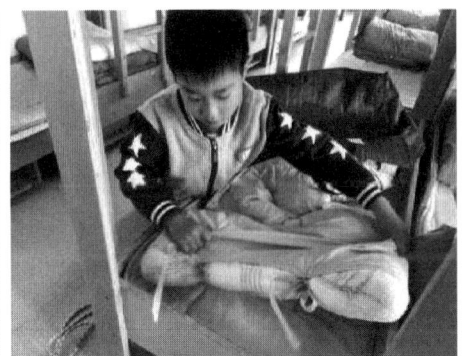

(三)听取意见,反思自己的行为

大班幼儿对生活中的文字符号感兴趣,了解文字表达一定的意义,有疑问时能主动提问。关联自己的行为,对班级中发生的事情进行反思。

【片段】"今天我收到了一封来自保健老师的投诉信!让我们一起来拆开了听一听、看一看,说说你的想法?"教师播放了小张老师的语音、文字稿还有图片版本,让孩子们结合着看。

"看!这上面有个人在飞奔!"

"我看到还有个男孩在哭!"

"还有还有,这个老师在流汗。"

"还有个老师手伸出来的,就像这样——"说着,小洪把手伸了出来,做出了和画面上一样的动作。

"我知道,他的意思是不要奔跑。"

"那他这边志愿者打叉是什么意思?"

"我知道了,一定是不要这几个志愿者了!"孩子们看着投诉信的画面七嘴八舌地说开了。

"没错,就是你们想的那样,小张老师看到这几天我们班有好多喜欢奔跑的志愿者,她觉得很不开心,也很担心你们的身体,所以特别制作了一封投诉信给我们班,希望我们能够适当调整每天做志愿者的人数,帮助一些不太规范的朋友调整自己的行为。"

二、关注幼儿,教师专业能力获提升

通过园本研修与组内教研活动,我园对具身学习理论指导下的幼儿园"德劳融合"活动的活动目标、实施路径、过程调整及成效评价等方面进行了梳理,并提炼出了有效策略和方法。

教师对哪些环节需要体现劳动活动,具体可以怎么做也有了一些心得和体会。如在体验馆中如何创建劳动情境,在主题实践活动中如何开展劳动教育,在集体教学活动中如何渗透劳动目标。

教师们在游戏情景中培养幼儿劳动习惯;有意识地将孩子们在一日活动中重要的发现,迁移给同伴,分享环节也加深了他们对劳动工具的认识。劳动教育的方式不再僵化,多元灵动,更贴合幼儿的年龄特点,提高了劳动教育的可持续性和针对性,个人专业能力得到发展。

(一)灵活地延展幼儿户外经历

教师以大班幼儿户外观察为切入点,由"自主发现"引发"帮助猫咪"的行动。引导幼儿主动运用亲身经历的经验来联系实践、提高认知,从而获得丰富完整的生活和学习经验。

情境	大班-猫咪的粑粑屋		
	幼儿在散步时路过游戏沙坑,发现有只猫在里面拉粑粑。		
推进	感 受	感 悟	感 为
阶段1	猫粑粑和沙子混在一起,幼儿觉得"恶心"不适。	保护沙坑环境卫生,给小猫做一个专属的粑粑屋。	从家里带来了自己制作的粑粑屋,投放到沙坑附近。
阶段2	猫咪只使用了一号粑粑屋,幼儿有些失望。	想要为猫咪制作一个大一点的粑粑屋,与同伴合作。	投放3个自制粑粑屋,不同的结构、形状、大小,验证自己的猜想和结果。
阶段3	教室腾出一个"储藏角",专门放粑粑屋制作的材料。	小组长带领大家一起制订好粑粑屋的计划书,分配任务。	清理自己制作区域的纸屑和垃圾,并且把用剩下的材料重新归还到储物角。
阶段4	猜测猫咪的习惯,筛选粑粑屋的投放地点。	中午散步时去查验粑粑屋里面的情况,幼儿感受到成功的喜悦。	幼儿提议为猫咪制作小窝,获得大家认同,进一步照顾小动物。

- 认识劳动,为大自然做一些事情,保护沙坑环境卫生。
- 体验劳动,自制猫咪粑粑屋,定时查看猫咪使用的情况。
- 理解劳动,动手动脑,友善地照顾猫咪。
- 赞美劳动,理解劳动行为背后的创新精神,以及"友善"情感。
- 主动劳动,自发整理盒子,在制作过程中自发捡起地上掉落的材料,制作完成后归还材料和清理现场。
- 善于劳动,收集生活材料,与同伴合作制作粑粑屋;根据猫咪的习惯选择粑粑屋投放点。

（二）敏锐地捕捉幼儿行为特点

教师敏锐地捕捉到幼儿行为特点：志愿者常常用奔跑来表现自己处于高涨的情绪。与幼儿建立平等信任的关系，多采用积极双向的、个别化的互动方式，尊重与倾听幼儿。让幼儿参与解决矛盾的过程，鼓励幼儿客观陈述冲突，共同选择解决问题的方法并行动，从中获得礼仪及道德观点。

	大班——飞奔的志愿者		
情境	小陈做志愿者时跑得很快，和木木相撞了。他采用了道歉的方式解决冲突，但没想到木木产生了碰撞"后遗症"，当木木告诉老师自己的身体情况后，小陈开始紧张起来。		
推进	感 受	感 悟	感 为
阶段1	幼儿完成了小当家志愿者，"啊，好累啊。"	爸爸妈妈做志愿者的时候也会感到疲惫。	尝试询问、抚摸、安慰等方式帮助他人。
阶段2	飞奔的志愿者撞到了同伴，"志愿者不可以跑这么快"，幼儿感到生气和委屈。	志愿者要控制自己的步伐，不能在楼道里奔跑。	思考："怎样成为一名优秀的小当家志愿者？"用自己的画来作为环境暗示，规范言行。
阶段3	收到了一封来自保健老师的投诉信，幼儿对于减少志愿者人数感到很意外，"我明天还想做志愿者的。"	自己的行为不仅影响到了同伴还影响到了老师。	幼儿在后续活动中调整了自己的行动，主动与教师交流："我今天没有奔跑。"
阶段4	"每次这样拿被子上来好累啊！"幼儿表示感叹。	幼儿提出自己的想法："能不能让我在幼儿园晒被子？"	幼儿思考晒被子的计划。

- 认识劳动，做自己力所能及的事情，在别人需要的时候提供帮助。
- 体验劳动，每两周一次带回家洗、晒被子活动，独立带回洗晒好的被褥。
- 理解劳动，付出体力，劳动是一件辛苦的事情。
- 赞美劳动，理解劳动行为背后的坚持精神，以及"责任心"。
- 主动劳动，自己设计图画来提醒同伴"不奔跑"。

- 善于劳动,控制自己在楼道中奔跑等行为;思考在幼儿园晒被子的计划。

(三)依据年龄特点创设劳动角色

教师创设"小当家生活馆",依据幼儿年龄特点设置适宜大半幼儿的角色,以及具有挑战性的游戏任务。幼儿自主地与同伴合作,出现矛盾时教师提供材料、引发驱动性问题,引导幼儿持续探究。

情境	大班——宾馆服务员		
	幼儿合作"换被套",遇到了许多操作问题。经历多次的失败、试错、尝试,幼儿并没有放弃,通过同伴之间的合作、协商,最终得以完成自定的小任务。		
推进	感 受	感 悟	感 为
阶段1	反复的失败让孩子们的心情开始急躁起来。	换被套需要耐心操作,通过讨论找到问题出在哪里。	回忆妈妈平时的动作,用iPad记录操作步骤,以备需要时观看。
阶段2	三人反复尝试了两次后,依旧找不到门路,游戏迟迟无法推进。	观看视频,对比自己的操作,找到不一样的地方。互相谈论,分析原因。	与同伴协作,调整操作方法,再次尝试并成功。
阶段3	未能达到预期的效果,幼儿感到困惑:"怎么就是不平呢?"	表述问题,迁移生活经验尝试寻找解决问题的办法。	向爸爸妈妈求教,并拿着自己记录的新方案继续游戏。

- 认识劳动,模仿宾馆服务员,为客人提供服务。
- 体验劳动,在小当家生活馆中开展角色游戏,进行"换被套"的任务。
- 理解劳动,调整方法,劳动是一件需要巧思和智慧的事情。
- 赞美劳动,理解劳动行为背后的合作精神,以及"责任心"。
- 主动劳动,找到问题及解决办法,通过操作来验证自己的想法。
- 善于劳动,向爸爸妈妈求教劳动好方法,参照视频调整自己的操作。

我园教师做出了许多努力,实现了以认识和体验为主、以任务式的实践参与为主的活动样态,可以说在"感受"层面和"行动"层面有了不小的突破。

三、合理期待，多方协同资源聚合力

（一）教师和家长一起来记录

"德劳融合"教育曾受到幼儿家长的质疑，尤其在小班阶段。家长认为，让小班孩子参与劳动太早了，一旦孩子生病，家长很容易就把矛头指向幼儿园。我园教师在坚定劳动教育价值的同时，关注活动中生活护理和家园共育的合作，帮助家长理解幼儿参与劳动的活动意义和价值，让家长看到孩子的发展和问题。

本学期小班由于传染病隔离无法邀请家长来园，组内的跨班活动也受到了影响，于是我们及时调整了活动内容。围绕"劳动工具分享会"开展了"幼儿园里的工具"和"家里的工具"两次分享。

小班幼儿的绘画还处于涂鸦期，大多数对于自己想要诉说的一件具体事例用绘画来表征记录还有点难度，因此我们会为孩子们搭建一些台阶，提供部分便于幼儿进一步加工创作的素材，将幼儿在幼儿园完成的作品丰富到成长记中。活动中老师把幼儿的叙述和行为用文字或照片记录下来，并结合幼儿近期的相关表现辅以评语式的分析，予以鼓励。

在"自己的事情自己做"中，有一页幼儿自理能力一周打卡记录，在幼儿园孩子们都能做到的事情在家里的表现是什么样的呢？孩子们在家长的指导下尝试用很简单的符号来记录打卡，也在过程中逐渐积累前书写表征的能力。有些用心的家长还会针对幼儿没有做到的小疏漏进行分析与鼓励。

在"体验劳动工具"的小站点下，我们又预设了几个小问题，也邀请爸爸妈妈配合开展了倾听的活动，对孩子进行"采访"，家长有的用文字，有的用孩子能看懂的手绘等形式来记录，用心拉近了和孩子的距离。通过亲子之间的倾听，不但给了爸爸妈妈和孩子互动时光，家长也从而了解孩子近阶段在幼儿园的一些活动，更明晰孩子对劳动的认知和经验，为后续的培养提供了依据。

在家园共同配合幼儿来记录成长记的过程中，我们也发现了一些"藏龙卧虎"的家长。有的妈妈发挥自己绘画的特长，和孩子用画笔记录下有爱的瞬间，美化手册的同时也潜移默化成为了孩子的榜样；有的妈妈则每次都很用心地将想对孩子说的话完整记录下来。正是有了家长对孩子的爱，让我们为孩子的记录更加有意义。

（二）采访我们身边的劳动者

着眼身边的劳动者，当老师问道："你们对于幼儿园里的劳动者有什么想知道的吗？"孩子们有很多话要说，争着表达自己的想法，他们充满了好奇。

明月："我们想知道阿姨的餐车那么大，是怎么把饭菜从一楼运上来的呀？"

慕慕："我的问题是保安叔叔在哪里吃饭？他晚上睡觉在幼儿园睡吗？"

萱萱："我们组想问一问志愿者们几点钟来幼儿园，他们都会做些什么？"

漫漫："我们想知道老师上午带我们，下午去哪里了，在干什么？"

这些来自幼儿视角的问题，从教师的角度来说可能有些意想不到，这不仅反映了他们对周围的观察和对幼儿园劳动者工作细节的好奇和关心，也是他们培养同理心、尊重他人劳动成果的重要过程。通过这些问题的提出和解答，孩子们可以更加深入地了解幼儿园的运行机制，以及不同劳动者在其中的重要作用。

基于孩子们的兴趣，教师做出了行动上的支持——带着孩子们去采访。他们兴致勃勃地进行了调查表的绘画记录，并制订了实地采访幼儿园劳动者的计划。采访过后，他们都迫不及待和同伴们交流着自己的收获，沉浸在初次采访的乐趣之中，也对于幼儿园中的劳动者有了新的认识。

在采访后，孩子们还拿起保安叔叔的警棍、盾牌，保健老师的手电筒，阿姨的大勺子进行了体验。

慕慕："保安叔叔的钢叉好长，比我人还高。"

睿睿："盾牌也很重，我都差点拿不动。"

诺诺："我发现阿姨盛饭很不容易。"

老师追问："为什么呢？"

诺诺："因为每一勺都要控制好量，不然到后面就不够了。前面盛得太多也吃不完，很浪费。"

体验着做过幼儿园的劳动者后，孩子们有了新的认识，对于幼儿园里劳动的人有了更多、更深入的了解。通过活动后的一对一倾听，老师也了解到真实想法和体验，慕慕惊叹于钢叉长度，睿睿发现盾牌重量并没有看上去那么轻巧，而诺诺也感受到阿姨平时盛饭原来也是需要技巧的，他们切身体会后更加明白了劳动的不易。

　　拓宽"德劳融合"教育活动时空,我园对周边资源进行梳理。利用周边户外农田资源,开展采摘、割稻农耕活动;与超市、菜场、消防中队、武警支队等社会资源签订共建协议,开展德劳体验活动;开展家庭家务劳动打卡,利用公众号短视频等线上方式向家长传递"德劳融合"教育理念,拓宽劳动教育形式,形成多方教育合力。

第五章 怀责研行，追求品质服务

将幼儿安全健康放在工作首位，如何打造保教结合的服务链？

○ 第一话　安全保障，科学识别危险源

○ 第二话　卫生保健，健康未来有准备

在品质教育实施的今天,传统意义上的教学模式已无法满足幼儿、家庭、社会等与时俱进的需求,因此幼儿园必须求新、求变,引入多种教育模式。

直面我园存在的实际问题,开展课题《新办幼儿园"危险源"的防范与长效管理研究》,深入剖析各类"危险源"现状与成因,探索"危险源"长效管理体系与防范措施,形成科学、规范、实用的系列安全操作手册集。

力求通过一系列有计划、有组织的系统安全管理活动,控制系统中人的因素、物的因素和环境因素,从源头上保障教职员工和幼儿的生命安全和幼儿园财产安全,保证幼儿园各项工作正常运作,提高家长、社会对新办幼儿园的满意度。

第一话　安全保障,科学识别危险源

《幼儿园教育指导纲要》指出:"幼儿园必须把保护幼儿的生命和促进幼儿的健康放在工作的首位。"2010年国务院印发的《关于当前发展学前教育的若干意见》指出,要强化幼儿园安全监管,强调健全各项安全管理制度和安全责任制,建立全覆盖的幼儿园安全体系。

幼儿园的危险源大致可分为环境、人员、设施设备三方面。处于新园初创期,我园环境优美,设施设备较为先进,硬件安全系数相对较高;而"人员"是影响新办园安全工作的最大因素。

我园开办时间短,上至管理层、教师群体,下至后勤人员,普遍存在新手较多,从业时间短,相关经验少。教工工作有热情,富有工作活力,但缺乏专业理论基础与教学实践经验。后勤三大员的文化、专业化水平差异性较大,安全防范意识普遍较弱。

进一步访谈发现,我园教职工对于"危险源"的概念界定认知有限,绝大部分人员没有听说过"危险源",只能从字面上了解"可能引发危险的源头",对于"危险源"包含的类型、特点等知之甚少,更多地描述外在的、显性的危险现象,对易造成危险的情形缺少敏锐度,对造成危险的成因缺少分析,识别与防控能力较弱。

一、啄木鸟行动,发现危险源

危险源:幼儿园内一切影响幼儿的身心健康与生命安全的可能或已发生的危险根源、状态或行为,或它们的组合。

按照目前的认识来说,危险源一般可分为直观、明显的"显性危险源"和隐蔽、不容易引起关注的"隐形危险源"。

显性危险源:外显特征明显的"环境危险源""设施设备危险源"等。

隐形危险源：以相关人员的观念、态度、行为为特征的"人员危险源"及具有突发性、偶发性的"意外事件危险源"等。

我们借助文献研究和理论学习，逐步清晰了对新办幼儿园背景下"危险源"类型、特点、表现等多方面的认识，明确它的本质特征和识别意义。

新办幼儿园"危险源"辨识的目的，是通过对幼儿园所有人员、环境和材料的分析，界定出园所中的哪些部分、区域、行为是危险源，其危险的性质、危害程度、存在状况、危险等级与可能转化为事故的转化过程规律、转化的条件、触发因素等，以便有效识别"危险源"源头，控制其发展与转化，使之不至于转化为事故。

1. 首先，按发生事故的可能性大小可将幼儿园危险源划分为六级

级别	事故出现可能性	危险概率	情况描述
A	非常容易发生	10—1	全园范围内发生频率极高
B	容易发生	10—2	全园范围内发生频率较高
C	较容易发生	10—3	全园范围内发生过，类似区域/行业发生频率较高
D	不容易发生	10—4	全园范围内从未发生，类似区域/行业发生过
E	难以发生	10—5	全园范围内从未发生，类似区域/行业偶有发生
F	极难以发生	10—6	全园范围内从未发生，类似区域/行业也极少发生

2. 其次，从危险源转化为事故后果的严重性来划分危险源等级可分为四级

级别	危害程度	危害后果
一级	可忽略	不会造成人员伤害和不良的社会舆论、政治影响。
二级	临界的	可能造成人员伤害和财产损失，但可排除和控制，有较小的社会舆论，一般不会产生政治影响。

续 表

级别	危害程度	危害后果
三级	危险的	会造成人员伤害和财产损失,须立即采取控制措施,在一定范围内造成不良的舆论影响,产生一定的政治影响。
四级	破坏性的	造成人员伤害以及严重的财产损失,造成恶劣的社会舆论,产生较大的政治影响。

3. 最后,寻找全园性风险点与危险源

课题组在人员访谈之后,组织全园开展了"寻找危险源"的"啄木鸟"行动,通过梳理、归类,确定了新办幼儿园"危险源"的种类大致分为三种:环境危险源、设施设备材料危险源、人员危险源。其中环境与设施设备危险源属于显性危险源,易于观察与发现,识别系数低,而人员危险源则属于隐性危险源,隐蔽性强,与人员的态度、行为、意识等息息相关,识别系数高。

征集过程中,我们发现教职员工对于显性的危险源都有一定的辨识能力,能对其危险程度进行预估,从而调整自身的教学行为,但对于隐性的危险源则缺少相对的认识,没有意识到保教人员理念缺失或行为偏差带来的严重后果,直接或间接影响学龄前幼儿安全意识的萌芽。为给幼儿营造安全的学习生活环境,幼儿园危险源的辨识与控制这个安全管理工作的核心尤为重要。只有识别了危险源,了解并掌握对常见幼儿园危险源的预判和干预,才能有效避免安全事故的发生,保障全体幼儿及教职工的安全。

怀少幼儿园"危险源"寻查汇总表

风险点	情况描述	对应内容	危险源类型
建筑类	幼儿园的建筑设施存在的安全隐患,例如教学楼、围墙等存在的隐患。	1. 四楼平台地面有裂缝,造成漏水、东面墙体空鼓、剥落。 2. 306、307活动室天花板漏水、贴面掉落。 3. 103、203、204、301等幼儿盥洗室漏水严重、地面湿滑。 4. 避雷设施有损坏,固定桩掉落。 5. 户外硅PU跑道老化,地面粗糙不平整。	环境危险源

续　表

风险点	情况描述	对 应 内 容	危险源类型
设施类	幼儿园的各种教学及其他设施设备存在的安全隐患。	1. 105、201、204、305室保育房蒸箱经常性故障。 2. 2架餐梯因餐具掉落无法正常运行。 3. 食堂绞肉机、蒸箱、灶具等需专人使用。 4. 各班级各类电器的规范使用等。 5. 配电间的日常管理，外围栅栏的维护。	设施设备危险源
人员类	幼儿园的教职员工、幼儿自身原因存在的安全隐患。	1. 教职员工设备操作不当引起的危险行为。 2. 教师教育理念、责任心缺失引发的带班险情、造成幼儿受伤。 3. 保育员保教意识缺失、违规操作造成的危险行为或幼儿受伤事件。 4. 营养员违规操作造成的危险情况（食堂安全、食物中毒、人员受伤等）。 5. 安保人员违规操作造成的危险情况（非法人员入侵、校门失守、幼儿意外走失、冒领等）。 6. 后勤保洁人员违规操作造成的危险情况（消毒液使用不规范、保洁工作不到位等对教职员工及幼儿的伤害）。	人员危险源
活动类	幼儿园的各类教育活动中存在的安全隐患。	1. 四大领域活动：生活、运动、游戏、学习活动中存在的意外隐患。 2. 幼儿园组织活动：亲子运动会、素质教育活动、社会实践活动等存在的意外隐患。	
周边类	学校周边因为交通、治安、环境等存在的安全隐患。	1. 幼儿园处于交通要道，人流密集等造成的隐患。 2. 接送幼儿车辆未停放在指定区域，有碰撞、倒塌趋势。	环境危险源
消防类	幼儿园的消防方面存在的安全隐患。	1. 应急照明设备、消防指示标志违规安装。 2. 部分消防通道被占用，作为幼儿游戏场所。 3. 班级灭火器存在过期情况。	环境危险源 设施设备危险源

续 表

风险点	情况描述	对应内容	危险源类型
治安类	幼儿园受入侵、盗窃等方面存在的安全隐患。	1. 园所校门低矮,电子围栏有损坏,陌生人有翻墙情况。 2. 下班后,教学楼入户门未及时关闭,有安全隐患。	设施设备危险源 人员危险源
卫生类	幼儿园卫生防疫、饮食卫生方面存在的安全隐患。	1. 保健人员的检查与指导力度不强。 2. 设施设备的老化、故障影响保育、营养工作的成效。 3. 保教人员卫生防范意识薄弱造成的传染病风险。	人员危险源 设施设备危险源
交通类	幼儿上下学途中,交通工具乘坐方面存在的隐患。	1. 离园时,部分家长未遵守接送要求等。 2. 家长"一盔一戴"意识薄弱,不戴头盔等。 3. 家长接送车辆校门口随意停车、掉头等。	环境危险源 人员危险源
管理类	幼儿园管理方面存在的安全隐患。	1. 幼儿园接送方案不够完善,造成校门拥堵现象。 2. 安保人员管理松懈,外来人员登记有缺失。	人员危险源

二、四维度梳理,识别危险源

危险源存在于幼儿园一日活动的各个时间段和各个环节。从不同的视角,就可以发现不同的危险源。借鉴工业领域对危险源的辨识方法:对照经验法、安全检查表法、设备故障类型及影响分析法、现场操作活动分析法和日常检查。新办幼儿园的危险源辨识可以从以下四方面入手:

(一)全天环节梳理法

幼儿园一日活动环节主要围绕四大板块"生活、运动、游戏、学习"开展,具体分为:来园、早点、盥洗、运动(室内、户外)、游戏、学习、进餐、午睡、喝水、如厕、离园等。其中生活环节与运动环节最易出现危险情况,对上述每一个环节进行梳理与分析,其中所隐含的危险源自然能呈现出来。下表以"盥洗如厕"为例,辨识其中的危险源和可能造成的伤害。

活动环节	危险源类别	危险情况描述	可导致的伤害
盥洗如厕	人员危险源	1. 水池台面未及时清洁、地面湿滑。	幼儿滑倒、跌倒。
		2. 保教人员未关注幼儿盥洗情况，若幼儿出现意外未第一时间进行救助。	1. 错过幼儿救助时机。 2. 引起家园矛盾。
	环境危险源	1. 盥洗室地砖不防滑，幼儿易跌倒。	幼儿跌倒引起受伤。
		2. 天花板漏水造成电路短路。	引发触电。
	设施设备危险源	1. 洗手台盆有缝隙，幼儿易夹手。	幼儿手部受伤。
		2. 水池上方平台摆放绿植，若掉落易砸幼儿受伤。	幼儿头部或身体砸伤。

（二）工作岗位梳理法

幼儿园内人员较多，工作岗位各有不同，主要分为教师及后勤员工两类，其中，一线教师、后勤三大员与幼儿关联性大，所面临的危险概率相对也大。通过对幼儿园不同工作岗位范畴中潜在的危险源隐患进行排查，从而发现各岗位中涵盖的危险源及可能造成的对幼儿园人员、特别是幼儿的伤害。下表以"一线教师"和"营养员"两个工作岗位为例，辨识其中的危险源及可能造成的伤害。

岗位名称	危险源类别	危险情况描述	可导致的伤害
教师	人员危险源	1. 带班时，视线脱离幼儿，未关注全体幼儿。	幼儿发生意外事故。
		2. 带班脱岗、串岗、找无资质的人员代班。	1. 发生体罚或变相体罚。 2. 活动不安全性导致幼儿受伤。
		3. 未按一日作息组织幼儿活动。	幼儿发生意外事故。

续　表

岗位名称	危险源类别	危险情况描述	可导致的伤害
教师	人员危险源	4. 未按要求开展运动前准备工作（场地、器械检查，幼儿着装检查）。	运动时幼儿发生意外、受伤。
		5. 未关注幼儿的危险行为，及时制止。	幼儿发生意外事故。
		6. 未关注幼儿间的冲突与碰撞，及时调解。	幼儿发生意外事故。
		7. 未关注幼儿面色、精神等身体异常表现。	错过最佳治疗时机，导致幼儿生命危险。
		8. 未关注幼儿进餐、午睡、喝水、盥洗、如厕时的不良行为，及时指导。	发生窒息、食管堵塞、碰撞受伤等责任事故。
		9. 未在外出活动或离开班级时清点幼儿人数。	幼儿走失、发生意外事故。
		10. 离园时未有序组织，场面混乱，未关注所有幼儿的离园情况。	幼儿走失、冒领等。

岗位名称	危险源类别	危险情况描述	可导致的伤害
营养员	人员危险源	1. 未按要求进行"三白"着装。	造成细菌感染、食品污染、人员染病等严重后果。
		2. 违反食品操作要求。	食物中毒等严重后果。
		3. 违反餐点留样要求。	发生食物意外情况后无法进行溯源工作。
		4. 违规使用食堂设备。	造成人员受伤、设备损坏等严重后果。

续 表

岗位名称	危险源类别	危险情况描述	可导致的伤害
营养员	人员危险源	5. 食品添加剂超量使用。	对教职员工、幼儿身体带来危害。
		6. 餐点"防暑降温"工作不到位。	发生幼儿烫伤事件。
		7. 违反餐具清洁消毒要求。	对教职员工、幼儿身体带来危害,容易染病。
		8. 未按要求进行食物烹饪。	发生食物中毒。
		9. 食堂清洁消毒工作不到位。	造成细菌感染、食品污染、人员染病等严重后果。
		10. 食堂人员未开展晨检工作、带病上岗。	造成全园传染的严重后果。

（三）类别管理梳理法

根据"危险源"的类别——环境危险源、设施设备危险源、人员危险源等特质,进行梳理分类与补充完善。

➢ 设施设备危险源,其重大的危险后果,包括可能导致事故发生和危害扩大的设备自身、保护措施和安全设备的缺陷。

➢ 人员危险源主要是指幼儿园的教职员工,不采取安全措施、不按要求操作等某些违规行为,从而造成危险状态。人员危险源还包括管理危险源,主要是指顶层管理方面的漏洞而可能造成的安全事故和伤害。

➢ 环境危险源主要是指可能造成幼儿、教职员工伤害的环境和条件,涉及物理的环境——噪声、振动、湿度、辐射,化学的环境——易燃易爆、有毒有害等,以及生物环境——物品不洁、环境脏乱、传染病等。

只有通过全方位的危险源的辨识,才能实现安全风险的事前控制。

（四）事故案例迁移法

该方法是指通过典型安全事故案例的方法,归纳和分析引起幼儿园安全事故的原因,从而发现幼儿园安全工作中的危险源,并及时地予以应对。在新办幼儿园中,新手教师往往由于班级管理经验缺乏、教学理念不够完善、教学手段单一等客观原因,带班过程中常常出现危险信号而不自知,以下案例为 1 名 1 年教龄新教师所面临的意外事故,以此为例辨识幼儿园中的危险源。

"危险源"案例记录表

调研单位	怀少幼儿园	调研人	陈波	调研时间	2018 年 4 月 24 日
调研对象	李老师	类别	教师	危险源类型	人员危险源
基本情况描述	\\multicolumn{5}{l	}{　　今天中午,小二班班主任陶老师前来求教,午睡时班级中的一位幼儿因为贪玩,将身体挤进了窗户前的栏杆中,目前无法出来。听闻消息后,我和几位行政人员立即赶到小二班,确实如陶老师描述,被卡住的孩子身体在外,脑袋在里,带班教师李老师一脸手足无措,所幸被卡孩子一切稳定,在寻求外界帮助后,孩子总算成功脱身,在安顿好班级孩子后,李老师和我们进行了一次谈话。 　　原来新教师李老师对于如何管理班级、如何与孩子相处一直存在着较多困惑,特别是一些顽皮的孩子,她总是束手无策,没有任何办法,久而久之,孩子们对李老师的指令也是充耳不闻,无所顾忌。午睡时,这名幼儿趁李老师不注意的时候,玩弄着隔断栏杆,在钻进钻出的过程中不小心卡住了,突如其来的意外让李老师傻了眼,不知如何是好,只能寻求帮助。 　　怀少幼儿园是一所 2016 年 9 月新开办的幼儿园,园所内 0～3 年新教师占比 78.57%,由于成熟型教师缺乏,新教师在带班过程中只能慢慢摸索、积累经验,同时由于很多新教师都是非学前教育专业毕业,教育理念与专业知识不足,为她们的日常活动组织、家长工作、幼儿行为习惯培养等方面带来了诸多挑战,而李老师只是这个特殊群体中的一个缩影。 　　通过对事情经过的描述,李老师已经认识到自己在组织午睡活动时的欠缺。作为教师,应该要关注全体幼儿,对于个别顽皮的孩子不能放任自流,而是要在平时的教育中加强管理,注重方式方法。午睡时段虽然是相对安静、安全的环节,但教师不能放松警惕,麻痹大意,相反更要关注细节,观察每一位孩子的状态。李老师表示自己在很多方面都需要好好学习,本学期班级中新调入的陶老师已经给予了她很多帮助,一些班级常规建立的技能技巧也正在慢慢习得过程中,但是她过多依赖陶老师,对自己又缺乏自信,一旦碰到无法掌控的局面,就容易紧张,脑中一片空白。 　　作为园方,我们表示在新教师培养方面学校也花费了较多心思,一方面借助于托管资源,每周都有去新翔幼儿园见习基地学习的机会,本学期,为了增强带教的针对性,还特邀新翔成熟型教师来怀少观摩指导新教师半日活动,手把手地传授班级管理及教育教学经验,学校为新教师搭建了大量学习的平台,但同时也需要新教师发挥主观能动性,多思考、多总结,尽量成长得快一些,能够胜任班主任的工作。对于班级管理,特别是幼儿常规的培养,能做到游刃有余,不发生安全事故,确保每位孩子的健康与安全!}

续 表

	李老师表示今后一定加强学习,平时多与带教老师和有经验的教师交流,还要加强关注班级内的每位孩子,多了解孩子的年龄特点与心理变化,争取尽快胜任角色,做一名合格的教师!		
问题记录	处理方式	应对(建议)措施	主管部门
建议组建"小荷奕奕"青年教师分享组,分享带班过程中的疑难问题和解决办法,并装订成册。	即知即改	这是非常好的建议,可以建立社团,自主招募成员,教学部门可以提供帮助与支持。	教学部门

三、立体式阻击,防范危险源

防范:幼儿园在安全管理理念的指导下,通过辨识、分析、预控、决策等系统环节过程,对可能发生和已发生的"危险源"进行及时处理,在源头上识别、干预和切断,达到减少或避免危险情况的发生,甚至将危险情况转化成机会的可能。

依据以上四类幼儿园危险源的辨识方法,新办幼儿园"危险源"控制可大致从三方面进行,即技术控制、人为控制和管理控制。

技术控制:即采用技术措施对固有危险源进行控制,主要技术有消除、控制、防护、隔离、监控、保留和转移等。

人为控制:即控制人为失误,减少人不正确行为对危险源的触发作用,人为失误的主要表现形式有:操作失误、不正确的判断或缺乏判断,不正确的工作态度等。

管理控制:可采取管理措施,如建立完善的监管系统等,对危险源实行控制。

具体可以概括为以下方法与途径:

(一)动态化风险排查

风险排查是动态发现、筛选并记录各类风险点、危险源的过程。风险排查应根据"全面系统"的原则,对风险点、危险源进行普查和识别,系统掌握风险点、危险源的种类、数量和分布状况,摸清安全风险底数。

在幼儿园实际工作中,不安全的事件可能发生在一天中的任何一个环节,只有做好安全检查,防患于未然,才能消除各种安全隐患。幼儿园的各类安全检查工作是积极科学预防的重要手段之一,例如定期检查、经常性检查、季节性检查、全面安全检查等。其中,定期检查是指在固定时间开展的安全检查,如保健员每日晨检对幼儿携带物的检查,后勤人员对户外大型玩具等设备进行检查等,发现安全隐患及时修缮;经常性检查是采取个别的、日常的巡视方式来实现的,如教师随时检查幼儿对玩具和操作材料的安全使用情况,随时发现问题,随时解决;季节性检查是根据季节的变化和事故的发生规律,对易发生的潜在危险源进行重点检查,如春季传染病、夏季防水、冬季防火等;全面安全检查是指领导或安全检查人员对班级或各部门进行全方位的检查。

我园建立风险点、危险源数据库,绘制风险点、危险源分布表格,分门别类明确每一处风险点、危险源具体分布、管理和监管的责任人和管控状态,并建立工作管理机制,确保及时根据实际情况进行调整与更新。

怀少幼儿园"危险源"数据库

危险源类别	序号	危险源内容	所在区域	责任人	色块显示
环境危险源	1	户外硅PU开裂	两侧通道	总务主任	
	2	四楼平台地面裂缝	楼顶		
	3	部分幼儿盥洗室漏水	103、203、204、301		
	4	专用活动室天花板漏水	306、307		
	5	平台警示条剥落	门厅		
	6	消防通道占用	1楼		
设施设备危险源	7	保育房蒸箱故障	105、201、204、305	4名保育员	
	8	班级电器管理	15个班级	全体教师	
	9	办公室电器管理	教师、行政、财务、保健办公室	3名年级组长	

续 表

危险源类别	序号	危险源内容	所在区域	责任人	色块显示
设施设备危险源	10	专用活动室电器管理	9个专用活动室	3名教师	
	11	强、弱电间日常管理	一楼、三楼走廊	总务主任	
	12	食堂设备管理	食堂	厨师组长	
	13	保健室药品管理	保健室	保健组长	
	14	户外配电间管理	操场南面	门卫组长	
	15	消防器材维护	1—3楼10处	门卫组长	
	16	门卫室电器管理	门卫室	5名门卫	
	17	安保系统维护	门卫室	5名门卫	
	18	泵房管理	105南面	门卫组长	
人员危险源	19	教师一日活动组织	15个班级	全体教师	
	20	教师观察关注	15个班级	全体教师	
	21	保健员操作流程	保健室	3名保健员	
	22	保育员操作流程	保育房	15名保育员	
	23	营养员操作流程	食堂	6名营养员	
	24	保洁员操作流程	全园	3名保洁员	
	25	安保人员站岗执勤	园门口	5名门卫	
	26	安保人员外来人员登记查询	园门口	5名门卫	
人员危险源	27	行政、管理人员检查巡视情况	全园	园长、副园长、保教主任、总务主任	

（备注说明：危险源危险系数色块排列次序是蓝色＜黄色＜橙色＜红色）

实施风险差异化管控。对不同级别的风险点、危险源实行差异化管控,加大高风险级别风险点、危险源监督管理频率和力度。对红色、橙色风险点、危险源定期进行分析、评估、预警、强化风险管控技术、制度、管理措施,把可能导致的后果限制在可防可控范围之内。

(二)差异化预案设计

"显性危险源"主要指环境危险源及设施设备危险源。不同于"隐性危险源"的隐蔽性,显性危险源通过人为观察、巡视检查是容易被发现的,具有直观性。相对而言,"显性危险源"的控制与防范更趋向于单一化。

1. 可视化管理的运用

眼睛是人体最宝贵的感觉器官,人们所接收的外界信息,80%以上是通过眼睛获取的,而越是熟悉的环境,越容易引起忽视,甚至视而不见。可视化就是要让关键信息跳入人的眼睛。可视化管理,又称目标管理,是一种利用各种形象直观、色彩适宜的视觉感知信息,以视觉信号为基本手段,以公开化为基本原则,将各种管理状态、方法和异常明示化,使教职员工自主、完全理解、接受和执行各项工作,提高工作效率的科学管理手段与方法。可视化管理的作用在于将问题明示化,便于相互监督,提高工作效率。

幼儿园后勤各部门可视化管理图例

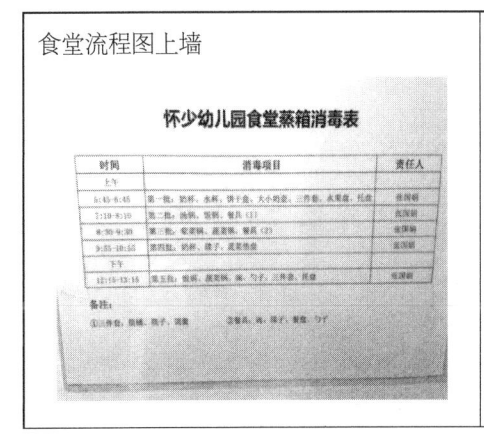

食堂流程图上墙	食堂物品标志

续 表

餐具消毒安排表 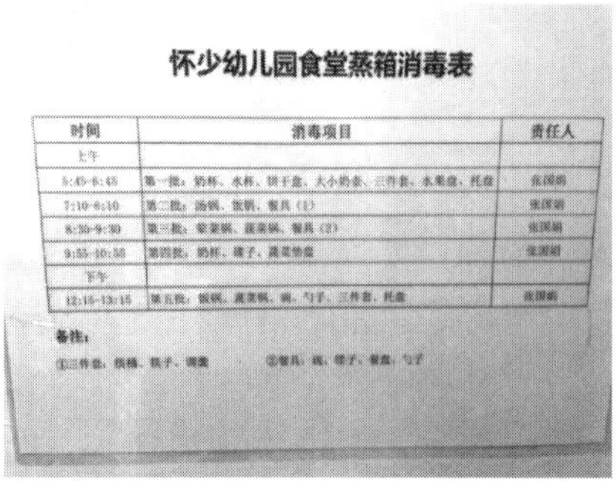	食品仓库分类信息标识 
备餐间留样标识 	保育房毛巾使用标识 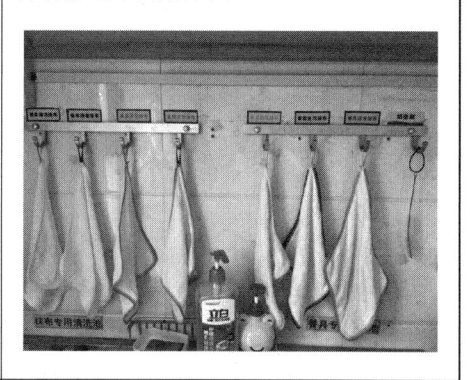
盥洗室物品标识 	消毒液配比间标识 

续　表

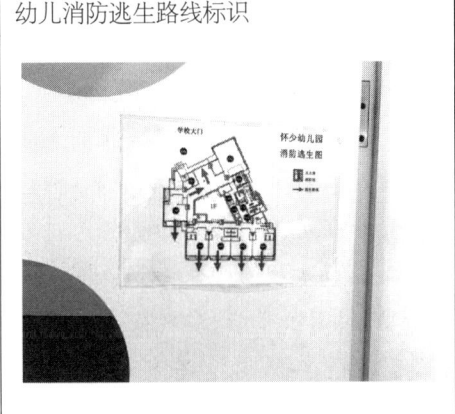

成人和幼儿均可辨识的消防安全标识	幼儿消防逃生路线标识

2. 流程化管理的运用

"危险源"的动态过程管理强调危险源的发生是随着幼儿园保教、后勤工作的变化而变化的,及时了解可能出现的安全隐患及造成的影响,及时改变管理侧重点、管理思路,可以第一时间消除动态出现的事故隐患。以幼儿园开展校外集体活动为例,在组织幼儿校外活动时,幼儿园须成立专项安全工作小组,全面负责安全管理工作,并制订和更新"校外集体活动事故应急处理预案",通过对安全制度和措施落实的过程控制,实现"危险源"的动态跟踪管理,提高外出活动的安全性。

《幼儿园校外集体活动事故应急处理预案》

为预防幼儿校外集体活动事故的发生,及时处理集体活动事故,防止事态扩大,有效地保护幼儿的人身安全,根据《中华人民共和国未成年人保护法》、教育部《学生伤害事故处理办法》,以及《上海市青少年保护条例》等有关文件精神,制订本预案。

一、可能引发校外集体活动事故的原因

幼儿园未对幼儿进行必要的安全教育、带队教师疏于管理,活动场所的设施、设备存在安全隐患,租用的车辆安全性能差;驾驶员疲劳驾车、违章驾车,驾驶员驾驶技术、应变能力差,等等。

二、事故的预防

1. 活动前由幼儿园通过广播、黑板报等形式向家长、教师、幼儿进行安全方面的教育,特别是对于容易造成安全事故的因素,重点反复向幼儿进行安全教育,增强幼儿自我保护能力和意识。

2. 旅行社导游人员在车上针对本次活动及幼儿的年龄特点,介绍活动过程中应注意的事项,强调安全第一的重要性和必要性。

3. 加强对带队教师的责任意识教育,要求教师加强管理。

4. 活动过程中要求导游人员与教师始终跟随,提醒家长不得放任幼儿单独活动,由家长带领,发现安全隐患及时制止并加以教育。

5. 要求车队选派遵守交通法规、驾驶经验丰富的驾驶员,选用车容、车况、安全性能好的车辆为校外集体活动服务,并落实安全检查制度,确保车辆安全状况良好。

6. 加强车队驾驶员职业道德教育,要求驾驶员"文明驾车,礼让先行",提高驾驶员安全意识,减少事故隐患。

7. 委托经过区教育局资质认定的活动承办机构组织校外集体活动,并要求活动承办机构为参加活动学生购买保险。

三、事故的处理

一旦幼儿在活动过程中出现伤害事故,一般按以下程序处理:

1. 以最快的速度将受伤幼儿送就近的医院进行救治,并通知家长。

2. 一般事故三天内幼儿园及活动承办机构书面报告区教育局综合教育科;重大事故及时将情况报告区教育局办公室、综合教育科及区学生社会实践活动办公室。

3. 一旦在车辆行驶过程中发生意外事故,应立即报警,并配合导游人员、幼儿园教师,根据师生生命安全第一的原则,进行抢救及处理,同时报有关领导。

4. 因驾驶员交通违章造成幼儿伤害,会同车队进行处理。

5. 重大事故立即成立事故处理小组。

6. 事故责任认定和善后处理。如果事故是由幼儿园管理不当或幼儿自身原因造成的,则参照《上海市中小学校学生伤害事故处理条例》进行处理,若幼儿园因管理不当造成伤害的,则在第一时间通知上海平安保险公司校方责任险理赔服务部。如果事故发生在车辆行驶过程中,则按交通事故的处理程序进行处理;如果事故是由活动场所的设施所造成的,则由幼儿园与活动承办机构、活动场所进行交涉,达成合理的处理意见。

四、组织机制

1. 组织领导组长:园长

2. 人员分工(教育、管理、报警、报告、协调、护送伤者等)。

教育管理:各班老师,领导小组成员。

报警:总务主任

报告:后勤副园长

协调:业务副园长

护送伤者:保健老师及发生事故班的老师。

(三)专题化保教研讨

我们发现班级保教人员保教融合意识较薄弱,缺少交流与沟通,更关注自身的组织与操作,如教师对幼儿学习能力、认知方面投入了较多的精力,对幼儿生活环境的创设、幼儿生活习惯的培养关注度少;保育员更关注操作的规范,对幼儿的语言指导,与老师的配合缺少主动性等,这些常态都容易形成危险源。因此,需要为班级三位人员创设分享反馈的机会与平台,针对幼儿出现的各种问题进行分析与讨论、商量对策与措施,并逐步达成共识。

"保教融合"班级研讨记录表

研讨时间	2021年3月26日	研讨地点	大三班
参与人员	朱迟珏、李铭涵、钟华		
研讨主题	幼儿活动中安全意识的培养		
研讨实录	朱:我们班男孩子比较多,在运动、自由活动时一不注意就争抢,甚至扭打起来,在奔跑、动作幅度过大时不小心自己摔倒或者碰到旁边的孩子,还是蛮头痛的,需要进一步培养孩子的自我保护意识和安全意识。 钟:是的,在运动中他们玩起来太疯了。 李:室内运动地方也小,很容易磕到碰到。		

续　表

研讨实录	朱：那我们先想想看运动中的安全吧，刚才李老师说到了场地的问题，那么室内运动我们要把旁边的柜子、不用的桌椅尽量靠边一点，给他们足够的空间。 李：还有人数的控制，可以在内容玩法上优化之后平衡区域人数，不要某个地方人太多，某些区域人又太少。 钟：我觉得他们在走廊里玩跳绳很危险，还经常把小六班的走廊墙报弄掉。 朱：但是没有别的地方了，餐厅地方也不够。 李：关注下人数，最多4个人吧，让他们自己分开一点。大班要有这个意识了。 朱：对的，主要还是他们自己要有自我保护的意识！ 钟：我觉得培养他们的安全意识还是要从培养他们良好的生活习惯入手，他们总是冒冒失失的。 朱：是的，我们平时还是要多提醒、多说，三个人要互相补位，发现征兆及时提醒纠正。
跟进策略	1. 调整活动场地，从硬件上规避一些安全隐患。 2. 培养幼儿自我保护的能力，可以通过绘本、集体谈话等。 3. 一日生活中过程性的提醒，及时纠正，三位一体保持一致的习惯培养。
后续效果评价	1. 室内运动场地开阔，孩子们玩起来矛盾变少了。 2. 通过谈话积累了自我保护的方法，以及哪些行为是有危险的，应该怎么做后，孩子们才会互相提醒注意安全。 3. 三位老师保持一致要求的常规要求，幼儿在餐点、盥洗环节有序多了，也安静多了。

在调研、研讨、分析、汇总的基础上，我园针对一日活动中的重要环节制定了保教人员"三位一体"的观测表，就观察重点、注意事项、人员分工等方面进行细化与指导，规范保教人员的行为，最大程度预防危险事件的发生。

（四）游戏化自护培养

幼儿群体是幼儿园中比较容易忽视的"隐性危险源"。由于学龄前孩子年龄小、认知经验有限，往往缺少安全防范意识。因此，幼儿园安全教育尤为重要，可以根据幼儿的年龄特点，设计游戏化、生活化的教学活动，利用幼儿一日活动的各个环节，抓住有效时机随时开展安全教育，让幼儿在体验中掌握安全防范知识，有效提升幼儿学习的兴趣，增强幼儿的自我保护能力。

1. 游戏教学,"安全"两字记心间

在一日活动中我们注重调动幼儿参与的主动性、积极性,让他们亲自参与到安全教育之中。除了每月集体的安全教育课,自学的安全平台线上活动外,教师还可以根据幼儿日常中有危险信号的环节,设计组织相关活动。例如,开展"人人争当安全小卫士"活动,让幼儿找一找身边(室内及户外)哪些地方容易有危险,怎样想办法消除这些危险隐患,通过思考、交流、讨论,孩子们有了共识:一起来设计安全标志,并把它们贴到适当的位置上,在使用滑滑梯等设施时,用儿歌的形式记住需要注意的事项,使幼儿既丰富了安全常识,也深深地将"安全"两字牢记心中。

2. 情境体验,安全演练增技能

游戏是幼儿最喜欢的活动,将自我保护的学习内容融入游戏之中,能使幼儿在轻松、愉快的氛围中巩固安全技能。我们根据不同场景,设计了角色扮演、情景演绎及实景演习来帮助幼儿掌握躲避、自卫、处理危险的简单方法,同时,每月开展"安全演练"活动,让幼儿直接感受危险氛围,感受紧张,感受排除危险的必要性,了解并掌握自我营救的多种途径。如:"消防逃生演练",教师与幼儿一起讨论"消防安全知识",怎样快速逃离火灾现场,使用哪些消防用品,采用哪些实用小妙招,等等。

四、长效化管理,应对危险源

长效管理:长效管理不是一劳永逸、一成不变的即时行为,而是必须进行不断丰富、发展和完善的循环过程,以此建立"运转灵活、管理规范、务实高效"的长效管理机制,使幼儿园"危险源"管理工作逐步呈现规范化、常态化与长效化。

因此,我们建立了新办幼儿园"危险源"的制度管理体系。

(一)加强组织领导

按照"一岗双责、党政同责","管业务必须管安全"的工作要求,将风险点、危险源排查整治工作纳入重要议事日程,成立相应的组织机构,建立健全工作协调机制,明确分工、周密部署、层层落实,确保专项行动有序高效开展。

幼儿园安全责任人职责表

责任人	安 全 工 作 职 责
园长	幼儿园安全工作第一责任人,领导全园的安全工作,对幼儿园安全工作总负责。
后勤副园长	幼儿园安全工作直接责任人,制定各阶段的安全目标、措施,布置幼儿园各个部门具体的安全工作,并督促落实。
业务副园长	协助后勤副园长落实幼儿园教学部门各项安全管理制度。
总务主任	协助后勤副园长落实校园内外环境、设施设备运营等安全问题的处理。
班级教师	班级管理直接责任人,做好班级各项安全管理工作,出现任何安全问题直接上报后勤副园长。
保健员	幼儿园卫生保健安全的具体责任人,负责管理和指导全园各部门教职员工及幼儿的卫生安全、健康安全、食品安全等。
保育员	关注班级环境及幼儿活动情况,协助班主任做好班级安全管理工作。
营养员	食堂安全具体责任人,协助后勤副园长、保健员做好幼儿食堂安全工作。
安保人员	园门管理直接责任人,做好校园第一关的安全工作。

(二)加强制度建设

依法治校是维护校园安全稳定的必然要求。依法依章办事的理念与要求,实现了管理活动、办学活动有法可依、有章可循。在幼儿园里要有效地运行整个组织系统,需要各类制度的保障,规范园所管理和员工行为,以保障工作正常开展。幼儿园安全管理的制度既涉及全方位的安全管理,也要细化到具体方面,如下所示:

序号	制度名称例举	指 向 性
1	安全检查制度	环境危险源
2	消防安全制度	

续 表

序号	制度名称例举	指 向 性
3	药品管理制度	设施设备材料危险源
4	开水房管理制度	
5	用水用电安全管理制度	
6	消毒剂管理制度	
7	幼儿园安全保卫制度	人员危险源
8	家长接送制度	
9	幼儿园值班制度	
10	卫生消毒及隔离制度	
11	食堂管理制度	
12	食堂经营制度	
13	营养员卫生工作制度	
14	食品加工出售制度	
15	食品采购制度	
16	食品保管制度	
17	预防食物中毒制度	
18	食品留样制度	
19	交接班制度	

（三）完善岗位职责

根据幼儿园不同岗位、不同人员、不同工种的工作特点和安全责任大小，我园分别制定岗位安全责任书内容，做到权责对等，以达到各项安全工作有章可循、责任到人、各司其职、各尽其责的目的。教职员工签订岗位安全责任书不仅能健全幼儿园内部安全管理工作，而且可以强化教职员工的岗位安全意识，层层明确责任，层层抓好落实，促使每一位教职员工在安全工作中能够尽职尽责，确保安全工作人人关心、人人参与、人人负责，推进安全管理水平的提高。

为促使新办幼儿园的新手人员进一步明确自己的职责和任务，我园还制定了岗位职责说明书。岗位职责说明书是针对某一个岗位所需要去完成的工作内容以及应该承担的责任范围的解释说明。

门卫安保人员岗位说明书

岗位名称	门卫安保	所在部门	后勤
直接上级	后勤副园长	直接下级	无
工 作 职 责			
1. 负责看好园门，防止幼儿走失，发现隐患及时上报上级领导。 2. 做好来访人员的询问、登记工作。 3. 做好来园、离园工作，耐心提示家长和幼儿按时离园。 4. 做好携物外出者的登记工作，必要时进行盘查。 5. 做好夜间巡逻工作，对幼儿园重点区域进行安全排查。 6. 做好意外事件及紧急事故的预防与安排工作，熟悉安全制度及安全器材使用。 7. 限制车辆出入，制止车辆停放在园门口。 8. 负责传接电话，熟悉报警电话及各办公室电话。 9. 负责收发报纸、信件、杂志、邮包等。 10. 负责门卫室内外卫生工作。 11. 完成领导交付的其他任务。			
任 职 资 格			
学历	初中及以上学历。		
经验	具有一年以上门卫安保相关工作经验。		
知识技能	1. 语言表达清楚，具有一定的分析判断能力。 2. 具有相关安保知识，会使用安保工具设备。		
素质要求	1. 具有良好的工作责任心、服务意识和职业道德。 2. 身体素质好，心理健康，应变能力强。		

续 表

其 他	
工作环境	室内和户外。
使用工具设备	监控器、警报器、灭火器、安保工具、泵房设备使用。
工作时间特征	24小时轮班制。

（四）落实考核评价

考核与评价作为科学管理制度的组成部分，改变了传统的经验管理，即实现由"人治"管理向机制管理，由粗放管理向精细管理，由经验管理向规范管理和科学管理的转变。

幼儿园"危险源"长效管理的实施需要引入考核机制，即在管理过程和管理单元中，制定具体的、明确的、量化的、科学的考核指标，对具体工作进行评价。绩效考核，又称绩效考评、绩效评价等，简称考核。从过程的角度看，绩效考核是指考评主体对照工作目标或绩效标准，采用科学的考核方法，评定员工的工作任务完成情况、工作职责的履行和能力发展情况，并且将评定结果反馈给员工的过程。在幼儿园"危险源"防范与长效管理中，绩效考核是管理过程的一个环节，属于管理体系的一部分。

家委驻校办公日志　4月校园安全

校园安全，宛如一片宁静的绿洲，守护着每一位幼儿的成长之路。在这个温馨的大家庭里，孩子们无忧无虑，茁壮成长。而这份宁静与和谐，离不开园方对校园安全的坚守与重视。

在消防设施设备方面，幼儿园每一层的每一条走廊上都配备了消防栓，并按照相关要求清楚地标识出水管和干粉灭火器的位置。每月由相关部门人员进行安全检查并记录，发现问题立刻更换，确保消防器材和消防安全标志在位并完整好用。

除消防栓外，园所中随处可见烟雾报警器、警铃报警器及紫外线的提示灯，这些设施设备全方位保护着幼儿的生命安全。

在园所的室内外各个角落，监控设备全方位覆盖，协同守护幼儿一日活动中的安全。

在室内楼梯和二、三楼的阳台上，我们可以看到细密的铁丝网，既保护幼儿防坠落，又保证了良好的通风环境。每个楼上的班级都会配备一把钢丝剪，如若遇到紧急事件，可以剪断钢丝网方便救援。

还有一个细节也令我们动容，活动室的每一扇门都装有保护条，防止小朋友夹手，在这里不得不为幼儿园细心的安全工作点赞！

排查隐患，你我都是"啄木鸟"。对于幼儿活动使用的室内外游戏、运动设施会有专门的负责老师进行定期检查与上报维修，保证幼儿活动时的安全。

除专人定期检修外，园方还设立了"啄木鸟阵地"，就像啄木鸟捉虫一样，这里记录的是教职员工随处发现的校园内的设施设备损坏及维修情况。偌大的校园，400多名幼儿活动的场所，各种各样的活动设施，如何保障角角落落的安全？那当然得靠每一位教职员工在日常工作中做一个细心人、有心人，及时发现、及时上报、及时处理。啄木鸟阵地就是这样一个平台，维护着校园内设施设备的安全、完好。

多走几步路，交通安全无隐患。为了彻底排除教职员工进出车辆带来的安全隐患，幼儿园通过多次改造停车场，终于实现人车分流，员工车辆只能通过威廉公馆3期地下车库进入园所的停车场内。电瓶车入园也需要下车推行，并且在电瓶车充电处配备了过载保护装置，以解决电瓶车充电的安全隐患。多走几步路，让孩子在校园内无忧玩耍，这一个个细节都让我们感受到了"为了孩子的一切"的情怀。

安全演练，提升自我保护力。如果说校园设施设备的保障是硬实力，那么校园安全演练就是软实力的体现。幼儿园定期开展各类安全演练活动，包括消防、防汛、防震、防暴和防拐等。在安全组长陈老师的介绍下，我们了解到在安全演练的过程中，会尽量模拟灾害真实发生情况下的应急预案，如相对应的警报声、逃生路线、组织幼儿逃生方案等。在频繁的演练中，孩子们也愈发镇定，当突如其来的警报响起，会听从老师指挥有序撤离。

这次我们参与的是防暴演练。园方邀请了六位家长扮演蒙面歹徒，突然袭击正在活动中的孩子们。护校民警第一时间冲到现场挟制歹徒，保安叔叔也用各种防暴工具合力制止歹徒。在老师指导下孩子们迅速找到教室安全地方躲藏，这场突如其来的演练让师生们都懂得安全保护自己的重要性，孩子们勇敢逃脱危险,老师们清点人数,安抚受到惊吓的小朋友。在定期演习中,全体师生提升了自我保护能力,安全意识也渗透到每个人的心中。

一个安全的校园环境,能让幼儿在这个空间中畅游,无拘无束地探索和成长。校园安全的重要性不容忽视,让我们携手共筑安全的校园长城,为孩子们的健康成长保驾护航,让这片绿洲永远充满阳光和欢笑。

第二话　卫生保健,健康未来有准备

幼儿园是儿童成长的重要阶段,科学合理的卫生保健对于幼儿的健康成长至关重要。在膳食营养方面,除了注意食材的新鲜和安全外,更在设计菜谱上关注多样性和营养搭配。在幼儿生活护理方面,根据幼儿年龄特点和个性特征,提供个性化的保育。在医教结合方面,探索家园合作干预的多种路径,并建立追踪档案。

一、科学研制,彰显营养膳食特色

幼儿园每周一次组织膳食沟通例会,集结三大员根据幼儿年龄特点及特殊需求,分别从营养分析、切配和烹饪、合理化建议的角度优化幼儿四季食谱及特殊儿童餐,保证每月3～4种新产品推出。

在设计午餐菜谱时,首先了解幼儿的营养需求。在一周的菜谱中,要确保蛋白质、脂肪、碳水化合物、维生素、矿物质等各类营养物质的充分摄入,避免单一食材造成营养不均衡的情况。在膳食结构上,要保证主食、蔬菜、水果、奶制品等各类营养食材的充分供给。要合理搭配各种营养食材,满足幼儿多样化的营养需求。

随着季节的变化,菜品的选择也需要进行调整,选择符合季节的新鲜食材进行菜谱设计。例如春季是幼儿长个子的好季节,同时也是各种传染病和呼吸道疾病易发的季节,在排菜谱时注重钙和维生素的摄入。夏季天气炎热,幼儿的胃口差同时消耗又大,食谱安排注意点有四点(水、蛋白质、无机盐、花色变化)。秋天干燥,幼儿易干咳感染、皮肤燥痒、大便干结等;体重增长快,热量高的食品不宜过多,要预防幼儿肥胖。冬季活动量相对减少,自身热能消耗相对增多,易感饥饿和热能不足,幼儿还要生长发育,且易患上呼吸道的疾病。

进一步满足个性化需求,在制定菜谱的时候我们将特殊幼儿的需要进行分类。例如,幼儿园中有一部分低体重的幼儿,就要制作各类小点心,以增加幼儿碳水化合物的摄入量;在设计菜谱的时候也会考虑高蛋白、高热量食物的摄入,以丰富幼儿的餐点,改善幼儿的营养情况。在学龄前儿童视力发育的过程中,在设计菜谱时候会考虑多增加鱼肉蛋奶、动物肝脏及蔬菜和水果等对视力有帮助的食材,通过这些营养物质的提供,促进学龄前儿童视力的正常发育。

我们加强家庭食谱研发力度,在幼儿一周菜谱的营养框架基础上新增家庭晚餐食谱,借助膳食特色专栏"美味小食光"进行微信推送,为家长传递健康的膳食理念与营养知识。

定制个别化学习菜单,落实因材施教的举措。每个孩子都是独立的个体,他们的先后发展顺序和发展情况也都各有不同。我们为发育超前的儿童特制"项目化"学习计划,为某方面发育暂时滞后的儿童制订家长陪伴计划,为内向不合群儿童制定个别化学习专属菜单和跟踪记录,随时与家长沟通发展情况,助推孩子健康成长。

家委驻校办公日志　3月营养膳食

幼儿园的食品安全和健康是所有家长共同关心和关注的话题,本次我们和众多家长一样,带着好奇以及对幼儿健康的关注走进食堂,和保健老师、食堂大厨进行了深入的了解与沟通。

我们通过实地走访、观察、询问,了解孩子们在校期间的膳食安排、制作过程、食品安全管理以及家庭的饮食建议等全部流程,从而帮助大家更好地了解和监督幼儿园的饮食安全和膳食管理。

健康由保健老师专职负责。幼儿园由专职保健老师提前一周根据不同年龄段的幼儿饮食习惯、营养需求和食用安全等方面考量,设计营养均衡的菜单,并且还会提供相应的家庭饮食建议,家园合作,使幼儿一日营养均衡。每周菜单都会提前在微信公众号上发布,每天在幼儿园大厅内亦会展示当天的配餐。

规范责任到人,工作细、实、透。幼儿园有完善的食堂管理制度,责任到人,证照齐全,同时要求操作间明厨亮灶。食堂内功能区分工明确,生食熟食分类摆放,不同功能区必须挂牌标识,如清洗池分为蔬菜、水果、肉类、水产清洗池。流程规范,清洗、消毒严格分类,一用一消毒,所有餐具分类消毒,所有物品摆放整齐、整洁。

卫生细节让人放心。食堂地面清爽、无污渍、通风条件好,各种灶具摆放按功能分类并井然有序。工作人员均持证上岗,进入工作区域,全部穿好工作服,佩戴工作帽及口罩。按照规定,进入分餐区进行二次更衣,进一步保证了食品安全卫生。进餐、取餐都从专门的传递窗口出入,确保了食堂内食物的安全。

用心尽力照顾到每一位幼儿。幼儿园为了保护不同年龄段的小朋友食用过程安全,确保小朋友在食用的过程中不会因为饭菜及汤的温度过高被烫伤或者冷却不宜食用,一律要求厨房将餐食控制在合适的出餐温度。另外,幼儿园为了照顾部分幼儿的饮食习惯及个性化需求,食堂还会准备特殊餐食,例如防过敏餐、全素餐等。

通过本次驻校办公,我们对幼儿园的食品安全和膳食管理有了更深入的了解。也是在这样深入了解之后,才体会到幼儿园每个教职员工工作之细、之繁杂,从保健老师精心设计的菜单,到食堂工作人员严格遵循的卫生规范,再到每一个细节都体现出对幼儿的用心和关怀,让我们感受到了幼儿园对孩子们健康成长的重视。我们期待能够继续与幼儿园保持这样的沟通与合作,共同为孩子们营造一个安全、健康、快乐的成长环境。

二、爱心呵护,关怀特殊幼儿照料

(一) 一对一进行家长约谈

为满足我园幼儿个性化发展需求,家园共同制定幼儿阶段性发展目标。我们基于《3~6岁儿童发展行为观察指引》,从6大领域出发,制定家长约谈记录表,沟通互动的内容包括幼儿健康情况(肥胖、体弱、近视、龋齿、生长发育、心理健康、饮食习惯等)、幼儿发展情况(动作发展、自我与社会性、习惯与自理、语言与交流、探究与认知、美感与表现、小当家特色发展等)、幼小衔接情况等方面。我们提前与家长预约约谈时间,开展一对一互动,积极赢得家长认同、达成共识。

(二) 体弱儿干预指导

针对肥胖、体弱儿家庭,制订个性化成长档案,进行家园共同跟踪。我园优化特色项目"超能小战士"的运行机制,开展肥胖儿童家庭干预指导手册的研发,邀请家长参加启动仪式与结业典礼,推出家园共同执行的"超能计划书",实行"积星"兑换奖励,让肥胖儿童在激励中积极投入到活动中,体验成功减重的成就感。我们还定期组织家长开展健康育儿培训,通过社区医生、教师、保健、保育师一体化的专业指导,形成家校合力,传递科学育儿知识,提高体弱儿矫治成功率。

活动目标:

1. 引导肥胖儿童关注自己体重的变化,了解肥胖的危害,初步感知体重与健康的关系,树立预防肥胖的意识。

2. 培养幼儿良好的饮食习惯和生活习惯,提升幼儿自我管理能力。

3. 设计与组织肥胖儿童专项体能活动,激发运动兴趣,提升运动效能。

4. 运用超能计划书,每月进行科学评价,及时与家长进行反馈,交流矫治计划与措施,实现双向联动。

活动形式:

1. 动员启动会:每学期启动一次动员会,公布肥胖儿名单,开展幼儿健康宣教活动,介绍本学期活动安排等。

2. 专项体能活动:有专业体能教师组织开展针对性运动活动,保健教师与保育师全程陪同,频次为每周一次。

3. 积星活动:根据每次活动肥胖儿童表现,包括出勤率、活动积极性、参与度等进行各项评分,学期结束根据积分领取相应奖品。

4. 超能任务书(人手一册):由保健教师、保育师、体能教师、家长等多方人员共同完成相关内容的填写。

(三)保研活动来助力

"共同工作空间"指为工作者提供共同工作的空间,其既是一种工作形态,同时也是共同工作者的社群平台,彼此存在共同价值观且志同道合的共同工作者,在共用工作空间自然产生合作。[1]幼儿园的主、配班教师及保育员所在的一个自然班以及三者共同完成班内教学任务,就是幼儿园班内教师合

---

[1] 孟会君. 幼儿园教师合作学习影响因素研究[D]. 华中师范大学, 2017. DOI: 10.27159/d.cnki.ghzsu.2017.000328.

作学习的共用工作空间。不仅指工作场合的同一性,还包括在同一工作空间内工作实践的统一,即幼儿园教师的共同的教育实践场域和共同教学任务。

后勤管理组每学期开展班级半日活动调研,运用"三单循环表单",全方位观察各环节保教人员配合情况,及时分析、反馈与调整,提升保教协作的融合度。每月,我园副园长、保健医生、全体保育员围绕主题推进保研活动。

1. 发现每个幼儿都闪光

小班挑食的安安

俗话说:"千人千脾气,万人万模样。"作为一名幼儿保育师,每天面对的是二十多名不同面孔的幼儿,同时也是穿梭在二十多种不同的性格当中。

小班生活快过去一个月了,对班级的小朋友的性格基本都掌握了。大部分小朋友都是第一次进入集体生活,由刚开始的哭闹,到现在情绪基本稳定下来。

安安的父母早上上班早,而且家住在离学校比较远的地方,早晨爸妈上班顺带电瓶车送他上学,下午奶奶要走1个小时左右的路程来接他,所以基本上每天都准时来园。

小时候安安在老家长大,一直跟在爷爷奶奶身边,隔代宠,一切意愿以孩子为主,孩子性格比较倔强,有个性。午餐他动手能力很强,都要自己吃饭,不需要老师喂,但是只吃米饭和喝汤。汤里的蔬菜和肉一动不动,碟子里的菜也不吃。下午点心中的蔬菜粥,蔬菜也是留下了,水果也都不要吃。我们耐心地安抚他,他也不搭理我们,甚至会用哭泣的方式来表示拒绝,并吵着说要回家。

安安进餐那桌有个悦悦小姑娘,她的用餐习惯非常好,基本每天都能光盘。我们主题墙那有一块光盘行动的牌子,午餐吃完的小朋友去点亮自己的灯,悦悦很有成就感。所以在进餐的时候,我就会问悦悦肉香不香,她说香。安安听了用疑惑的眼神看着我,我说你的好朋友说这个肉很香,你看她都吃完了。悦悦收拾好自己的餐盘去亮灯了。等我巡视了一圈,看到安安低着头在碟子里挑选了一块小一点的鸡肉了。我假装没看见,等他再吃第二块的时候,我走过去问:"你在吃什么呀?"他指着那个肉没说话。我说:"这个肉是不是很香呀?"他点了点头,张开嘴给我看了一下,嘴巴里面没东西空空的。

后来安安又吃了一块，但是没嚼几下就吐出来了，他说"太大的，不好吃"。我说"刚刚那个小一点的好吃吗"？他看着我，点点头。我说"你已经很棒了，敢于自己尝试，我们先把小小的肉吃掉吧"。

后面几天的荤菜，安安会自己用调羹送进嘴巴，但是咀嚼了一会，他吐在托盘里了。我说"安安，你已经很棒了，可以把肉咬烂了，下次自己尝试边嚼边咽下去你就成功了"，慢慢地，安安已经习惯了咀嚼较大块的肉，能够吃完一半多的荤菜量了，吃完饭，我给安安竖了个大拇指，安安真是越来越棒了。

只要用心呵护每个幼儿，尊重幼儿的个性，你就能发现每个幼儿的闪光点。细心教导，循序渐进，从幼儿的个性化需求出发，慢慢改善幼儿挑食的习惯。

小班不肯午睡的洋洋

幼儿园每天中午都有午睡，午睡时间两小时左右，这主要是因为幼儿正处于生长发育时期，经过一上午的活动，体力和精力都有所消耗，午睡能够让孩子们养足精神，更好地开展下午的活动。

我班的洋洋小朋友，每回到午睡的时候，从上床躺下开始，就磨磨蹭蹭，别的小朋友都躺下了，他还在脱鞋子，别的小朋友安安静静、躺着酝酿睡意了，他还在和被子"做斗争"。终于躺下了，也不闭眼睛，就看着我，似乎是在和我瞪眼睛，我就假装很生气的样子看他，可他仍然不为所动。时间长了我就转移目光，看看其他小朋友，他似乎战胜了我一样，笑眯眯地自言自语，就是不闭眼睛睡觉。

后来经过观察发现，下午的活动有时他的精力达不到，到三点多就会困，没有更多的体力和精力来完成各项活动。与他妈妈的沟通中知道原来洋洋在托班时，午睡两小时，最多就睡一小时，托班放得早些，孩子到家就喊困，有时候吃晚饭时在打瞌睡。暑假回来，升入小班后，中午更睡不着了，有时候往往快起床了他倒睡得正香。一开始在床上，总是动个不停，一会蹬蹬脚，一会趴在床上，一会钻进被窝，一会把被子扔在地板上，像是在"做运动"。有时自言自语，表演学过的儿歌或者游戏，有时和旁边的小朋友讲有趣的事情，这时我会让他们不要说话，鼓励他们两个来比赛，看看是谁先睡着，通常是同伴已经睡下，他仍然没有入睡。

这天，在我巡视幼儿午睡情况时，看他哈欠连连，似乎马上就睡着了，心想:"这是困了,马上就能睡着了。"结果我巡视一圈后,他仍然没有睡着,于是我走到他的床边,轻轻地拍拍他,说:"洋洋,困了是不?闭上眼睛,一动都不动,一会儿你就睡着了。"然后轻轻地拍了拍他,过了会,就睡着了。

其实,每个孩子都能睡着,那些午睡习惯不好的孩子有的是因为家庭原因,幼儿的作息时间和午睡习惯与幼儿园时间不统一,有的是因为贪玩,即使很困也勉强不睡觉,还有的是因为在家都是大人陪着,要拍拍、哄哄才睡,在幼儿园自己睡觉,不能适应。因此,在幼儿睡觉时,难以入睡的幼儿要找到为什么睡不着的原因,从这个方面做切入点,再哄哄他闭眼、睡觉。对于睡觉进步的孩子,起床后及时表扬鼓励,增加孩子主动入睡的积极性。

2. 相信每个幼儿都可以

小班黏人的西西

今年,我带的班级是新小班,这些孩子最大的四岁,最小的只有三岁半,每个孩子都粉粉嫩嫩的,可爱极了。

刚来幼儿园的时候,有的孩子还带着尿不湿,每天他们在摆满玩具的教室里寻找的不是玩具、同伴,而是妈妈、奶奶。于是,教室里哭声此起彼伏,任我们好话说尽、百般呵护都不管用。然而,设身处地地站在孩子们的立场想想,他们还这么小,从温柔的家庭来到陌生的幼儿园,看到的是陌生的环境、陌生的人,怎能叫他们不焦虑、不害怕呢?于是,我就尽可能地用抱一抱、搂一搂、亲一亲的方法与他们进行交流。有的孩子脾气很倔,不肯吃饭,午睡不肯睡觉,常常我的左手抱一个,右手搂一个,眼睛和嘴还得照顾着另外几个。

记得西西来幼儿园时,因为年龄比较小,入园前一直由妈妈、奶奶带,性格黏人,一到吃饭,午睡就大吵大闹"要妈妈,要奶奶"。小嘴不停地嘟囔着,小手还一个劲地拉着我要往外挣,我就抱着他,随声附和他的想法,趁机劝他:"是啊,妈妈怎么还不来接西西呢?要是西西跑到外面去,妈妈来了,就找不到西西啦,要不你先坐在小椅子上,妈妈来了一眼就看到你啦。"听了我的话,他便使劲地将身子往下坠,我趁机把他放在小椅子上。

他被我劝到椅子上后,一坐就是半小时,其他小朋友都安然入睡了。西西终于熬不住了,坐在小椅子上,慢慢地打起瞌睡,我就轻轻地走到他身边,让他的头靠在我的肩膀,微微地动了动,没有"反抗",我就轻声说:"西西坐在小椅子上睡觉多危险,你还是躺在床上等妈妈吧。"在我的劝说下,他终于睡到床上,但他也提出了条件,不脱鞋,要我坐在他的床边,给他讲故事,我都一一答应了,慢慢地,他睁大的眼睛开始不听话了,只一会的工夫,就进入了梦乡,我轻轻地帮他脱掉鞋子,长长地舒了一口气。一连好几天都是这样的,后来慢慢过渡到躺在床上,我坐在他的边上拍着他的背哄他入睡。现在的西西宝贝午睡再也不哭闹了。

一个月的时间过去了,慢慢地孩子们也适应了幼儿园的环境、生活,大部分孩子认同了我、接受了我。每当听到这个孩子叫声"阿姨好",孩子来亲亲我,依在我的身边,这时候,带小班幼儿的劳累感就一扫而空,我的心里甜甜的。

小班小宝宝与鞋宝宝

对小班的孩子来说,要正确分清楚鞋子的左右,还是有一定的难度。每次小朋友起床后,我们三位老师都要帮他们检查鞋子穿得对不对,每天都有几个小朋友会穿反鞋子,而且有的叫他们换过来之后还是反的,这让我们三位老师很烦恼。

于是我想到了一首以前小朋友学过的儿歌《鞋宝宝》,我觉得儿歌的内容很好,对小朋友是否穿对鞋子帮助很大,于是我把这首儿歌运用到了生活中,每次小朋友起床后,我先让幼儿认一认摸一摸左脚和右脚,把左右两只鞋子"头碰头"摆放好,然后再穿,就不会穿反鞋子了。我还会叫他们一边把小脚并拢,一边念儿歌:"两只鞋宝宝,一对好朋友,穿对了,高兴头碰头,穿反了,生气背对背。"我让小朋友相互检查,看一看鞋宝宝是生气了还是高兴了,我看见小朋友都认真地检查起来,嘴里还说着,"高兴了""生气了"。

我对平时经常穿错鞋子的小朋友会单独讲解,教他们怎样检查自己的鞋子,怎样让鞋宝宝高兴起来,小朋友好像都很乐意。慢慢地,我让小朋友当起了小老师,让小老师带着小朋友边念儿歌边检查鞋子,特别是让平时常穿错鞋子的小朋友来检查,过了一段时间,我觉得穿错鞋子的小朋友越来越少了,让我们三位老师很惊喜。

我们知道这只是一个好的开始,以后还需我们老师继续正确的引导。幼儿年龄小,动作协调性不够,成人认为很简单的事情,孩子却要反复练习才能掌握好，对左和右的概念还是很模糊的，所以幼儿才会经常把鞋子穿反，运用了儿歌指导幼儿练习穿鞋后，幼儿对鞋子左右的概念更清晰了。儿歌简短、押韵、琅琅上口，很受孩子们的喜爱。有的时候长篇大论地说教也许不起作用，生动有趣又具有教育意义的儿歌或者童谣，孩子却很乐于接受，老师可以在恰当的时候巧妙利用童谣对孩子进行提醒、启发及教育。

现在的孩子，由于家长过分溺爱，生活小事也一味包办代替，这在一定程度上造成孩子的自理能力差、依赖性强。其实平时我们身边有很多的儿歌、歌曲、故事等，如果能把它们正确地运用到生活中，效果要好得多，这样既有利于孩子们掌握知识，又能改变他们的行为习惯，一举两得。

中班照顾好鞋子朋友

每次中午睡午觉时，孩子们都要把鞋脱掉，整齐地在床底下摆好，然后才躺下睡觉。浩浩每次午睡时，总是会把鞋放得乱七八糟，有时把鞋脱得东一只西一只。看我们稍不注意，还把手伸到床下面去玩鞋子。这样既不整齐也不卫生，还总是最后一个入睡，等起床时还经常找鞋子。

今天我又看见浩浩小朋友趴在那里玩鞋子，于是我走过去轻声地问他："小朋友，躺在床上后要做什么？"浩浩爽快地回答："睡觉。"我接着说："对了，鞋子和你一起玩累了，也要睡觉，那么你知道它们睡在哪里吗？"让他回答后，我接着说："两只鞋子是好朋友，他们喜欢一起睡在床底下，你能把自己的鞋子放到指定的地方，像小朋友那样舒舒服服地睡觉吗？"我一边说一边把另一位小朋友脱下的两只鞋放在一起，摆整齐。这时，他很快地动手把鞋子放在床下面摆好了。我连忙夸他说："你真能干，我一说就会了！"我又鼓励鼓励他说："你看鞋子马上就要睡着了，你跟它来个比赛，如果你先睡着，等起床后我就奖励你一张贴纸，好不好？"他听了以后点点头，就把眼睛闭上了。

现在是孩子行为习惯形成的关健时期，正是走向自我行为的起步阶段，而在孩子有不良习惯倾向的时候，我们要跟孩子好好地交流，给孩子做正确的引导，改变教育方式，把批评训斥改成鼓励教育。不夸大孩子的缺点，多发现孩子的优点。当他表现好的时候，要及时表扬，让孩子首先感觉到老师对他的喜爱，然后才能从心理上接受教育。

要及时和家长沟通，把孩子的情况进行交流，让家长意识到这一时期培养孩子的习惯是很重要的，双方合力共同帮助孩子养成一个良好的生活习惯。离园的时候我们会跟浩浩妈妈说这个情况，妈妈表示孩子一回家也把鞋子随意一踢，就跑得不见踪影，基本都是家里人帮着收拾，所以孩子没有这个意识，妈妈说以后每天也要让他自己收拾整理鞋子，跟在幼儿园一样。

经过几天的督促，浩浩现在比以前好很多了，现在一进午睡室，脱下鞋子会摆正地放在小床的下面，改进了乱丢鞋的习惯。任何事情只要坚持下去，一定会变好的。

中班自己分配的值日生

我们班的孩子去年从小班升入中班，瞬间就长大了，我发现他们开始喜欢为集体为同伴干事情，便在班级建立了值日生工作。全班幼儿分成五组轮流举行，每天由数名幼儿共同做当天的值日工作，教师主要按幼儿的能力以及来园的早晚给他们分配值日项目。

开始时，孩子们对值日生感到非常新鲜和好奇，每天都开心地早早来园，积极完成教师分配的任务。可是过了不久，我就发现值日生来园总是你早我晚，有时候大部分幼儿都来园了，值日生还没到，当我询问缘故缘由时，孩子却无所谓地说："我忘了！"尽管值日生都能按照教师和我的要求去做，但时常出现干事不认真、不仔细，需要老师不断地提醒。这时，小朋友的一句话引起了我的思考，某一天，在教师正准备安排值日生工作时，吴岩小朋友说："老师，今日我不想当值日生了！""为什么呢？"我急切地想知道缘故缘由。"我不想搬椅子！"

孩子的回复似乎提醒了我，原来对做值日生他们有本身选择的愿望，做什么值日也有本身的想法。可是以前，值日生都是由教师和我来安排孩子做的，从未思考他们的兴趣和需求。要把属于孩子生活和选择的权利还给孩子，那么值日生工作为什么不让他们自选呢！于是，我紧接着说："可以呀，今日就可以想一想自己想做什么值日生呢？"孩子们立刻又变得精神抖擞起来，这个说："我今日要当厕所值日生！"那个说："我要当监督员！"那一天，我特别注重观察他们，发现孩子们对自选的值日项目充满兴趣，都能当真负责地做好各自工作。我和老师讨论了一下，决定以后值日生就根据孩子们的兴趣和自身原则选择谁来当某某值日生。

另外,我还鼓励幼儿,别人的事情帮着做、大家的事情一起做。学会做事,就要从做小事起步,扎扎实实做好每一件小事,才能最终胜任一件大事。我们的"学会做事"生活教育已经开始贯穿于生活的每一天,我们的孩子也比以前更会处事,这种价值将会继续延续,相信明天我们的孩子会是出色的、自主的、能干的!

3. 理解每个幼儿都不同

小班小花园的有心人

我们班在底楼,有一个非常宽敞的阳台。在老师的精心布置下,阳台的小花园很是温馨:各色的开花植物,各种形状的多肉,还有孩子们喜欢的小金鱼、小乌龟、小蝌蚪等动植物,再适宜地配上小圆桌,几个小圆椅,角落支个小帐篷,俨然就是个漂亮的度假屋。每到早上来园后的自由活动时间,孩子们都喜欢到阳台、各个角落走一遍,给花浇点水,喂点食物给小动物,很是开心。

这天我在阳台上晾晒毛巾,发现先前到阳台的两个小女生各自在用手里的浇水壶向对方洒水,我看到后马上制止了她们,并且问她们为什么要这样。她们开心地回我:"我们是在洗脸呀。""可是洗脸不是这样做的呀,手里的工具是给小花园的植物浇水或给小动物喂水的呀。阳台的这些动植物可是渴了一个晚上了,看到你们来了,它们本来可开心了,没想到你们并没有照顾它们,而是自己在这里玩起来了,还浪费掉了给它们准备的水呢。"两个孩子一下子被我"唬"住了,不说话站在原地,互相看看。

我觉得她们意识到了自己的错误,又说:"而且你们这样玩水,到时衣服湿了还要感冒生病,不能来幼儿园了,不能照顾着这些小动物啊、小植物了。""不要不要,我们要照顾它们。"俩孩子异口同声地叫道。"那你们还会这样玩吗?""不了。"接下来我又教她们怎么用水壶给阳台上的花花草草浇水,包括小动物的水:小金鱼的鱼缸水要提前准备,换水时不能把原来的水全倒掉,要剩余一点和备用的混合使用;小乌龟的水要勤换,缸里的水不能太多;小蝌蚪每天都有变化,也要勤换水。两个小朋友听得很认真。接下来的几天,我还是会到阳台持续关注,因为每天浇水的孩子其实并不固定,担心到时还可能会发生同样的问题。

指导和培养孩子们的动手能力固然很重要，但我觉得还要加以关注，发现问题并及时地纠正，说明原因，聪明的宝贝们一定会欣然接受，改掉不好的做法。在游戏中学会生活小技能，在活动中开阔眼界，掌握更多的知识。在不知不觉中，孩子们还会慢慢地融入集体的生活，学会自理自立，交到更多的朋友，随着年龄的增长，学会面对挫折和失败，增强自信心。这就是我们所希望看到的。

小班特别要强的小许

班级有一个好强的小朋友，大家不能说他不优秀哦，否则就跟你一顿猛哭。今天就来介绍一下小许同学啦。

他表达能力很强，爸妈平时也比较注重学习知识上的培养，小许在学习的各方面还是很优秀的，但是不愿意做自己力所能及的事情。到了小班下学期，渐渐地开始培养幼儿叠或者摆放小椅子等动手能力。但是他一开始宁愿站在一旁聊天看着别人搬椅子，也不愿意自己动手。

有一次早点时间，其他小朋友在区角整理物品，他也不收拾。一个人从餐厅到教室来回走。我说："小许同学，你刚刚不是玩了小医院吗？"他点点头。我说："你的好朋友都在收拾，你怎么不收拾？"小许同学说："他们收拾就够了呀。"我说："你不是跟他们一起玩的吗？"小许同学说："是一起玩的呀，但是我看有人去收拾就行了呀。"我说："你们既然一起玩的，大家一起收拾。这样就能缩短收拾物品的时间。大家都能更早地来吃点心了。"小许同学说："所以我就立马到餐厅来，更早吃点心了呀。"

我又问小许同学了："你看你第一个来餐厅，老师是不是说过先到餐厅的小朋友可以先摆小椅子啊，你也不帮忙摆一下椅子，你说等会你坐哪里呀？"这时候小许同学看自己好像是理亏了，开始哇哇大哭。于是我只能询问他哭的原因。他只顾着自己哭。然后走到餐厅说："我搬椅子了不就是了吗。"他搬完了葡萄桌的椅子，直接进厕所。一边走，一边抹眼泪，"我搬了椅子了"。我说："你看刚才你的好朋友帮你收拾娃娃家的玩具。你好朋友的椅子是不是应该帮她搬一下呀。"他站在那想了一下，好像感觉是应该帮忙，然后带着哭腔跟我说："我都搬不就是了么。"我立马夸奖他："你是个乐于助人的好朋友，但是以后你自己玩过的玩具要自己收拾，你的好朋友到时候就可以跟你一起搬凳子了,是不是就不寂寞了呀。"

下午点心的时间,他和小苏同学一起出了午睡室。小苏同学一个人在搬椅子,这时小许站在保育柜旁观看,我说:"小许同学,你看你的好朋友一个人在搬椅子哦。其他同学还没有出来,你是不是要帮助一下她。"小许同学说:"那好吧。"我说:"同学之间本来就要相互帮助,今天你帮助了别人,下次别人也会帮助你。"小苏同学说:"对的阿姨,我奶奶也是这么说的。"小许同学说:"阿姨你看我已经在搬椅子了,以后我看到没有人搬椅子我就来搬。"

前几天隔壁的老师来班级带班,小许同学因为不会关电视机,拿着遥控器在走廊猛哭。老师问怎么啦?了解了原因,老师说:"不会的话可以请老师或者保育老师帮忙都没问题的。"我说:"他自尊心比较强,要慢慢引导他。"

经过几次的引导,小许同学慢慢地愿意当班级的小帮手帮助同学,能做力所能及的事情。同时我也教他遇到不会的事情可以寻求帮助或者自己慢慢学,不要用哭来表达,我们都不知道你为什么要哭,要用说话来跟我们交流。相信未来的日子小许同学会越来越棒。

大班接受帮助的元元

幼儿园一直以来对户内外运动很重视,大班的孩子学会单手拍皮球、跳绳后对孩子的身心健康和智力发展都有好处,而且能锻炼小朋友手眼协调,好处多多。我们老师按学号要求每个小朋友都来练习跳绳,并且要学会跳绳。

今天轮到了元元和其他四个孩子在教室里室内跳绳运动。元元是个聪明的孩子,我以为他应该是会的,看着他拿着绳子走到角落里没多加关注,着重教几个还不会的小朋友。等我转头去看元元的时候,发现他站在角落里不动,我问他"是不是不会呀",他说,"我会跳一个",我说,"那你跳一个给我看看",结果他还是站在那边不动。我说,"如果会的话那就连起来跳两个或者三个,慢慢就会连跳了",结果他还是不动,嘴里说,"我会跳一个,但是只能跳一个"。可是嘴里说了就是不跳,我想这个娃可能自尊心很强,怕被其他小朋友笑话所以不肯跳。我就换一种说法:"元元,不会跳绳没啥大不了的,钟老师一开始也不会的,后来慢慢练习都会的,所以现在要抓紧练习,但是呢,你如果不让大家看到你的跳绳,别人和我没办法看到你的错误的地方,那么有可能你要走很多弯路,练习得慢了一点,现在我让粤粤先教你吧。粤粤上个星期也不会,阿姨教她后她学习了两天,在家又坚持练习后,她就会了。你也很聪明的,粤粤教你你就会的。"于是我故意转过头不看他,让粤粤教他跳。虽说不看但我还是偷瞄了几眼,我们的粤粤小朋友真是懂事又热情,把自己的经验都分享给了他,元元先看着,后来就自己动起来跳了。我也发现了问题所在,但还是立马表扬他:"元元很厉害的,一下子就会跳一个了。但是我们的手和胳膊还是要打开画一个弧度,否则你的圈圈会小了点,到脚下的时候可能会跳不过去,你看哦,你让我看到了,我就会指出你的不对的地方,会学习更快,不会跳又没什么大不了的,我也是从不会到会,所以慢慢练习都会的,对吗?"这样一说他马上点头,"对的,多练习就会跳的,钟老师你看我跳得对不对"。过了几天,元元也学会了跳绳,他高兴地跟我说:"钟老师,我也会跳绳了。"

对个性强的孩子,我会迂回指导,给他留有时间余地思考,有转变的时间,耐心地给他引导,自己用代入到他的角度来想想,如何能让他更快地接受问题,这样孩子学习得更快。

大班小小创口贴

有一天,我在擦窗户时一不小心,我的左手大拇指处划破了。一条口子虽长,但不深,星星点点地流着一点血。我毫不介意,拿纸巾擦了擦血,正打算继续打扫卫生,谁知道眼睛特别"亮"的一鸣竟然发现了:"阿姨,你的手流血啦!"声音虽然轻,但关心之情洋溢其中。在他的呼喊声中,孩子们都将目光转向了我的手指,并且纷纷嘟囔着:"阿姨流血了""真的流血了""我也看到了"……看到孩子们关切的眼神,我笑着说没事的。本以为在我的回答后孩子就不关注这件事了。没想到,孩子们可不想就此罢手。细心的朱朱说:"阿姨,你怎么不用创口贴啊?"雪菲紧跟着说:"阿姨,用了创口贴就不疼了。"雯雯还指着自己手腕上的"伤疤"说:"我上次也弄开了,妈妈给我贴了创口贴。"孩子们的生活经验还真不少。"阿姨没有创口贴了,就不贴了吧,没有关系的。""那我明天给你带个创口贴吧!"小朱朱真的很有爱心哦。"我也给你带!"孩子们又七嘴八舌地抢着说了。我感到心里一阵阵暖流涌起。"不用了,阿姨家里也有的。"

第二天早晨,我像往常一样在班级门口接待孩子们。"阿姨,给你一个创口贴哦!"小朱朱递给我一个创口贴。说实话,我被感动了,原来他昨天不是随便说说的,原来小朱朱确实把这件如此小的事情放在了心上!"阿姨,我也给你带了创口贴!"调皮的小宇竟然也有这份细心,他爷爷还跟我说:"昨晚一回家就说要带创口贴了!"原来小宇心里是有我的,可惜平时还因为他调皮,我老是教育他,我不禁脸红了,有些后悔。"阿姨,我帮你贴上吧!"天真可爱的心心拉着我的手,非要亲手贴上她带的创口贴。我蹲下来,头一次像一个孩子一样,享受着被人照顾的感觉,这是一种多么奇妙,甚至让人迷恋的感觉啊,而给我这种感觉的竟然是我们班的孩子!看着她认真的表情、细心却显笨拙的动作,我忍不住在她的头上亲了一下,多可爱的孩子啊!

一样的早晨,一样的孩子,不一样的是,今天的我竟然收到了好几张创口贴,这几张来自孩子手里的创口贴。看着这一张张小小的创口贴,我有种流泪的冲动。这岂止是一张张小小的创口贴,我看到的是在这小小创口贴背后的浓浓关心。

三、心尚有约,线上直播保健宣教

为了更有效地解决家长在育儿过程中遇到的问题和困惑,提升家园共育的成效,特别针对90后家长群体的特点,尝试运用网络直播等家长喜闻乐见的方式传递科学育儿理念。从课程的角度设置、每次直播时长、规划直播主题,在互动过程中完成反馈和评价。

1. 每期活动由教师自主报名、自由组合,4人自成一组(包含一名信息组教师),根据相关主题酝酿方案、准备素材,充分发挥教师智慧及团队协作能力。

2. 直播活动以学年为单位进行招募,每学年共8期,每期由组员推选活动负责人,期末由活动负责人根据组员参与活动情况考量进行项目绩效分配。

(一)"当面"讲解和支招

用好信息技术和专家资源,从单向讲座形式转变为多主题的教养共同体。保健老师探索在线互动方式,以直播间形式为家长讲解保健知识;邀请大厨和医生进直播间,提供个性化家庭指导。运用专业知识帮助家长分析幼儿的个性特点,缓解家长居家教养的焦虑心理,关注家长育儿过程中的独特需求,解决家长教育过程中的具体困难。

分设健康检查、疾病预防、食谱分享、习惯养成等板块,保健员与教师、营养员、社区医生联动推进直播宣教。

（二）亲子参与一对一活动

在线直播定位于亲子共同参与，一方面，拓宽幼儿学习和发展的时空；另一方面，可为幼儿提供个性化发展支持。细化"心尚有约"直播选题，分设全园直播、年级直播、班本直播，加强健康教育与园本课程的关联。

使用在线直播的评论、互动功能，既让幼儿和家长喜闻乐见，又符合亲子共同学习的特点。邀请家长、亲子共同担任主播，分享家庭健康保健的经验，丰富直播内容与形式。

		系列一：身体的保护	
2022年11月30日	关注身高	幼儿的身高一直是家长比较关心的问题，儿童的身高影响因素是家庭的遗传因素，要加强体育锻炼，要保证充足的营养、良好的睡眠及生活习惯。	第一环节，介绍南翔儿科医院董医生。第二环节：解惑儿童生长发育规律及影响因素。第三环节：从儿童营养及合理的膳食来提高幼儿身高。第四环节：让家长了解儿童生长发育的健康生活方式。第五环节：互动问答。
2021年3月31日	保护牙齿	周末或者假期的时候，个别幼儿会生活不规律，不能够早晚刷牙，或者也不知道正确的刷牙方法，对刷牙的方法和细菌是如何腐蚀我们的牙齿并不清楚。	第一环节利用故事引出主题，激发幼儿兴趣。第二环节利用故事引出主题，激发幼儿兴趣。第三环节回归故事，了解刷牙的重要性。
2021年4月28日	换牙的秘密	家长对孩子在保护牙齿方面的针对性指导非常少，有的还会出现指导不科学的情况，有些幼儿在最初换牙时有着害怕和担心的心理，遇到各种牙病也不愿意接受检查和治疗。	第一环节，介绍乳牙——认识各个牙齿的名称和功能。第二环节：童言无忌——互动提问，进一步了解换牙的情况。第三环节：了解保护牙齿的好方法。
2023年10月25日	保护视力（一）	用讨论、说、看，亲身体验"正确用眼"，使幼儿由感受到体验，由理解到实践。	第一环节，观看视频引出话题。第二环节，介绍保护视力的好方法。第三环节，护眼小游戏推荐。

续　表

系列一：身体的保护		
	保护视力（二）	近期社区医院为幼儿进行了屈光检查，各个年龄段存在屈光问题的人数较多，已经有不少戴眼镜的幼儿，家长也非常重视幼儿视力问题。	第一环节，通过猜谜方式导入保护视力的主题。 第二环节，通过介绍屈光检查结果引发对视力不良的讨论。 第三环节，通过视频等方式讨论保护视力的重要性。
2024年3月	爱耳日	多感官参与，让幼儿在倾听、表达、趣玩中与"小耳朵"开展一次奇妙互动，充分感受耳朵对人体的重要性，从而培养良好的生活习惯，了解哪些不良的行为会导致我们的小耳朵受伤，增强幼儿的自我保护的意识。	第一环节：通过猜谜语引出话题，介绍耳朵的构架。第二环节：感受耳朵的神奇，介绍耳朵的功能。第三环节：介绍保护耳朵的方法。

注：上表第一列为日期，第二列为主题，第三列为背景，第四列为环节。

系列二：防病和安全		
2022年4月26日	预防甲流	作为易感人群，孩子的健康牵动着家长和老师的心。在甲流高发期，做好防控工作。	第一环节，什么是甲流。 第二环节，如何预防甲流。 第三环节，发生甲流怎么办。
2022年1月26日	食品安全我知道	让幼儿了解到哪些是健康的食物，哪些是垃圾食品，养成健康卫生的饮食习惯。	第一环节：讲故事，了解垃圾食品的危害。 第二环节：了解食物金字塔，明白红黄绿食品。 第三环节：谁是健康食品？通过游戏，区分健康和垃圾食品。
2023年9月28日	食物宝宝有营养	家长对幼儿园的食谱框架，具体是如何安排也是比较模糊的，通过这次直播，让家长能够了解幼儿园的饮食情况，在家也能给幼儿均衡的饮食。	第一环节，介绍幼儿园的菜谱结构。 第二环节，介绍各类食物的分类和营养价值。 第三环节，介绍各类功能食物，如：护眼、护齿、肥胖、营养不良。

		系列三：教养和习惯	
2021年5月26日	长大之前要做的事	通过一些典型案例和理论的依托，可以让家长们知道，培养幼儿自理能力、品德的教育和体能的重要性，以及在日常生活中如何去引导幼儿。也可以让孩子们知道在生活中遇到一些事情时可以如何去应对。	第一环节：人小心不小，自己的事情自己做。第二环节：礼貌用语脱口而出，生活如此幸福，也要感谢家人，常怀礼让之心。第三环节：体能锻炼不可少，抗挫能力有提升。
2022年11月7日	小班自理能力的培养	当孩子能够独立完成一些日常琐事时，他们会感受到成就感，从而增强自尊心和自信心。此外，自理能力强的孩子在面对困难时更容易保持冷静，更有应对能力。	第一环节，正确解读自理能力。第二环节，家庭案例的分析与学习。第三环节，生活技能培养小妙招。
2023年12月27日	生活中的劳动	家长在引导孩子劳动的过程中怎样才能更好地发挥劳动的教育价值，让孩子享受到劳动的快乐，幸福健康成长呢？	第一环节，正确理解劳动和不同年龄段幼儿特点。第二环节，家庭案例的分析与学习。第三环节，经验共享。
	生活中的安全	帮助幼儿了解生活中的危险和保护自己的好方法，提高家长对幼儿安全教育的重视。	第一环节：马路上的安全。第二环节：安全知识问答。第三环节：防踩踏的安全。
	亲子运动	注意幼儿的年龄特点、身体状况和运动习惯，让运动变成幼儿生活的乐趣。通过运动，可以锻炼身体素质，增强动作发展。通过亲子运动，促进运动中协作与增进亲子之间的情感。	第一环节：导入环节。第二环节：热身准备。第三环节：亲子运动。第四环节：放松运动。
	幼小衔接	孩子在进入幼儿园后就应该面对幼小衔接的挑战。若是我们家长、老师没有方向，那么孩子也会迷失。	第一环节，名师到访——介绍嘉宾，认识今天直播间的嘉宾老师。第二环节：阅读让孩子插上腾飞的翅膀——了解幼小衔接真实含义，探讨幼小衔接的做法。第三环节：名师互动——互动提问，给各位家长答疑解惑。

第六章 怀诚共育,携手家社同行

聚力幼儿发展,如何建立家园、社区高质量共育的协商机制?

○ 第一话　管理与激励,实现共育有"章"

○ 第二话　指导与课程,实现共育有"能"

○ 第三话　竞聘与赋权,实现共育有"途"

在健全学校家庭社会协同育人机制背景下，将"家—园—社"协同育人与幼儿园各项工作紧密融合。顶层设计聚焦"认可与专业"，专业支持聚焦"指导与课程"，统筹推进聚焦"组建与开放"，过程施策聚焦"需求与诊断"，信息化应用聚焦"互动与反馈"。

秉持"真诚合作，共育发展"家教工作理念，创建"友好共享"合作体。在高效运作的管理网络中，激励教师和家长双向提升，实现共育有"章"。围绕家园协同育人架构系统的教师培训、家长课程，实现共育有"能"。组建家委会、信任家委会、拓展家委会，实现共育有"途"。关注幼儿个性化需要、提升亲子互动的质量，开设小当家亲子乐、个案诊断约见，实现共育有"途"。用好信息化工具，实现共育有"捷"。

第一话　管理与激励,实现共育有"章"

一、构建管理网络,促进高效运作

全国人大常委会、教育部、市教委、市妇联等部门相继出台《中华人民共和国家庭教育促进法》《关于加强家庭教育工作的指导意见》《关于健全学校家庭社会协同育人机制的意见》《上海市家庭教育指导大纲》等法律、法规、文件之后,怀少幼儿园深刻领会其精神,跨前一步、主动作为,认真思考如何在管理机制上顶层设计、高效运作,我园积极构建家庭教育指导管理网络。

二、健全工作机制,激励双向提升

促进幼儿园家教协同,提升家长的认可度和参与度。首先,为家长提供优质及时的服务,我园每年调整《家长服务公约》。其次,兼顾各类家长的需求,制定家教相关人员岗位职责及管理制度,例如《家委会主任岗位职责》《家委会委员岗位职责》《家委会工作制度》《幼儿园家校互动通讯工作制度》等。最后,为激励家长积极参与各项家校活动,幼儿园还结合各类活动开展优秀家庭、优秀家长、优秀家委等评选。

与此同时,提升教师的亲和度和专业度。我园注重对教师家校指导能力的监督与评价,关注日常家校共育的方式和质量,将其纳入每月教师基础性考核指标。定期开展各级科学育儿指导师、骨干家庭指导师、家校合作案例评比等活动,并纳入年终教师发展性考核指标。

第二话　指导与课程，实现共育有"能"

一、多元培训，提升教师家教指导水平

以"内敛专业功底，外树教师形象"的家教培养目标为引领，架构家园协同育人的系统化教师培训。对新教师以"仰高"队伍建设机制的师徒结对培养项目开展一对一实践带教培训，对全体教师开展普适性的常态培训，基于个体发展需求的个性化培训，持续提升家教指导队伍水平。

后疫情时代，往日幼儿园与家长直接、面对面的共育模式亟待转变，我园的家园沟通方式从形式和渠道上做了多元化的创新，运用新媒体技术，开设"心·尚"系列家教指导专栏，目的是追求家园共育的便捷。

"心·尚"，是我园党建工作、队伍建设、家教指导等工作的一个特色品牌，这里的"心·尚"是指我们对每个孩子成长过程的"欣赏"，也是要求我们对每个孩子的健康成长放在"心上"。

"心·尚"直播间，家长学习专栏

为满足家长多样化需求，我园探索在线直播模式，开展"心·尚"家园直播活动，凝聚家园合力，助力家长科学育儿，促进幼儿健康成长。

我们以培训视角为家长"当面"讲解，邀请专家老师、医生、营养师等做客直播间，用专业知识解读幼儿年龄特点，关注并解决家长育儿过程中的需求和困难，助力家长科学育儿；我们以研究视角开展线上的互动，在线直播定位于亲子共同参与，一方面，拓宽幼儿学习和发展的时空，另一方面，可为幼儿提供个性化发展支持，将单项讲座转变为多主题的育儿共同体。我们从课程角度规划直播主题，以课程视角形成系列活动内容，如开展"换牙系列""长大系列""行为习惯"等系列多期直播主题活动，形成独特的互动联播课程资源。

"心·尚"动动卡，家园实践专栏

各班按照小当家劳动任务，通过班级圈进行劳动任务打卡行动，鼓励以及支持孩子在家参与各类劳动，如：我是整理小能手、洗碗任务打卡、整理床

铺打卡、照顾动植物、做小点心等，关注对幼儿生活能力的培养，培育孩子的自立心。家长通过在线动手打卡的方式，参与到孩子们的活动过程中，见证了孩子们通过劳动带来的积极情感体验，树立科学的育儿理念，从而在幼儿自理能力和良好生活习惯方面，建立家园共育生态圈，达成家园共育一致。

"心·尚"聊聊吧，家园互动专栏

我园致力于构建家庭教育指导线上互动课程，以此深化"合作共育"的家校课程特色。在三年的不断实践、调整、反思、优化的进程中，目前已经形成以幼儿生活情景下的小当家德劳篇、小当家运动篇、小当家游戏篇、小当家学习篇、小当家家务篇等系列互动课程。

在假期中，我园通过公众号每天推送一个内容，教师根据推送的家庭教育指导活动内容，在班级群内开展线上互动，鼓励幼儿以视频、图片、语言等方式积极参与。互动前教师要根据线上家庭教育指导内容先预告家长，将活动进行讲解和材料准备等；互动中，教师根据参与情况进行回应互动；互动后，教师将活动与家长进行反馈，并针对个性化需求进行个别指导。课程推送、线上互动、个别指导、活动反馈，整个过程实现着家园共育，同时也帮助家长树立科学的育儿理念。

二、真诚合作，构建家校协同共育课程

我园积极建设家长学校的三类课程。基础课程针对家长的共性需求、热点话题，开展政策解读和资讯分享；专题课程针对不同家长群体（爸爸家长、祖辈家长、二孩家庭等），开展个性化沙龙，邀请家长讲师团共同参与；个性化课程结合我园"小当家"特色，开展线上直播指导、班本化家园指导。

为增进亲子间的情感交流，提升亲子互动的质量，我园开发并组织"小当家周末亲子乐"。活动菜单在开学初予以发布，家长与孩子根据兴趣爱好进行网上选择报名，每月最后一个周末组织家长开展活动，在社会实践、亲子远足、观摩体验的过程环节中给予家长"互动提示"。

我园收集幼儿的兴趣爱好和发展需求，延展课程边界，充分挖掘周边社区、机构的教育资源，在与家委会共同考察后确立了"小当家"兴趣社团的内容，每周一次聘请专业人士组织开展跆拳道、篮球、围棋、民族舞、创意画、国

画、小鲸鱼编程等兴趣社团活动。又梳理了"小当家"社会实践活动的项目，例如南翔小学的小学生体验活动、大润发超市的为妈妈买礼物活动、外冈农技站的收割活动、马兰花剧场的观演活动、嘉北郊野公园的骑行活动、南翔老街、南翔古猗园的爱家乡系列活动等。

小五班李曦玥妈妈

我和女儿一起拍摄视频，这个对她也是一次挑战，幼儿园的孙老师给了我们很多的鼓励，因为一次性完成3分钟相对有一些困难，我们把它切割成了祝福、朗诵、跳舞和唱歌不同的部分，玥玥也很配合地多次努力尝试，最后由我进行了剪辑，共同完成了视频的创作。

有些时候面对有一定难度的创作，家长也会有一些小的畏难情绪，老师给了我们支持和鼓励，同时也是引导孩子不断去做尝试，最后她看到成品也觉得很有成就感和自豪感。

小五班章嘉熠爸爸

为了奖励花生勇敢战胜病毒，奖励他买了一套乐高小列车。玩具标的7岁+，对他来说还是有点难度的，而且花生也没有独立完成过积木玩具。原本想着守在他旁边、在他遇到困难的时候第一时间指导，帮助他突破困难，令我没想到的是第二天，花生就独立完成了这项小工程，这专注度和动手能力给老父亲意想不到的惊喜。

作为家长，我们往往嘴上说着要孩子独立、自主，遇到困难先想办法自己克服，但总还是心口不一，不是在旁边守着，就是在暗中观察着。孩子小脑袋也是非常聪明，很善于观察，他发现你在旁边，遇到小问题就会寻求帮助。依赖是孩子的天性，也是对父母爱的一种表现，这太正常了，如此这般，自然难以真正激发潜力。其实孩子比我们想象的更能干，试着先放手，把对孩子的信心再提高一点，孩子总能给到我们意外的惊喜。我想，这也是作为父母的成长吧。

大三班金诺妈妈

我和妈妈还有姐姐一起种下了一颗番茄种子，一周后种子发芽了，我们每天给它浇水,看着它慢慢长大。二十多天后,长得食指那么高了,大约一个半月后已经有我的半身高了。我们满心期盼番茄苗会开花结果,但是有一天回家后我发现番茄苗的叶子耷拉了下来,从那天起,番茄苗就越来越没精神了,虽然我们想方设法给它增加营养,番茄苗叶子还是慢慢变黄,最终枯萎了。

虽然番茄没有种成功,但是我体会到了种植的快乐,尤其是看到小苗破土而出一天天地长大。也明白了要做好一件事情都是不容易的,要有耐心,要细心。

中班韩明谦爸爸

有一天,韩明谦回来跟我说,今天在学校里跟同学下五子棋时输了十几把,我就问他你有没有哭,因为韩明谦怕输,有时候急了就会哭鼻子。这次他说他没有哭,我就觉得有点神奇,然后就从家里翻出五子棋,和妈妈一起一边教他一边和他下,韩明谦学得很认真,而且进步很快。隔了几天,他回来高兴地跟我说,他赢了另一个同学十几把。

学校里的一些兴趣活动比在家里激发小朋友兴趣更有效果,而且在学校里感觉更能接受输赢这个事。

中一班陈意理妈妈

游乐城里有一种儿童保龄球设施。有一次,孩子站在旁边看别人玩看了许久,看样子是被吸引了注意力,想要尝试。我鼓励他上前试一试,但他有点犹豫。我跟孩子说,就像刚才那个哥哥那样,把球向前方正中间打出去就好。他可能觉得很有趣,终于还是决定尝试。我指导他投币后,他趴在地上,等着看保龄球咕噜噜地从长长的轨道里滚出来,有点兴奋又有点小心地双手把球捧起来。对于一个三岁多的小孩来讲,这个球不算轻。孩子站在球道边,试着把球扔出去,但是球却没有像想象的那样击中前方的入口,而是重重地砸在球道上,"嘭"的一声,把他吓了一跳。我一边安慰他没关系,一边示范教他说:球不是那样扔出去,而是放在球道上推出去,就像这样。于是他重新抱起一个保龄球,放在球道边,双手用力推出去。这一次,球终于向前滚动了,但是却歪歪地撞在球道边缘。"没打中哦,"我笑着说,"不过没关系。"孩子抬眼看向我,我鼓励他再试一次。"多试几次,找找手感就好了。"我这么说着,虽然我知道他还不懂什么是手感,但是他愿意多次尝试,我觉得是好的。孩子很开心地玩了几局,有时候,推出去的球向左偏了,有时候向右偏了,有几次能打倒两个瓶子,他自己也很开心。后来每次去游乐城,他都要玩几局儿童保龄球,渐渐地,他就体会到该怎么平衡用力,让球尽量对准中间,然后快速地推出去。他打得越来越准了,甚至可以连续三轮都把10个瓶子全部打倒。我对孩子说:"真棒,你看,熟能生巧。"我也知道他还不能理解熟能生巧一词的意思,但其实他自己在摸索的过程中会亲身体会这句话。

鼓励孩子出于兴趣多尝试,在实践过程中,一点小小的成就感自然会推动他走得更好更远。我们家长要做的,就是在孩子犹豫的时候,鼓励他勇敢踏出步子;在他迷茫的时候,告诉他继续向前。孩子会探索着、磕绊着,走好自己的成长路。做事如此,人生亦如此,亦快亦慢,均无大碍。

大三班陈祎飏妈妈

有一天放学回家,我们一起制作了新年饺子的亲子手工。先让孩子看一下手工的大概步骤,再一起准备材料——黏土、彩纸、剪刀、马克笔等。第一步,我们要先画一个半圆,我们讨论了一下,决定用笔筒的底放在彩纸上先画圆,再对折一下,中间剪开,这样就有了两个半圆,饺子的初步形状就有了。第二步,我们要用黏土搓成一个个小圆,装饰饺子的花边。我和孩子一人一个饺子,开始搓黏土装饰各自的饺子。孩子一开始搓的圆有点裂缝,他想搓得更好,我就给他示范要多捏两下再搓圆,他后来搓得越来越好,虽然有大有小,不过我跟他说没关系,不同大小的花边也很好看,后来他自己从小到大把圆排序了一下,效果也不错。黏土直接粘在饺子上容易掉,他想了个办法,把小圆对折夹住彩纸饺子,并用胶水粘住,这个办法挺管用的。最后用马克笔在饺子上画出眼睛、嘴巴等可爱的小表情就好了。我们两个的饺子完成之后,他说我做的是饺子妈妈,他做的是饺子宝宝,真是一次愉快的亲子手工。

做手工饺子画半圆的时候,我们就在想用什么工具可以帮助我们画出圆形。后来我们讨论,找了一下,发现笔筒大小合适,是个很好的选择,这个过程可以帮助孩子积极思考解决问题的办法。还有做饺子花边搓圆的时候,他一开始搓不好,但是他没有气馁,多尝试几次,最后成功了,这个过程中家长的示范和鼓励很重要。怎么让花边能更好地粘在饺子上,孩子也自己想了个很好的办法,提高了他解决问题的能力。最重要的是亲子手工可以更好地增进亲子关系,还培养了孩子对手工创作的兴趣。

大三班陈梓俊妈妈

有一次带小朋友去东方绿舟玩勇敢者道路,水面上只有一条钢索,旁边虽然有防护网和护栏,但是一不小心掉下去也会全身弄湿。小朋友胆子不大,一开始不敢尝试,后来我们鼓励他以后就勇敢地站上去了,但是走了两步又停下不肯走了。一起去的小朋友胆子很大,很快就走到河对岸,还在对面催他快一点。一开始,我还开玩笑地说别人已经走完了,你怎么还没动呢。我就看他抿了抿嘴巴没说话,有点不想走了。我开始慢慢鼓励他,不催他,等他自己克服心里的胆怯一点点走过去,走到中间的时候终于笑着说我走到一半了。最后到对岸的时候他特别高兴,还主动提出要从对岸再走回来。虽然还是走得很小心,但是明显比去的时候速度快了,脸上也有了笑容。再走回来的时候,他跟我说其实也没有那么吓人。

每个小朋友都有自己的性格,有的胆子大有的胆子小。有些勇于尝试,但是有些小朋友也特别谨慎小心。我有时也会在他不肯尝试的时候恨铁不成钢,开始时我还会责怪他为什么总是这样。但是后来发现有些尝试是不能强迫的,责怪和逼迫是没有办法让他改变的,我会告诉自己耐心一点,也许他只是比较谨慎,让自己放平心态。如果真的做不到的事情,可以先放一放,以后有意愿的时候再让他尝试。如果他能踏出第一步的时候就要耐心一点,不要急躁,给小朋友多一点的时间和更多的鼓励。在他真正愿意尝试并成功之后,他才能真实地感觉到这件事情是自己能够做到的,尝试未知的事情也并没有想象中那么难。

第三话 竞聘与赋权,实现共育有"途"

一、家委组建竞聘制,夯实共育力量

我园通过家长自荐、竞聘演讲、组织答辩,经过评审团综合考量,推选出新一届的家委会成员。家委会成员来自各行各业,有精湛的行业技能,有专

业的育儿理念,有积极的参与态度,充分发挥他们参与幼儿园管理、教育教学、后勤保障等活动的商议和监督作用。

我园为家长提供参与幼儿园管理、课程建设、课程评估的充分机会,提升家园共情力和育合力。由家委会领衔,组建家长"讲师团、体验团、评估团"。

家长讲师团。我们邀请有特殊本领的家长走进课堂给孩子上课、作讲座,给孩子普及一些专业知识,这既是家长共同参与幼儿园课程建设的有效途径,同时也拓展了幼儿园课程资源,为幼儿的兴趣发展助力。

家长体验团。我园定期举行家长会和家长开放日活动。家长走进教室,参与孩子的生活、运动、游戏、学习,体验在幼儿园的生活,感受着孩子的成长和老师们的辛勤付出。同时,我们也通过半日活动观摩反馈表,吸纳家长的合理化建议,进一步改进学校的各项工作,提高学校教学质量和管理水平。

家长评估团。在日常活动中,家长除了作为组织者、参与者,还作为"评估者"身份,参与学校活动,开创共育新途径。如,参与班级环境创设评比,参与幼儿早操评比、参与教职工师德建设活动(心·尚修身讲堂)及评价,参与"小当家六一"主题活动方案的设计,我园的特色场馆"小当家"体验馆,也是由家委会牵头组织有特长的家长参与体验馆的设计。

二、家委运作开放制,赋予共建权利

家委会成员又根据园所管理需求分为园级、年级、班级三级家委,家委又自主组团成为:教育教学组、膳食营养组、安全保障组。每周一以班级为单位开展驻校办公,他们根据事先制定的驻校计划表,进行全方位的检测与记录,并以图文方式形成半日管理日志,在学校公众号上发布《家园携手护航成长》系列。

家委驻校办公日志　9月新生入园

通过此次近距离地参观食堂,我们替众多的家长,特别是小班的家长们解决了很多担忧和疑虑,也更深层次地感受到学校对于孩子们饮食卫生的重视程度,以及老师阿姨对于小朋友们的悉心照料。

融入一个新的团体,在集体中适应并学会照顾自己,是每个小朋友入园必须要接受的历练,而一个放心的环境和有爱心的老师会大大缩短这个历程的时间,愿每一个小天使都可以在怀少幼儿园收获健康快乐的童年。

家委驻校办公日志　　10月自理成长

金秋十月,秋高气爽,来到小班教室,每个班级的老师和保育阿姨都在用心照顾着孩子,他们的小手本领和自理能力明显和刚开学时相比进步了不少。

漱口擦嘴是孩子们每次用餐后必要环节,孩子们排着队,接水到盥洗室漱口,盥洗室都有老师精心准备的标识,提醒孩子们养成良好卫生习惯,同时也给到孩子一种整洁美感的体验。

每个班级都有幼儿的衣帽间,老师们会提醒小朋友们热了把外套脱下挂起来。幼儿园就像"家的延伸",有家的感觉,会帮助孩子内心安定、有力量。

小班小当家们自己的事情自己做,不会的事情学着做,看到娃娃们认真完成任务的样子,作为家长也是十分欣慰的,同时也打消了小班家长们的许多顾虑。

家委驻校办公日志　　10月点心护理

有这样一群人,她们是老师的好搭档,孩子的好"妈妈",她们默默无闻地付出着,像妈妈一样关爱着、呵护着每一个孩子,她们就是保育师。

8:30,保育师开始消毒用餐环境。

她先用清洁毛巾清洁桌面,再用消毒毛巾消毒桌面,最后用蒸汽毛巾去除残留,一张桌子三次擦拭,规范细致,有条不紊。

8:50,幼儿开始用餐,保育师时刻关注着幼儿的需求,并引导幼儿自己的事情自己做,我们看到大班的幼儿在生活中很自主,就像小当家一样。

孩子们知道自己拿毛巾擦手,夹取饼干排好队,自己拿奶壶倒牛奶等,这些都离不开老师和阿姨们的辛勤引导。

9:10,餐后保育师将餐厅的桌子和地板又反复擦拭、消毒了好几遍。孩子们的盥洗室也同样进行了清洁。这样卫生、干净的班级环境真叫人放心!

用餐过后,保育师在专用保育房将孩子们使用的早点餐具按流程严格清洗,并将各类幼儿毛巾一一清洗,放入蒸箱蒸汽消毒。

保育房内各类物品一应俱全,图文并茂,标志清晰。通过此次参观,我进一步感受到了学校和保育老师对孩子们无微不至的关怀。除了干净、卫生的餐点和环境，学校也在生活中努力培养自主、自信的小当家。作为爸爸妈妈，我们也要学会放手，相信老师，相信孩子！

家委驻校办公日志　11月自主学习

教学组观摩了大班的个别化学习，看到了老师们的精心设计，也看到了孩子们在活动中的成长。孩子们都沉浸在个别化学习中，自主自信，其间两位班主任在一旁观察指导和记录，并在活动后的集体分享环节中及时将孩子们的进步、问题和发现进行了挖掘和深入讨论。他们在玩中学，内容相较小班和中班也有适应调整，活动也更加紧凑，全面系统地实现幼小衔接日常输入。

后勤组大班的点心护理环节中有这样一群人，她们是老师的好搭档，孩子的好"妈妈"，她们默默无闻地付出着，像妈妈一样关爱着、呵护着每一个孩子，她们就是保育师。通过此次参观，我进一步感受到了学校和保育老师对孩子们无微不至的关怀。除了干净、卫生的餐点和环境，学校也在生活中努力培养自主、自信的小当家。作为爸爸妈妈，我们也要学会放手，相信老师，相信孩子！

家委驻校办公日志　12月户外活动

位于中庭的游戏场所真是孩子们的快乐星球，欢声笑语中，小朋友们变身为勇敢的消防员、悉心的医生，或是驾驶着小小的玩具车成为勇敢的小司机。

这场角色扮演游戏，不仅是一场欢快的游戏，更是一个激发想象力、培养合作精神的过程。在他们的快乐中，隐藏着对现实世界的模拟与探索，这种角色扮演既是游戏，更是学习的桥梁。

小小的角色游戏，是他们认知世界、培养团队合作、学习社会技能的一种天然途径。这种充满欢笑的游戏，不仅让他们度过了愉快时光，更在无形中积累了成长所需的各种本领。

中大班小朋友的户外活动就更丰富更广阔一些，除了能在园区攀爬骑行等自由运动外，还有种植区、喂养区、采摘区满足孩子们更多元的发展要求，这也是符合孩子们各个年龄段的发展规律。

一片小小的鸡和鸭的天地，犹如一个温馨的农场，这不仅是孩子们与自然亲密互动的窗口,更是塑造他们品格的温馨角落。通过这样的经历,孩子们在快乐中学会了责任和关爱,为他们未来的成长奠定了深厚的基础。

在幼儿园的蔬菜基地,一片绿油油的田园里生长着各种美味的蔬菜和水果,像是一个丰富多彩的自然课堂。小朋友们积极参与,亲手种植了西红柿、萝卜、青菜、茄子等蔬菜,还有橘子树、樱桃树,在柔软的土地上根深叶茂。

等到蔬菜水果成熟的时候,学校会为他们提供别样的采摘体验,这个过程不仅是一场丰收的喜悦,更是培养了他们对大自然的敬畏和感恩之心。

幼儿园在有限的空间内,尽可能地规划出适合不同年龄小朋友寓教于乐的活动,并且实施过程中充分尊重孩子们的个体意愿,我们看后真的很受感动。

最近天气像过山车,早晚温差大,孩子们在运动中的生活护理就显得尤为重要。今天,我们观摩了小班运动中保育师的护理工作,感叹怀少幼儿园的保育师工作之负责,怀少幼儿园的保教配合之用心。

在运动开始前10分钟,老师与保育师就分工组织幼儿有序进行各项准备工作,提醒幼儿如厕、洗手、适当喝水……最重要的是,保育师会为每个孩子垫好汗巾,对于体弱儿童的汗巾还会用黄色、绿色做标识,方便保育师在过程中给予更多关注。

做好准备,小朋友们排好队去操场,保育师则拿着满满一筐"装备",有备用垫汗巾、擦汗毛巾、纸巾、医疗包、呕吐包等。到达操场后,保育师把所有的物品都整齐有序地放在保育车上。老师带着孩子们做热身运动,预防运动中受伤。

运动开始后,我们发现两位老师和保育师的站位也是有讲究的,确保每个孩子都能被关注到。保育师站在离保育车比较近的位置,不仅会关注附近孩子的安全,还会照顾到前来擦汗、需要生活护理的孩子。

运动中,保育师和老师还会提醒小朋友及时补水,饮水车上还贴心地准备了干净的湿毛巾,方便孩子们在喝水前擦手。

对于一个班级二十几个孩子,保育师和老师们都能关注到个体差异,比如戴眼镜的孩子会特意提醒取走眼镜,不爱运动的老师会陪着玩鼓励他。保育师陪孩子们一起赛跑,鼓励孩子们动起来,增加运动量。

孩子们的快乐运动,有老师、保育师的温情呵护,作为家长真的既放心又感激。

家委驻校办公日志　5月体验活动

每年一度的儿童节即将到来，幼儿园专为孩子们设计的一次特别活动——小当家成长市集，旨在培养孩子们的社交能力和实际生活技能。市集中设有多个摊位，孩子们可以自己经营、售卖手工艺品、绘画作品和自制小点心，体验当"小老板"的乐趣。

活动当天天公不作美，但是幼儿园提前准备了晴天雨天两套方案，保证活动的正常举行。因为雨天，活动设置在幼儿园各走廊空间和大礼堂内进行，各摊位依次布置在宽敞的室内空间。为确保幼儿能既自主又安全地进行活动，老师和保育师们全员出动，在幼儿可能经过的各个楼道、拐角都安排了护导人员，以保障活动安全有序地开展。尽管外面下着雨，活动区内依然充满了孩子们的欢声笑语。

在出发前，老师们仔细地向孩子们讲解了各区域的活动内容。每个摊位都提取了孩子们能理解又感兴趣的关键词，便于小朋友们记忆。例如：可以画画的地方、好吃的棉花糖等，这些关键词不仅帮助孩子们理解每个摊位的主题，还激发了他们的兴趣和好奇心。

在活动的安排上，幼儿园充分考虑了大、中、小班孩子的年龄特点。采用一带一的形式，让大班的孩子带领小班的孩子一起参加各项活动。大班孩子承担起照顾小班孩子的责任，帮助他们熟悉各个摊位并参与游戏。这样的安排不仅保证了小班孩子的安全，还培养了大班孩子的责任感和领导能力。整个活动不仅促进了不同年龄段孩子之间的交流和合作，还帮助他们在游戏和实践中共同成长。

中、大班的小朋友们充当摊主、店长和志愿者的角色，展示了他们的独立性和组织能力。每个摊位由小朋友们自行管理，他们负责接待顾客、介绍商品、进行交易和维护秩序。孩子们在实践中学会了如何待人接物、处理问题和团队合作，整个市集显得干练十足、有条不紊。

老师们则在旁协助，提供必要的指导和支持，但不过多干涉，给孩子们充分的自主空间。孩子们遇到困难时，老师会适时给予帮助，确保活动顺利进行。同时，老师们也会观察孩子们的表现，及时表扬和鼓励，增强他们的自信心。

这种安排不仅培养了孩子们的实际操作能力和社会技能,也让他们在模拟的商业环境中体验到责任感和成就感。孩子们通过扮演不同的角色,学会了如何在团队中合作和互助,共同完成任务。这次活动为他们提供了一个锻炼和成长的良好机会。

每周半天开放式的家委会驻校,让园方和更多的家长了解常态下幼儿园各部门的运作效能、课程执行、幼儿活动、安全状况等,同时,园方也会根据家委当日的"驻校观察建议表",及时反馈于各条线负责人,即知即改,有效地促进了学校办园品质的持续提升。

为保障家委每周驻校办公活动的顺利开展,我们还为家长提供了"家园共育"工作室,除了电脑、空调、办公设备等硬件配置,还投放了相关的育儿书籍、报刊以及幼儿园的办园简介、幼儿园发展规划、课程方案等资料,以便家长及时了解园里情况。

陪伴,是幼儿成长的坚实支撑;协作,是家园共育的温暖力量。正如《幼儿园保育教育质量评估指南》指出:"只有家长和幼儿园共同努力,才能有效地促进幼儿身心健康成长,否则就会事倍功半。"促进每一个幼儿身心健康成长,不只是幼儿园教育的追求,必须"家园社"协同才能实现。

后　　记

这是一本由怀少幼儿园管理者、教师、儿童、家长共同完成的幼儿园成长之书。记录了幼儿园不同发展阶段的思考、管理中诸多问题的化解，描述了教师专业发展的真实过程和心路历程，有孩子们的童真稚语，也有家长们的日常感悟。

八年间，怀少幼儿园也像一个初生的婴儿，从蹒跚起步走向稳健行路，从牙牙学语到自立自信，经历了启蒙、感受了历练、实现了蜕变。

都说园长领导力决定了园所向前的步伐，我说是"共育的向心力"成就了园所的持续进步。在教育这一场"心怀儿童，共赴未来"的合作之旅中，每一位老师都在我们共同的情感账户中存下信任，每一届新生家长都由疏离到共事再到双赢。

从"一对一倾听"到"双向互动回应"再到"个性化支持"，高质量的学前教育亦是充满爱的创造之旅。面对教育中的难点、焦点和痛点问题，我们建立起"创新思维、弹性思维、迭代思维"，转换破题的角度，在解题的同时成为更好的自己，成就更好的每一个。

感谢在我们汇编此书过程中给予专业指导和支持的诸位领导、专家。感谢"上海市教育功臣"、特级园长、上海市教育研究所所长郭宗莉，华东师范大学教育学部学前教育系教授、博士生导师李生兰，上海市教科院普教研究所谢光庭老师，原上海市普陀区教育学院学前教评室主任吴慕莲老师，他们对本书的撰写进行了悉心点拨与指导。感谢上海市嘉定区教育局各级领导的关心和鼓励，感谢区教育学院师训部、科研部、学前部、德研部老师的跟踪指导，感谢南翔镇教委领导和学区姐妹园同人的帮助和支持，让我们能够系统地思考教育实践中的每一时刻，在此表示诚挚的感谢！

同时，我们更要感谢怀少幼儿园团队的每一位成员。本书的案例、方案等都来自教师们日常的感悟与思考，还要感谢我园课程研究组成员金玉波、陈波、孙怡菁、陈苑、强庆、李铭涵、姚佳妮、孙程、陆佳妮、李逸俊、曹诗妮等老师的倾力付出,以及多位家长的鼎力支持。

怀初心,以热情和初衷投入,以热爱和坚持付出。

育少者,志向里有祖国、有家乡,有未来的梦想,有综合的能力。

向远方,从脚下的这一步开始,将每一步都视为一次变得更好的机会。

凡是过往,皆为序章。我们再赴新程!

沈烨

2024年11月